Studienkurs
Management in der Sozialwirtschaft

Herausgegeben von
Prof. Dr. Armin Wöhrle

Studienkurs Management in der Sozialwirtschaft

Prof. Dr. Johanna Bödege-Wolf | Prof. Dr. Klaus Schellberg

Organisationen der Sozialwirtschaft

2., aktualisierte Auflage

Nomos

Die Deutsche Nationalbibliothek verzeichnet diese Publikation in der Deutschen Nationalbibliografie; detaillierte bibliografische Daten sind im Internet über http://dnb.d-nb.de abrufbar.

ISBN 978-3-8329-5206-8

2., aktualiesierte Auflage 2010

Vorwort zur zweiten Auflage

Veränderungen bei den Akteuren der Sozialwirtschaft und die Fortschreibung der aktuellen Erkenntnisse zu den Organisationen haben eine zweite Auflage dieser Einführung sinnvoll erscheinen lassen. Deswegen wurde das Manuskript durchgängig aktualisiert. Erweiterungen – allerdings nicht sehr umfangreiche – finden sich vor allem bei den theoretischen Grundlagen zur Analyse von Organisationen, bei der Struktur und Finanzierung der freien Träger und bei der Darstellung der gewerblichen Träger.

Das Ziel der zweiten Auflage ist dasselbe wie bei der ersten: Es soll ein Überblick über die handelnden Akteure im Sozialbereich, ihre Organisationen, deren Verbindungen und die theoretischen Hintergründe der organisatorischen Diskussion vermittelt werden. Jede/r, der/die sich in dem Bereich auskennt, weiß, dass dies nur mit Kompromissen möglich ist. Wir hoffen, dass der Band das Interesse für tiefergehende Fragestellungen im Bereich der Sozialwirtschaft weckt.

Wir möchten allen danken, die uns beim Verfassen dieses Buches und den Korrekturen unterstützt haben, vor allem dem Verlag und dem Herausgeber.

Johanna Bödege-Wolf / Klaus Schellberg

Vorwort zur ersten Auflage

Der Blick auf die zahlreichen Aspekte des Managements, beispielsweise auf Human Ressourcen, Organisationsentwicklung, Vernetzung und andere, lässt manchmal scheinbar selbstverständliche Grundlagen in den Hintergrund treten: Die Organisationen der sozialen Arbeit, auf die sich Sozialmanagement und Sozialwirtschaft beziehen. Sie zu kennen und zu verstehen ist ein spezielles Wissen der sonst generalistisch ausgerichteten Managementlehre und Ökonomie, es ist das, was die Wirtschaftssprache als „Branchenkenntnis" bezeichnen würde.

Mit diesem Buch wollen wir einen Überblick über die handelnden Akteure im Sozialbereich geben. Wir wollen dabei ein Wissen über die Organisationen und ihrer Zusammenhänge vermitteln und organisatorisches Grundlagenwissen vermitteln. Damit soll Studien- und Berufsanfängern ein konkretes Wissen über die Organisationslandschaft im Sozialbereich vermittelt werden; den Berufserfahrenen soll dieses Buch Impulse durch den Außen- und Überblick bieten.

Will man die Organisationen des Sozialbereichs verstehen, so kann man zunächst einen historisch-politischen Blick wählen: Wie sind der Sozialstaat und der Trägermix der sozialen Organisationen entstanden? Hierzu ist es sicherlich unbefriedigend, die Jahreszahlen der Einführung der Reichsversicherungsordnung zu kennen. Notwendig ist vielmehr ein Verständnis für die historischen Linien und politischen Kräftefelder. Von besonderem Interesse ist dabei stets die Aufgabenteilung zwischen Staat und Gesellschaft, deren Genese kennzeichnend ist für den Trägermix im deutschen Sozialstaat – und damit grundlegend für die Organisationen, die in diesem Buch behandelt werden.

Dieses Verständnis eröffnet dann den Blick für die abstraktere, organisationswissenschaftliche Perspektive. Ausgangspunkt ist die theoretische Begründung von Organisationen im Sozialbereich. Die Begründung dieser Organisationen ist insbesondere deshalb relevant, weil Hilfe im Idealbild meist als eine persönliche Leistung zwischen zwei Personen gesehen wird. Soziale Organisationen dagegen sind Folge gesellschaftlichen Arbeitsteilung, koordinierter Hilfesysteme, der Forderungen nach Zuverlässigkeit und Rechtmäßigkeit der Hilfe. Darauf aufbauend lässt sich der Wesenskern des Organisierens und der Organisation darstellen.

Organisationen sind komplexe Gebilde. Um sie zu verstehen, bedarf es eines „Handwerkszeugs". Es haben sich daher verschiedene Darstellungs- und Analyseformen von Organisationen entwickelt, etwa Organigramme, Geschäftsverteilungspläne oder Prozessbeschreibungen.

Diese unterschiedlichen Darstellungsformen und ihre Vor- und Nachteile gilt es kurz zu betrachten.

Mit diesem Wissen ausgestattet, kann man sich dann den konkreten Organisationen widmen. Mit einem Überblick über die sozialen Organisationen soll zunächst die „soziale Landschaft" gezeichnet werden. Insbesondere aber geht es um die Frage der Kategorisierung der Organisationen und ihrer Funktionen. Die klassische Gliederung in „öffentliche" und „freie Träger" wird dabei weiter differenziert und um eine Beschreibung der Funktionen einzelner Organisationstypen ergänzt. Hieraus wird sich später insbesondere auch die gemeinsame Funktion eines „Dienstleistungsunternehmens" herausarbeiten lassen.

Nun gilt es, die einzelnen Organisationen und Organisationsgruppen darzustellen, die öffentlichen Träger, Wohlfahrtsverbände, Selbsthilfeeinrichtungen, Freiwilligenorganisationen und Dienstleistungsorganisationen. Ausgehend von den Aufgaben und Charakteristika der Organisationen können die (aktuellen) Entwicklungslinien skizziert werden, aber auch die Organisations- und Managementprobleme.

Für das Verständnis des Sozialbereichs von besonderer Bedeutung sind die Beziehungen zwischen öffentlichen und freien Trägern, die eben nicht nur ein wettbewerbliches Nebeneinander oder eine Auftraggeber-Auftragnehmer-Beziehung sind, sondern eine eigene Qualität haben. Eine besondere Beachtung soll dann auch den Beziehungen zwischen eher mit politischen Funktionen ausgestatteten „Trägern" und der auf die Erbringung von Dienstleistungen konzentrierten „Dienstleistungsorganisationen" geschenkt werden. Durch die Trennung der beiden Organisationen wird es leichter möglich, aus dem Dienstleistungsmanagement bekanntes Wissen auf die sozialen Organisationen zu übertragen.

Abschließend soll dann das Verhältnis von Management und Organisation beleuchtet werden: Welche Organisationsaufgabe hat das Management und welchen organisatorischen Rahmenbedingungen muss es gehorchen?

Wir haben versucht, das Buch immer wieder mit Beispielen anzureichern, die realistische, alltägliche Situationen in Organisationen wiedergeben und an denen Grundfragen deutlich werden. Sicherlich verengen Beispiele auch und treffen nicht immer die Realität der Leserin oder des Lesers. Auch die Gefahr der Veralterung oder der geringen Präzision ist allgegenwärtig, sobald man über konkrete Organisationen und Entwicklungen schreibt. Wir sind unseren Leserinnen und Lesern für Anregungen und neue Beispiele daher sehr dankbar.

Beim intensiven Blick auf die Organisationen gilt es zwei Gefahren nicht aus dem Auge zu verlieren:

Organisation wird manchmal an die Stelle der Verantwortung von Management und Personal gesetzt. Die Probleme, so die Meinung, kämen von der Organisation, ändere man die Organisation, beseitige man das Problem. Jede Organisation und Organisationsform wird vom Management und den Mitarbeiterinnen und Mitarbeitern „zum Leben erweckt". Eine Reorganisation kann gewissermaßen die „Straßenführung" verändern; sie anzunehmen und zu befahren ist die Aufgabe und Verantwortung des Managements und des Personals.

Zum zweiten gilt es, das Ziel der jeweiligen Organisationen nicht aus den Augen zu verlieren: Organisationen neigen dazu, zum Selbstzweck zu werden, sich zu verstetigen und sich selbst zu rekonstruieren – und sich dabei auch von den ursprünglichen Zielen zu lösen. Das Ziel sozialer Organisationen ist letzten Endes die Erbringung sozialer Dienstleistungen, die Hilfe und Unterstützung für Menschen, die sich aus eigener Kraft eben nicht mehr helfen können. Diese Ziele nicht nur in leitbildhaften Schemata in die Schublade zu legen, sondern konkret, messbar in das Handeln der Organisationen einzubringen, ist eine der zentralen Aufgaben des Managements sozialer Organisationen.

Für uns war die Beschäftigung mit dem Thema Organisationen der Sozialen Arbeit ein langer Prozess, der sich von einer trockenen Aufzählung zu einem inhaltlichen Entwicklungsprozess mit immer neuen Erfahrungen, Ideen, Beispielen und Modellen entwickelt hat.

So zog sich die Arbeit immer wieder hin und wir haben die Geduld und das Verständnis unserer Familien, des Herausgebers Armin Wöhrle und des Verlegers immer wieder in Anspruch genommen. Ihnen allen gilt unser Dank.

Johanna Bödege-Wolf Klaus Schellberg

Inhaltsverzeichnis

Abbildungsverzeichnis

1 Vom Helfen zur Organisation

Dieser Abschnitt beginnt bei der Hilfe, die für soziale Organisationen kennzeichnend ist, und schildert, wie sich daraus die Organisationen der sozialen Arbeit ergeben haben, die in Deutschland zu finden sind.

1.1 Einführung

Frau Meier, die für die Nachbarn und alle, die vorbei kamen, ihr Haus offen hielt, war verzweifelt. Morgen würde sie nicht einladend hinter dem Fenster und an der Straße stehen können, da hatte sie einen anderen Termin. Irgendwann musste sie mal zum Zahnarzt gehen und die Schmerzen wollte sie auch nicht mehr lange aushalten.

Aber auf ihre Anwesenheit und die Nahrungsmittel, die sie bei zwei Supermärkten günstig erstand, verließen sich mittlerweile schon einige der Kinder, die ansonsten kein vernünftiges Essen erhielten, und allmählich erschienen, noch verstohlen, einige Erwachsene. Und wenn sie mit ihnen zusammen saß, erzählten sie nebenher vieles aus ihrem Leben und sie gingen irgendwie erleichtert weiter.

„Ich bräuchte jemanden, der mich vertritt“, sinnierte sie, „dann würde nicht immer alles nur an mir, meiner Einstellung und meiner Zeit hängen bleiben. Dann könnte ich es mir sogar erlauben, mal krank zu sein und mich nicht mit jeder schweren Erkältung hier hin zu stellen. Ob ich jemanden finden werde? Andererseits: Was ist, wenn dieser jemand gar nicht in meinem Sinn handelt? Wenn die Vertretung also nicht rechtzeitig aufschließen, nicht genug Essen ausgeben oder einige sogar verprellen würde? Und was, wenn sie überhaupt nicht käme?

Könnten sie gemeinsam die dahinter stehenden Probleme lösen, wie Eltern sich um Kinder kümmern oder wie viele Erwachsene verschämt arm sind? Und einige Kinder waren deutlich anhänglicher als andere, insbesondere der Junge, dessen Eltern sich gerade scheiden ließen. Sein Verhalten war direkt auffällig. Vielleicht fand er zuhause nicht genügend Zuwendung, vielleicht steckte auch mehr dahinter. Das Jugendamt war zwar irgendwie involviert, aber der Junge bewegte und verhielt sich in keiner Weise normal.

Außerdem lag noch die Information ihrer Rentenversicherung auf dem Tisch. So wie es aussah, würde sie für eine Rente ohne Zuschüsse von anderen staatlichen Stellen, wie sie es sich immer vorgestellt hatte, mehr arbeiten müssen als bisher. Sie müsste dafür mehr Zeit aufbringen als die zwei

Wochenenddienste im Monat, die sie angefangen hatte, als ihre Kinder noch zu Hause waren. Sie müsste sich in Ihrem Beruf als Krankenschwester um eine umfangreichere Stelle bemühen – im Krankenhaus oder im häuslichen Pflegedienst.

Nur: dann wird dies hier wieder daniederliegen. Wer würde sich dann um die Kinder oder um die Erwachsenen kümmern, zu denen sie jetzt einen Zugang gefunden hatte und deren Probleme sie kannte?“

Ihr entfuhr ein seelenschwerer, tiefer Stoßseufzer. „Um Gottes willen, wie soll ich das in den Griff kriegen?“ Im Moment konnte sie das alles nicht lösen, sie war schon froh, dass sie wenigstens die Probleme sah, auch wenn dadurch das Leben auf den ersten Blick nicht einfacher wurde.

Für heute holte sie sich eine Schmerztablette und sagte allen, die kamen, dass sie für zwei Tage nicht da sein könnte.

Lernziele

Dieser Abschnitt soll aufzeigen,

- wie aus historisch-politischer Sicht das Helfen zunehmend gestaltet und „organisiert“ wurde,
- wie der Sozialstaat und
- private Organisationen, die sich mit Hilfe beschäftigen, entstanden und
- letztlich durch einen europäischen Vergleich deutlich machen, welche Bedeutung Organisationen in einem sozialen Hilfesystem haben.

Literatur

Lampert, Heinz; Althammer, Jörg: Lehrbuch Sozialpolitik, 8. Aufl., Berlin – Heidelberg – New York, 2007, 23-188.

Kaufmann, Franz-Xaver: Der deutsche Sozialstaat im internationalen Vergleich, in: Bundesministerium für Arbeit und Sozialordnung (Hrsg.), Grundlagen der Sozialpolitik, Baden-Baden, 2001, 799-989.

Ritter, Gerhard A.: Der Sozialstaat. Entstehung und Entwicklung im internationalen Vergleich, München, 1989.

Schmidt, Manfred G.: Sozialpolitik in Deutschland. Historische Entwicklung und internationaler Vergleich, 2. Aufl., Opladen, 1998.

1.2 Der Wille zu helfen

Wille als Ausgangspunkt

Der Wille zu helfen ist bei der engagierten Nachbarin eindeutig festzustellen. Von ihrem Engagement werden die Treffen mit dem Essen getragen – soweit, dass sie sogar ausfallen, wenn sie krank ist.

Ein solcher Blick auf andere Menschen und die Sensibilität ihrer Lage lässt sich bei vielen Gründungsgestalten der sozialen Dienste und der Sozialpolitik festhalten. Ohne ihn hätte man die Hände in den Schoß gelegt oder sich anderen Aufgaben zugewandt. Er ist für die Entstehung sozialer Einrichtungen und die Entwicklung des Sozialstaates konstitutiv und entscheidend, aber nicht ausreichend.

Vom Willen zur Organisation

Denn die Erwartung, bei der oben geschilderten Nachbarin Essen zu erhalten, ist noch an die Betreiberin, Frau Meier, als Person gerichtet. Die Probleme, die ihr den Stoßseufzer entlocken, werden erst durch entsprechendes Organisieren gelöst:

- Wie erreicht man es, dass unabhängig vom Goodwill einer Person und ihrem Zeitbudget und Gesundheitszustand Leistungen ausgegeben werden?
- Wie erreicht man es, dass die anderen die Leistungen zuverlässig und im Sinn der Einrichtung erbringen?

Dadurch ergibt sich eine Entwicklung vom Helfen zur Organisation, die sicherstellt, dass die Hilfe unabhängig von der Einsatzfähigkeit einer einzelnen Person und mit einer spezifischen Arbeitsteilung zwischen privaten Hilfen und staatlichen Leistungen, mit bestimmten Abläufen und durch unterschiedliche Ämter, Behörden und Abteilungen zuverlässig geleistet wird. Im Prinzip lässt sich diese Entwicklung an der Geschichte des Sozialstaates verdeutlichen.

1.3 Die Entwicklung des Sozialstaates in Deutschland

Die Entstehung des Sozialstaates in Deutschland vom Beginn des 19. Jahrhunderts bis zur Mitte des 20. Jahrhunderts gilt als vorbildlich. Auch lassen sich an dieser Entwicklung beispielhaft die Neuerungen und Übergänge zu einem modernen Sozialstaat gut veranschaulichen (Ritter 1998, 21 ff.). Zugleich kann man die Träger und Einrichtungen auf Grund ihrer Geschichte verstehen.

Antwort auf Industrialisierung?

Auf die Frage, wie der deutsche Sozialstaat entstanden ist, werden viele die Antwort geben, dass der Sozialstaat und die Wohlfahrtsverbände, als die heute bekannten Organisationen, als Reflex auf die Not des 19. Jahrhunderts entstanden sind. Auf die Folgen der Industrialisierung reagierte der deutsche Gesetzgeber, insbesondere der Reichskanzler Bismarck, mit der Einführung der Sozialversicherungen. Daraus entwickelte sich das heutige System mit den unterschiedlichen Hilfeeinrichtungen, das in der Bundesrepublik einen großen Bereich einnimmt.

Keine Geradlinigkeit

Diese Antwort nimmt aber zwei Vereinfachungen vor. Denn erstens verliefen die Entstehung des Sozialstaates und die Entwicklung von Hilfsangeboten in der Geschichte nicht so einfach und geradlinig, wie in der Antwort unterstellt wird. Und zweitens lässt sich die Logik hinter dieser Antwort in der Weise zusammenfassen, dass sich ein Angebot auf einen Bedarf hin entwickelt und man die Aufgabe erfüllt hat, Menschen in der industriellen Welt gegen Not abzusichern.

Allgemeine Faktoren für die Entwicklung

Der thematisierte Mechanismus, dass auf eine Notlage hin Hilfe bereitgestellt wird, funktioniert nicht zwangsläufig. Denn es kann auch sein, dass die missliche Situation ignoriert oder die Hilfe verweigert wird. Die Mehrheit bzw. die Mächtigen in der Gesellschaft wollen vielleicht nicht auf die konkrete missliche Situation reagieren. Nicht allein die missliche Situation bringt Abhilfen hervor. Ob sich ein dauerhaftes Helfen von gesellschaftlichen Gruppen entwickelt oder es bei begrenzten Aktionen bleibt, ob sich für die Unterstützung spezifische Organisationen entwickeln und ob und in welcher Form das Helfen staatlichen Rückhalt erhält, ist nicht nur von der Notlage, sondern bei allen historischen Abhängigkeiten und manchen Zufällen von anderen Faktoren wesentlich abhängig (Lessenich 2000, 41-51):

- davon, dass die bisherigen Hilfesysteme als unzureichend oder überlastet wahrgenommen werden, so dass zusätzliche oder neue Hilfen bereitgestellt werden,
- von der leitenden Auffassung staatlichen Handelns,
- von der Art und Weise, wie gesellschaftliche Gruppen die Aufgabe der Gesellschaft, des Staates und der Hilfsbedürftigen definieren, und
- von der Durchsetzungsfähigkeit dieser Gruppen im politischen Streit.

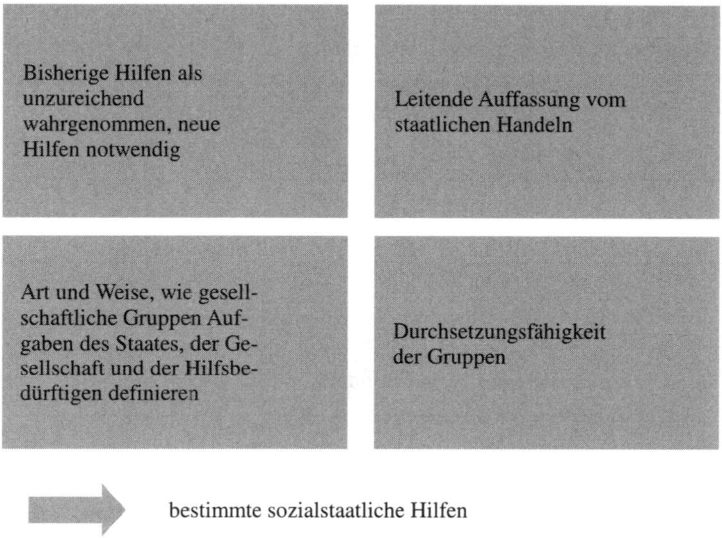

Abbildung 1: Allgemeine Faktoren für die Entwicklung eines Sozialstaates

Dass und wie sich die heutige Arbeitsteilung und Organisation des deutschen Sozialstaates herauskristallisiert haben, soll im Folgenden kurz skizziert werden.

Differenzierterer Blick in die Geschichte

Der Beginn des neuen sozialstaatlichen Handelns lässt sich nicht eindeutig mit einem Jahr, einer Organisationsart oder der Einführung der Sozialversicherungen verbinden.[1]

Denn Not gab es schon vor der Zeit der Industrialisierung. In der Antike und im Mittelalter galten Arme und Krüppel, Witwen und Waisen als die typischen Armen, um die man sich kümmern musste; lediglich so genannte Vogelfreie fielen aus der Hilfe heraus.

Im Mittelalter war jeder Einzelne verpflichtet, Armen Almosen zu geben und Witwen und Waisen zu beschützen; und in besonderer Weise war die Sorge für Bedürftige im Idealbild eines guten Herrn, Meisters oder Herrschers verankert.

Hierfür waren vor allem die Auffassung vom Auftrag eines guten Menschen und eines guten Herrschers ausschlaggebend. Waren diese Überzeugungen im Mittelalter noch christlich begründet, so wurden die Vorstellungen ab dem 15. Jahrhundert allmählich säkularisiert. Jedoch selbst bei extremen Überlegungen zur Machterhaltung, wie sie Ma-

1 Die folgende Darstellung ist eingeschränkt auf das Verständnis und die Geschichte der Organisationen der sozialen Arbeit. Als umfassendere Darstellungen zur Geschichte und Entwicklung des Sozialstaates sei hier verwiesen auf Boeckh/Benz/Huster 2006, 21-146; Kaufmann 2001; Lampert 2007, 23-136; Ritter 1989; Schmidt 1998, 21-174.

chiavelli vornahm, blieb die Pflicht des Herrschers, sich um Kranke, Witwen und Waisen zu kümmern, erhalten und wurde sogar durch den Hinweis auf die günstigen Folgen, die sich für die Festigung der Fürstenposition ergeben, neu motiviert.

Zusammenfassung

Die Sozialpolitik und die Begründung staatlichen Handelns haben somit eine längere Geschichte, als es der Rückgriff auf das 19. Jahrhundert vermuten lässt. Allerdings entsteht in dieser Zeit tatsächlich etwas qualitativ Neues.

1.3.1 Die erste Hälfte des 19. Jahrhunderts

1.3.1.1 Die Situation im Deutschen Reich

Zerbrechen der alten Sicherungskonzepte

Die Situation zu Beginn des 19. Jahrhunderts ist gekennzeichnet von der Auflösung der bisherigen Unterstützungs- und Sicherungssysteme. Durch die so genannte Bauernbefreiung kam es zur Auflösung der Leibeigenschaft und zur Loslösung von der Scholle. In Zeiten von Hunger oder Krankheit war nun nicht mehr der Gutsherr für das Leben seiner Hintersassen verantwortlich, sondern sie selbst. Durch die neue Freiheit, nicht mehr an das Gebiet des Gutsherrn gebunden zu sein, kam es zu einer Landflucht in die Städte.

In den Städten trugen die Aufhebung des Zunftzwanges und die Einführung der Gewerbefreiheit ebenfalls zur Armut bei. Die Zünfte mit der begrenzten Anzahl von Meistern hatten ihren Mitgliedern ein solides Einkommen garantiert. Sie boten, falls der Meister sterben sollte, sogar eine Sicherung für die Familien, da ein Außenstehender durch Eheschließung mit den Witwen die Meisterstelle erhalten konnte. Durch die Aufhebung des Zunftzwanges entstanden kleine, häufig nicht einkommenssichere Handwerksbetriebe, die in keine Sicherung für Notlagen der Mitglieder eingebunden waren.

Pauperismus

Durch diese Reformen, die zuerst in Preußen als Stein-Hardenbergsche ab 1807 eingeführt und zügig in anderen deutschen Staaten umgesetzt wurden, ist das bisherige Unterstützungssystem aufgelöst. Daraus entwickelte sich der Pauperismus, welcher für die erste Hälfte des Jahrhunderts die prägende soziale Erscheinung bleiben sollte: Kennzeichnend ist die Verarmung weiter Teile der Bevölkerung, die sich nicht auf den Gutshöfen sammelten und aus ländlichen Gebieten in Ortschaften und Städte abwanderten.

In dieser Zeit war nicht die Industrialisierung mit den Problemen der abhängig beschäftigten Industriearbeiter und der sich entwickelnden kapitalistischen, gewinnorientierten Gesellschaft die entscheidende

Schwierigkeit, sondern die große Anzahl nicht in Sicherungen eingebundener, ohne Arbeitsverhältnis und ohne zuverlässigen Lebensunterhalt existierender Menschen.

1.3.1.2 Die Aktivitäten gesellschaftlicher Gruppen

Die erste neue Reaktion auf die zunehmende Verarmung, die über die bisherige Art der Hilfe von Einzelnen hinausging, findet sich bei gesellschaftlichen Gruppen, genauer: bei christlichen Gruppen.

Katholische Gruppierungen

Neben der persönlichen Hilfsbereitschaft gegenüber Armen durch Almosengeben und achtungsvollen Umgang erscheint ein neues Phänomen: Im katholischen Bereich bilden sich Elisabeth-Vereine und Vinzenzkonferenzen (Schatz 1986, 143-180; Falterbaum 2000, 9-16). In ihnen schließen sich jene Männer und Frauen zusammen, welche aus ihrer christlichen Überzeugung heraus mehr den auf die Straßen drängenden Armen helfen möchten, als es die bisherige Verpflichtung einzelner ermöglicht. Sie sammeln Geld, besuchen Arme und Kranke in ihren Unterkünften und verteilen Kleider oder Essen. Sie sind auf Grund ihrer Arbeit lokal verankert. Bemerkenswert ist, dass es in mehreren Orten und christlichen Gemeinden zu ähnlichen Gründungen kommt. Charakteristisch für sie ist, dass sie sich in ihrer Arbeit auf die Folgen der Armut konzentrieren.

Sind die Vereine noch Zusammenschlüsse normaler Männer und Frauen (kirchlich gesprochen: von Laien), findet sich ein weiterer Schritt in der Gründung von neuen Orden, die sich zum Ziel setzen, mit und für die Bedürftigen nicht nur die selbstverständlichen Mahlzeiten anzubieten, sondern Krankenhäuser oder Kinderheime zu gründen, damit z.B. speziell Mädchen eine gute, elementare Bildung erhielten. Dies ist die Zeit, in der karitative Orden gegründet werden, welche bewusst und anfangs zum Teil gegen den Widerstand der Kirchenoberen diese Tätigkeit ausüben.

Evangelische Gruppierungen

Im evangelischen Bereich lassen sich ähnliche Phänomene feststellen: Hier kommt es durch Fliedner zur Gründung der Diakonissen, einem Zusammenschluss von ledig bleibenden Frauen, die sich insbesondere um Kranke und Kinder kümmern wollen.

Entstehen der Inneren Mission

Berühmter aber als Fliedner und die Diakonissen ist Johann Hinrich Wichern. Er treibt die Arbeit mit den Bedürftigen in einer anderen Weise voran: Wichern ist bekannt als Gründer des Rauhen Hauses. In Hamburg gründete er ein Heim, in dem Kinder in familienähnlichen Gruppen betreut und erzogen wurden. Er entwickelte weitere Aktivitäten. 1848 trägt vor allem er dazu bei, dass sich die einzelnen Aktivitäten und Gruppen, die jeweils lokal arbeiten, zusammenschließen, um ihre überregionalen und gemeinsamen Anliegen besser vorbringen und sich gegen gegenteilige Maßnahmen besser wehren zu können. Dies ist die Gründung des ersten Wohlfahrtsverbandes, nämlich des „Centralausschusses der Inneren Mission", welcher heute als Diakonisches Werk existiert.

Diese Gruppierungen sind bis heute relativ bekannt, da aus ihnen Organisationen und freie Träger entstehen, die bis heute soziale Dienste anbieten und sozialpolitisch aktiv sind. Daneben gibt es auch Zusammenschlüsse aus philanthropischer, sozialer oder politischer Motivation, die allerdings in dieser Zeit organisatorisch nicht so schlagkräftig und durchsetzungsfähig sind wie beispielsweise die Innere Mission.

Zusammenfassung

Verfolgt man diese Entwicklungen kann man zusammenfassen:

- Die Gruppen beschäftigen sich mit der Armut und versuchen sie mit ihren Mitteln zu lindern.
- Je umfangreicher die Aktivitäten sind, umso aufwendiger wird die Organisation: Die Vereine können gegenüber dem Engagement von Einzelnen mehr Verlässlichkeit bereitstellen, indem sich die Mitglieder gegenseitig vertreten. Die Tätigkeit Wicherns und der Orden kreieren zusammen einen neuen Beruf, so dass die Beschäftigung mit den Armen nicht mehr ehrenamtlich neben einer anderen Haupttätigkeit geschieht. Der Wohlfahrtsverband sichert diese Tätigkeit gegenüber den staatlichen Aktivitäten ab und bietet eine gesamtgesellschaftliche Basis.
- Die Gruppen wollen bewusst unabhängig vom Staat arbeiten, da sie Eingriffe des Staates in anderen Bereichen als störend erlebt haben.
- Die Motivation der christlichen Gruppen speist sich aus dem Gedanken der Barmherzigkeit und der Nächstenliebe.

1.3.1.3 Leitende Auffassungen vom staatlichen Handeln

Auffassung in Deutschland

Im gesellschaftlichen Umfeld gab es widersprüchliche Ansichten, inwiefern der Staat überhaupt eingreifen sollte. Es fanden sich damals einige profilierte Vordenker wie Universitätslehrer oder auch Unternehmer, die sowohl als Sozialreformer wie auch als Sozialrevolutionäre theoretisch und praktisch die soziale Frage weit bekannt machten und unterschiedliche Lösungswege vorschlugen oder praktizierten (Lampert 2007, 42-51; Kaufmann 2003, 24-39).

Ebenso existierten aber auch Gegenstimmen. Anerkannte Denker wie Humboldt oder Kant vertraten die Auffassung, dass der Staat nicht die

Aufgabe habe, für das Glück und das physische Wohl der Menschen zu sorgen. Dies führe in die schlimmste Tyrannei, in Bevormundung und Überwachung (Ritter 1989, 42).

Die gesellschaftlichen Gruppen, welche sich aus eigenem Engagement um die Hilfsbedürftigen kümmerten, wollten bewusst staatsabstinent arbeiten. Damit war zu diesem Zeitpunkt nicht entschieden, ob sich der Staat tatsächlich in Dinge einmischen solle, die Einzelne alleine können.

England im 19. Jahrhundert

Wie wichtig die leitenden Auffassungen sind, wird auch durch einen Blick in andere Länder deutlich: In England gab es früher als in Deutschland ähnliche soziale Notlagen, dort wurden aber andere Maßnahmen ergriffen. Die Armengesetzgebung wurde Ende des 18. Jahrhunderts in der Weise geändert, dass Arme die Unterstützung nur noch erhalten konnten, wenn sie auch im Armenhaus wohnten. Hier herrschten strenge Disziplin und ein Arbeitszwang. Gleichzeitig wurde die Armenunterstützung gekürzt, so dass sie deutlich unter den Löhnen lag.[2] Damit wurde das bisherige Unterstützungssystem abgeschafft, welches auf Lohnzuschüsse bei den Bedürftigen gesetzt hatte.

Auffassung von den staatlichen Aufgaben

Die englische Gesetzgebung entwickelte sich in eine andere Richtung als die deutsche, da in England im 18. Jahrhundert in den dominierenden gesellschaftlichen Gruppen eine andere Auffassung von den Aufgaben der Gesellschaft, des Staates und der Stellung des Einzelnen vorherrschte: Jede staatliche Aktivität widerspreche dem Vorrang des Individuums und bevormunde den Einzelnen, außerdem schränke sie die wirtschaftliche Freiheit und die Notwendigkeit des Individuum ein, sich anzupassen. Jeder sei für sein Glück selbst verantwortlich.

Frankreich im 19. Jahrhundert

Während in England staatliche Interventionen zugunsten der Bedürftigen abgelehnt wurden, befürwortete insbesondere die französische Republik jene Aktivitäten. Mit der Verkündung der Bürgerrechte im Verlauf der Französischen Revolution wurden auch soziale Grundrechte festgehalten. Resultierend aus einer geringen verwaltungsmäßigen Umsetzung sowie Geldmangel konnte die praktische Realisierung dieser gesetzlichen Ansprüche jedoch keinen durchschlagenden Erfolg verzeichnen.

Dass Deutschland mit seinem Vorgehen, wie man auf Armut und die Arbeitsbedingungen der Industrialisierung reagieren konnte, später an-

2 Nach diesem Verständnis liegt Armut an Müßiggang, Verschwendung und mangelnder Vorsorge; deshalb muss man Arme, insbesondere Vagabunden oder „schlechte Arme" die Folgen der Verschwendung spüren lassen, an Arbeit gewöhnen und sie sogar zur Arbeit zwingen. Das Resultat aus diesen Ansichten ist ein stark disziplinierendes Vorgehen. Dies wird in England Grundlage des 1834 in Kraft getretenen New Law, das erst im 20. Jahrhundert durch Sozialversicherungen ergänzt wurde.

deren Ländern als Vorbild diente, entschied sich erst in der zweiten Hälfte des 19. Jahrhunderts, als sich die Maßnahmen und die leitende Auffassung veränderten.

1.3.1.4 Die staatlichen Aktivitäten

Erste reichsweite Gesetze

In der ersten Hälfte des 19. Jahrhunderts sind die staatlichen Aktivitäten im Vergleich zu denen der gesellschaftlichen Gruppen gering. Es kommt zu der erwähnten Auflösung der Hilfesysteme. Darüber hinaus wird 1839 ein Gesetz verabschiedet, in dem die Arbeitszeiten für Kinder begrenzt werden. Diese Gegebenheit wird häufig als Beginn der modernen Sozialpolitik bezeichnet. In den nachfolgenden Jahren wird außerdem eine Gewerbeordnung erlassen, die sich mit dem Schutz der Gesundheit und der Sittlichkeit der Arbeiter beschäftigt.

Beweggründe für diese Gesetze waren nicht vor allem humanistische Motive, sondern die zunehmende Wehruntauglichkeit der männlichen Jugendlichen. Durch die Schutzgesetze sollte die militärische Einsatzfähigkeit gesichert werden.

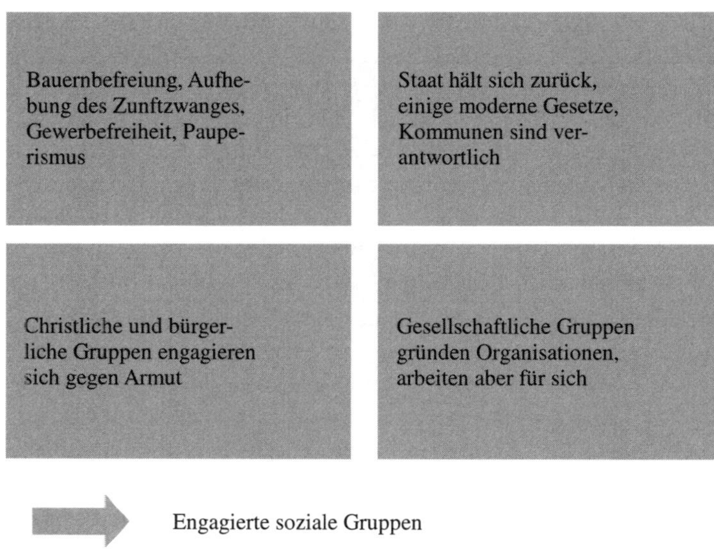

Abbildung 2: Faktoren in der ersten Hälfte des 19. Jahrhunderts

Kommunen als Verantwortliche

Die direkte Beschäftigung mit der Armut und die Verpflichtung, für die Bedürftigen zu sorgen, lagen bei den Kommunen. Sie mussten für jene, die weder über Einkommen, Arbeit oder Beziehungen zu liquiden Familienangehörigen verfügten, eine Armenpflege bereithalten. Um die Armen zum Arbeiten zu motivieren, wurde die Grenze ihres Einkommens unterhalb des geringsten Lohnes angesiedelt. Die finanziellen

Möglichkeiten der Gemeinden waren ebenfalls gering. In den 40er Jahren wurde der Kreis der Berechtigten einschneidend ausgeweitet: Nicht nur jene, die aus der Gemeinde stammten, sondern alle, die in ihr wohnten, fielen in ihre Verantwortung. Da die Menschen auf Grund des Pauperismus in andere Gemeinden und Städte wanderten, waren diese schnell finanziell überfordert. Später wurde festgesetzt, dass man erst nach einer Aufenthaltsdauer von einem Jahr ein Recht auf Unterstützung hatte.

1.3.2 Die zweite Hälfte des 19. Jahrhunderts

1.3.2.1 Die Situation

Industrialisierung und Arbeiterschaft

Die Situation in der zweiten Hälfte des 19. Jahrhunderts verändert sich durch zwei Dinge tief greifend: Durch die einsetzende Industrialisierung und die Ablösung der Handarbeit kommt es zur Herausbildung einer industriellen Welt. In dieser sind nicht länger mehr Armut, sondern die Zusammenhänge zwischen wirtschaftlicher Entwicklung, Arbeitsplatz und sozialer Sicherung entscheidend für die sozioökonomische Lage der Armen und der Arbeiter.

Zudem bildet sich die soziale Bewegung der Arbeiterschaft heraus, die auf den Analysen von Marx und Engels fußt. Sie übt grundsätzliche Kritik an dem herrschenden System und fordert eine Revolution zur Ablösung der gegenwärtig Mächtigen. Diese Bewegung agiert nicht nur lokal unter Arbeitern eines einzelnen Betriebes, sondern handelt eng verbunden mit den entstehenden Gewerkschaften und den unterschiedlichen sozialistischen Parteien auf Reichsebene.

1.3.2.2 Die Aktivitäten gesellschaftlicher Gruppen

Christliche Gruppen

Die christlich motivierten sozialen Bewegungen wachsen in ihren Organisationen weiter. Es gibt allerdings eine Neuerung: Es wird nicht mehr eine reine Staatsabstinenz vertreten, sondern es werden von einzelnen Vordenkern Anforderungen an den Staat als Gesetzgeber formuliert, in welchen Bereichen er tätig werden solle. Damit enthält man sich nicht mehr der Sozialpolitik, sondern stellt Ansprüche an das staatliche Handeln bei gleichzeitiger Abwehr aller staatlichen Eingriffe in die eigenen Organisationen. Die theoretische Grundlage für die Gesellschaftsanalyse ist bei den führenden Protestanten sozialistisch beeinflusst. Die einflussreichen Katholiken lassen sich keiner Richtung eindeutig zuordnen.

Bürgerliche Gruppen

Eine andere Entwicklung in dieser Zeit stellt das anwachsende, eigenständige Engagement von bürgerlichen Gruppen dar. Sie schließen sich nicht an bislang bestehende Gruppen an, sondern lassen sich vor allem als Mitglieder des Roten Kreuzes identifizieren oder in dessen Umfeld verorten. Daneben finden sich auch Überlegungen von Gesellschaftswissenschaftlern (Kaufmann 2003, 40-78).

Beide Phänomene deuten darauf hin, dass die Überlegungen, Hilfe sei notwendig, weil der Einzelne sich in bestimmten Situationen nur beschränkt allein helfen könne, allgemeiner verbreitet waren und mehr Zustimmung fanden als zuvor.

Gruppen der Arbeiter

Die Arbeiterbewegung unterscheidet sich von den anderen Gruppen, die soziale Organisationen aufbauten, in zweierlei Hinsicht:

- Sie ist mit einer bestimmten Analyse über die Ursachen der gesellschaftlichen Probleme, nämlich der von Marx und Engels, untrennbar verbunden. Über ein solch geschlossenes und wissenschaftlich-theoretisches Fundament ihrer Arbeit verfügen die anderen Gruppen nicht.
- Darüber hinaus ist sie die einzige soziale Bewegung, welche keine konkrete Hilfestellung für Bedürftige organisiert. Die Gründung der Arbeiterwohlfahrt geschah erst später, in der ersten Hälfte des 20. Jahrhunderts. Die Arbeiterbewegung zielte im 19. Jahrhundert auf die Solidarität unter den Arbeitern, die Bildung von Gewerkschaften und auf die grundsätzliche Veränderung der Gesellschaft bis hin zur Revolution und wollte nicht durch einzelne Hilfeleistungen die Lage der Arbeiter verbessern.

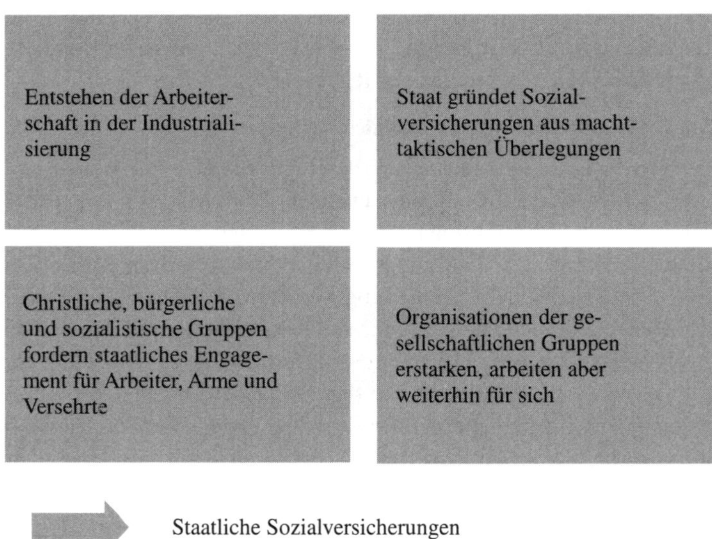

Abbildung 3: Faktoren in der zweiten Hälfte des 19. Jahrhunderts

1.3.2.3 Die staatlichen Aktivitäten

Sozialversicherungen

Provoziert unter anderem durch die Arbeiterbewegung kommt es zu starken staatlichen Aktivitäten, wobei die Gründung der Sozialversicherungen durch Bismarck einen Meilenstein darstellt. Mit der Gründung der Kranken-, Renten- und Unfallversicherung für die Gruppe der Industriearbeiter in den 80er Jahren wird eine über die kommunale Ebene hinausgehende staatliche Hilfe geschaffen. Sie stellt eine Zwangsversicherung dar, in die Arbeiter und Unternehmer einzahlen. Diese Versicherungen wenden sich gegen die wichtigsten Risiken (Krankheit, Unfall, Alter), durch die die Arbeiter ihre Fähigkeit zu arbeiten und damit ihre Existenzgrundlage verlieren konnten. Allerdings sind die neuen Sozialversicherungen nur auf Arbeiter begrenzt und richten sich nicht auf die Lebenslagen der wirtschaftlich und sozial noch Schwächeren.

Beweggründe

Zudem entstehen die Sozialversicherungen aus einer bestimmten Motivation: Die Sozialversicherungen sind

„*eher als ein – allerdings fehlgeschlagenes – Bemühen zu werten, durch eine von konservativen Vorstellungen bestimmte, paternalistische Politik das Bedürfnis nach sozialer Sicherheit zu befriedigen, um damit den Druck, die Unterschichten sozial und politisch zu emanzipieren, abzulenken und die Umwandlung einer stark obrigkeitsstaatlich geprägten konstitutionellen Monarchie in eine moderne Demokratie nach westlichem Muster zu verhindern*“. (Ritter 1989, 23; vgl. Schmidt 1998, 29-31)

Die Sozialversicherungen werden in einer Zeit eingeführt, in der die sozialistisch ausgerichtete Partei der Arbeiter verboten war. Mit den Sozialversicherungen wollte man den Beweis erbringen, dass die kapitalistische und monarchische Gesellschaft und der dazugehörige Staat nicht so schlecht waren, wie die Sozialisten behaupteten. Mögliche Unruhen und potentielle Konflikte sollten dadurch im Voraus minimiert werden.

Organisatorische Bedeutung der Sozialversicherungen

Trotz dieser Motivation tragen die Sozialversicherungen tatsächlich zu einer Sicherung der Lebenslage und einer Hebung des Lebensstandards der Industriearbeiter bei. Es werden zwei bedeutungsvolle organisatorische Weichenstellungen für die Zukunft vorgenommen: Es gibt ein Sicherungssystem nicht mehr nur für Arme, sondern für die Industriearbeiter, so dass Leistungen für eine neue Zielgruppe entstehen. Weiterhin sind für die Bereitstellung nicht die Kommunen, sondern mit den jeweiligen Rentenversicherungsträgern und Krankenkassen neue staatliche Träger zuständig. Dies führt dazu, dass die Kommunen nicht mehr allein die staatliche Verantwortung tragen und dass die Armuts-

und die Erwerbsfrage unabhängig und getrennt voneinander behandelt werden. Die Kommunen haben die Aufgabe, die Armen zu versorgen, welche nicht erwerbsfähig sind. Die Sozialversicherungen jedoch kümmern sich um die Sicherung der Erwerbstätigen, später auch um die Arbeitslosen.

Zusammenfassung

- In der zweiten Hälfte des 19. Jahrhunderts werden die Ursachen für die soziale Frage besser verstanden als in der ersten Hälfte. Beschäftigte man sich früher mit Armut, so analysiert man jetzt die industrielle Gesellschaft und versucht an den jeweiligen Ursachen anzusetzen. Diese Ansätze sind theoriegeleiteter als vorher.
- Es sind mehr gesellschaftliche Gruppen sozial engagiert und gleichzeitig bewusst sozialpolitisch aktiv.
- Die Gründung der Sozialversicherung wendet sich gegen den politischen Gehalt einer Bewegung, nimmt aber Überlegungen anderer Sozialreformer auf.
- Die Sozialversicherungen bieten Absicherungen für die Industriearbeiter und stellen eine neue staatliche Einrichtung dar.
- Neben spenden- oder steuerfinanzierte Leistungen für die Bevölkerung treten Ansprüche für Erwerbstätige, welche aus Beiträgen von Arbeitnehmern und Arbeitgebern finanziert werden und Eigentumscharakter haben.
- Es existieren zwei staatliche Organisationen nebeneinander: die Kommunen und die Sozialversicherungen.

1.3.3 Die erste Hälfte des 20. Jahrhunderts

Die Situation

Die Zeit der Weimarer Republik ist nur eine kurze Zeitspanne innerhalb der ersten Hälfte des 20. Jahrhunderts, die im Allgemeinen nicht für ihre sozialpolitischen Aktivitäten bekannt ist. Im Vordergrund stehen die Weltkriege, die Auflösung der Monarchie und schwere wirtschaftliche Krisen.

Staatliche und gesellschaftliche Aufgabenteilung

Diese Zeit ist für die Weiterentwicklung dennoch entscheidend, da der Stand des bisherigen Zusammenwirkens zwischen den gesellschaftlichen Gruppen und dem Staat anerkannt und zur Grundlage der Sozialpolitik des neuen deutschen Staates wird. In der Weimarer Republik wird die Aufgabe des Staates auf die Verabschiedung von verallgemeinernden Gesetzen und die Finanzierung der Sozialleistungen fixiert. Die Kommunen übernehmen dabei die Sorge für die Bedürftigen und die Sozialversicherungen die Absicherung der Erwerbstätigen. Die freien Träger werden in ihrer bisherigen Rolle anerkannt und gesetzlich geschützt, so dass sie ihr jeweils weltanschaulich geprägtes Angebot unterbreiten können. Die Festschreibung des Trägermixes führt zu einer anerkannteren und einflussreicheren Stellung der Verbände und sozial engagierten Gruppen, als im 19. Jahrhundert und in anderen sozialpolitischen Konzeptionen. Mit diesem Trägermix ist gleichzeitig eine bestimmte Form der Arbeitsteilung und Kooperation zwischen öffentlichen und freien Trägern festgeschrieben.

Diese Entscheidung steht auch gegen die Richtungsentscheidungen in anderen europäischen Staaten, in denen in den 30er bis 50er Jahren des 20. Jahrhunderts vor allem staatliche Institutionen die Sorge um die Armen und Nicht-Arbeitenden übernehmen.

Damit stellt sich die Weimarer Republik als hohe Zeit der Verbände heraus. In dieser Zeit wird der letzte Verband, der Deutsche Paritätische Wohlfahrtsverband, gegründet. Alle Verbände schließen sich in einer Arbeitsgemeinschaft zusammen, die bis heute als Bundesarbeitsgemeinschaft der Freien Wohlfahrtspflege existiert.

Politischer Hintergrund

Wesentlich für das Zustandekommen der Weimarer Formel ist, dass zwei Parteien, die SPD und das Zentrum, kontinuierlich einen entscheidenden Mehrheitsanteil an den Regierungen stellen. Beide Parteien zeichnen sich dadurch aus, dass sie in Verbindung mit den sozialen Bewegungen stehen, nämlich den sozialistischen und den christlichen Gruppen und den entsprechenden Wohlfahrtsverbänden, Diakonie, Caritas und Arbeiterwohlfahrt. Sie traten schon lange für soziale Anliegen als Aufgabe des Staates unter gleichzeitiger Wahrung der Freiheit und eigenständigen Rechte der gesellschaftlichen Gruppen ein. Die Politiker dieser Parteien kennen aus der Praxis ein sozialpolitisches Modell mit starken freien Einrichtungen und wehren sich daher gegen eine völlige Umstellung. Sie etablieren ein System, das staatliche, regierungsamtliche Elemente mit gesellschaftlichen Elementen kombiniert und aus dem Zusammenwirken von „oben“ und „unten“ entsteht.

neue Inhalte und neue Gruppen von Bedürftigen treten auf

Staat setzt Rahmenbedingungen, finanziert die Sozialleistungen, weitet Bereich und Zielgruppen der Sozialpolitik aus

Überzeugung der gesellschaftlichen Gruppen mündet letztlich in Wahlkämpfe ein

Verbände zusammengeschlossen, in Verbindung zu regierenden Parteien und staatlich anerkannt

→ Trägermix fest, staatliche Sozialpolitik ausgeweitet

Abbildung 4: Faktoren in der ersten Hälfte des 20. Jahrhunderts

Neue Bereiche der Sozialpolitik

Die Weimarer Republik ist zudem eine Zeit, in der viele sozialpolitische Gesetze verabschiedet werden. In dieser Phase werden die Arbeitslosenversicherung und die Arbeitsmarktpolitik begründet. Des Weiteren werden Betriebsräte und die Mitbestimmungspolitik eingeführt und Gewerkschaften und Arbeitgeber als Tarifpartner für die Aushandlung von Löhnen anerkannt. Weiterhin beginnt mit der Einführung einer Hauszinssteuer die Wohnungsbauförderung. Mit diesen gesetzgeberischen Aktivitäten werden neue inhaltliche Bereiche in die Sozialpolitik aufgenommen und angegangen.

Mit der Verabschiedung des Jugendwohlfahrtsgesetzes und des Fürsorgegesetzes zu Beginn der 20er Jahre kommt es weiterhin zu ersten reichsweit gültigen Gesetzen, welche Anforderungen für jene Aufgabenbereichen aufstellen, die den Kommunen vorbehalten sind und die der Fürsorgepolitik zugerechnet werden.

In dieser Zeit werden auch umfassendere systematische Überlegungen zur Sozialarbeit entwickelt.

Einbeziehung weiterer Teile der Bevölkerung

Durch diese Aktivitäten wird der Aufgabenbereich der Sozialpolitik auf neue Bevölkerungsgruppen ausgeweitet: Neben Armen und Arbeitern werden jetzt Kriegsgeschädigte, Angestellte, Kinder, Jugendliche und Wohnungssuchende unterstützt, so dass tatsächlich nicht nur eine ausgewählte Zielgruppe, sondern weite Teile der Gesellschaft von den Gesetzen profitieren. Beziehen 1918 ca. ein Zehntel der Bevölkerung Sozialleistungen, so sind es 1932 ungefähr ein Drittel.

Sozialpolitik der Nationalsozialisten

Die Nationalsozialisten führen die sozialpolitischen Inhalte weiter und ergänzen sie um den Bereich der Familienpolitik. Wesentlicher als diese Aktivitäten sind jedoch die Gleichschaltung der reichsweiten Arbeitsgemeinschaft der Verbände und die Tatsache, dass die Zentrale Wohlfahrtsstelle der Juden und die Arbeiterwohlfahrt schon früh verboten und aufgelöst wurden. Der Paritätische Wohlfahrtsverband wurde gleichgeschaltet. Das Rote Kreuz und der Caritasverband hatten den Vorteil, dass sie durch internationale Verträge abgesichert waren, die einen durch den völkerrechtlichen Status, die anderen durch ein Konkordat, so dass sich diese Verbände selbst nicht diesem existentiellen Druck ausgesetzt sahen. Auf Grund der unübersehbaren Vorteile des größeren rechtlichen Schutzes schloss sich die Innere Mission in dieser Zeit offiziell der Evangelischen Kirche an.

1.3.4 Die zweite Hälfte des 20. Jahrhunderts

Entstehen der Bundesrepublik

Nach dem Zweiten Weltkrieg werden in der Bundesrepublik die Ansätze der Weimarer Republik weiter verfolgt: Die Verbände werden, soweit notwendig, neu gegründet, stabilisiert und gestärkt. Die Regierungen werden von den großen Volksparteien mit sozialen Anliegen gestellt, welche neben den bisherigen Bereichen unter anderem die Bildungs- und die Vermögenspolitik als Sozialpolitik entdecken und die Sozialleistungen ausweiten; beispielsweise werden auch für Selbständige Rentenkassen eingerichtet.

Ihnen kommt dabei entgegen, dass diese Periode für die Bundesrepublik von politischer und wirtschaftlicher Stabilität und zum Teil unerwarteten Erfolgen gekennzeichnet ist. Der Ertrag der praktizierten Gesellschaftspolitik liegt unter anderem darin, dass 95 Prozent der Bevölkerung in den gesetzlichen Sicherungssystemen untergebracht sind; nur jene, die nie den Einstieg in die Erwerbsarbeit gefunden haben, bleiben lediglich auf Sozialhilfe angewiesen. Die Mehrheit der Parteien verfolgt die Ziele der sozialen Gerechtigkeit, d.h. der Sicherung vor Risiken und der Chancengleichheit.

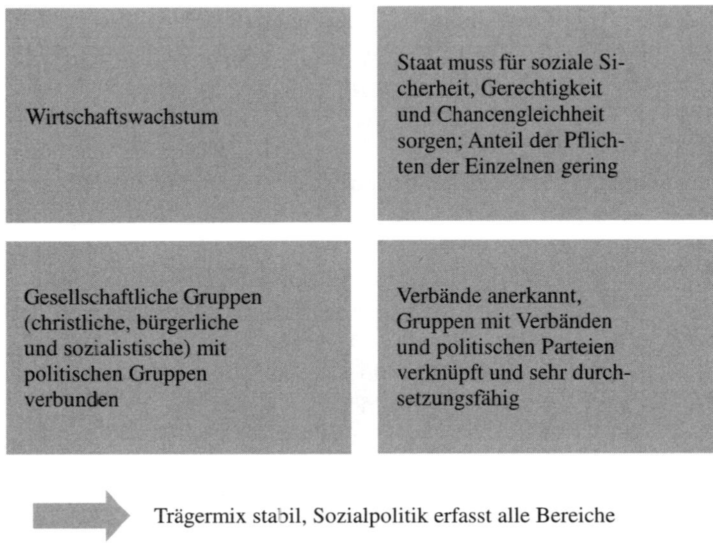

Abbildung 5: Faktoren in der zweiten Hälfte des 20. Jahrhunderts

Krise des Sozialstaates

Die Kehrseite des die ganze Bevölkerung einbeziehenden Sozialstaates zeigt sich seit den Wirtschaftskrisen der 70er Jahren und durch den Wandel im Verhalten und im Altersaufbau der Bevölkerung: Der Sozialstaat mit seinen Leistungen wird unbezahlbar, so dass sie nicht mehr ausgeweitet, sondern begrenzt werden.

Entscheidende Problemlösungen erhofft man sich von der Frage, wie man Leistungen verteilt und wie man unter dem Stichwort „Eigenverantwortung“ die eigenen Kräfte der Hilfebedürftigen und die Mitwirkung der Leistungsempfänger einbezieht. Weiterhin wird nach Möglichkeiten der Effizienzsteigerung in den Organisationen gesucht. Damit zielen die sozialpolitischen Reformen sowohl auf die Empfänger der Sozialleistungen als auch auf die Erbringer der Leistungen.

Dadurch kommt es nach der Ausweitung des Sozialstaates zu seiner Eingrenzung.

Stellung der Verbände

In den 60er Jahren werden die Verbände durch das Bundessozialhilfegesetz und das Gesetz für Jugendwohlfahrt (beide 1961) zu anerkannten und rechtlich stark abgesicherten Partnern des Sozialstaates. Diese gesicherte Stellung führte ab den 70er/80er Jahren dazu, dass sich staatliche Sparmaßnahmen direkt bei den Einrichtungen auswirkten und Einschränkungen erzwangen. In den 90er Jahren veränderte sich diese Stellung, als die Gleichstellung privater Unternehmen zu Konkurrenz führte. Dies kulminierte in der Einführung von Entgelten und geringeren Investitionszuschüssen.[3]

Bisherige Hilfen nicht mehr zu finanzieren, einige Grupen stark versorgt, neue Gruppen von Bedürftigen treten auf	Ausrichtung auf Daseinsvorsorge und Wirtschafts- und Arbeitsmarktpolitik; Betonung von Eigenverantwortung
Unterschiedliche Auffassungen zwischen den Gruppen in den europäischen Gesellschaften	Noch unentschieden innerhalb der EU; in BRD freie und öffentliche Träger voneinander gegenseitig abhängig

→ „Krise des Sozialstaates“

Abbildung 6: Faktoren am Ende des 20. Jahrhunderts

1.4 Der Trägermix im europäischen Vergleich

Die unterschiedlichen Faktoren für die Entwicklung des Sozialstaates wurden bislang für die deutsche Geschichte aufgeführt. In anderen Ländern ergaben sich weitere Zusammenstellungen. Auch wenn man insgesamt von einem europäischen Modell des Sozialstaates sprechen kann, so werden darin drei Grundtypen eines Sozialstaates gegeneinander abgegrenzt, die sich jeweils aus der Stärke der einzelnen Faktoren entwickelt haben.

Liberale und sozialdemokratische Modelle

Das englische Modell, das sich im 19. Jahrhundert in den ersten Ansätzen darstellte, gilt als „liberales“; das „sozialdemokratische“ leitet seinen Namen von den jeweiligen sozialdemokratischen Regierungen in den skandinavischen Ländern ab, in denen die sozialdemokratischen Parteien die Einführung der sozialen Sicherungen forcierten. Diese beiden Modelle sind in vielen Kennzeichen gegensätzlich.

Deutscher Sozialstaat als Mittelform

Der deutsche Sozialstaat wird zu den konservativen Modellen gezählt, welche sich in bestimmten Merkmalen als Mittelform zwischen den anderen Typen darstellen.

3 Die gegenwärtige Führung entspricht eher einem Markt als einem Korporatismus, s. Kap. 6.11.3

Die Kennzeichnungen „liberal", „sozialdemokratisch" und „konservativ" sind in dieser Typisierung nicht wertend, sondern beschreibend zu verstehen. Es gibt somit historische Wurzeln des Trägermixes und klar unterschiedliche Wege zum Sozialstaat.

Typ des Wohlfahrtsstaates	Liberal	Sozial-demokratisch	Konservativ
Beispiele	Großbritannien USA	Dänemark, Schweden	Deutschland, Österreich, Italien
Rolle des Staates	gering	zentral	subsidiär
Rolle anderer Einrichtungen (Vereine, Verbände, Stiftungen, Kirchen, gesellschaftliche Gruppen)	gering	gering	mittel anerkannte, eingebundene Partner der Sozialpolitik
Rolle der Familie	gering	gering	mittel

Abbildung 7: Vergleich von Wohlfahrtsstaatstypen und Trägermixen
Eigene Zusammenstellung nach Schmid 2002, insbes. 87, 100

Trägermix

Aus der Tabelle kann man erkennen, wie der Trägermix in den so genannten konservativen Staaten von dem der liberalen und sozialdemokratischen Staatentypen abweicht.

Im deutschen Sozialstaat, der hier vorgestellt wurde und der idealtypisch für diese Gruppe von Sozialstaaten steht, haben Einrichtungen und Organisationen eine stärkere Position als in anderen Typen. Sie sind rechtlich anerkannte Partner bei der Erbringung der Leistungen, bei der politischen Definition von sozialen Problemen und bei der Identifizierung der Gruppen, die Unterstützung benötigen. Zugleich existiert eine Vielfalt von Organisationen: Öffentliche und freie Träger, gemeinnützige und privatwirtschaftliche Einrichtungen, Sozialversicherungen und Kommunen, gesetzliche und private Versicherungen.

Der evolutionäre Weg im deutschen Sozialstaat, der sich aus unterschiedlichen Motivationen und dem Zusammenspiel verschiedener Regierungen und Träger ergab, führte in ein komplexes System von Institutionen. Dieses findet als grundsätzliche Idee in der Europäischen Union starke Unterstützung, allerdings wird es wegen der Unterschiede in der Entwicklung der nationalen Sozialpolitik und damit in der konkreten Gestaltung einzelner Rechtsansprüche nur von einer Minderheit der Staaten praktiziert.

Damit lassen sich bei den Reformen im Zuge des so genannten »europäischen Sozialmodells« und der Ausbalancierung zwischen EU-weit verbindlichen Normen und möglichen nationalen Abweichungen zwei grundsätzliche Bereiche unterscheiden: Neben der Reform bei den Zielgruppen (Welche Gruppe benötigt welche Unterstützung in welcher Höhe?) geht es um Veränderungen bei den Einrichtungen und Verbänden (Wer solche welche Aufgabe zu welchem Preis übernehmen, mit wem zusammenarbeiten und wem gegenüber Rechenschaft ablegen?).

1.5 Zuverlässigkeit der Hilfe endete in einem komplexen Institutionensystem

Fasst man die Entwicklungen zusammen, zeigt sich, dass die heutigen Organisationstypen die entstandene Arbeitsteilung widerspiegeln. Sie leisten, was im Eingangsbeispiel die einzelne Nachbarin nicht leisten kann: Zuverlässige Hilfe, und zwar jederzeit und gegenüber jedem Menschen, unabhängig vom persönlichen Reichtum und der Freizeit der Gutwilligen und Hilfsbereiten. Selbst die ersten Gruppen in der ersten Hälfte des 19. Jahrhunderts erreichten schon diese Unabhängigkeit von einer Person.

System erwartbarer Hilfestellung

Mit der staatlichen Anerkennung des Trägermixes und den rechtlich garantierten Sozialleistungen hat sich ein System zuverlässig erwartbarer Hilfestellung ergeben. Vor der modernen Gesellschaft konnte man solche Hilfeleistungen nur von der eigenen Familie, von Almosen oder durch die Allmende erwarten. Die Hilfestellung, die sich herauskristallisiert hat, ist weitgehend unabhängig vom familiären Stand oder vom Besitz derer, die die Almosen gegeben haben. Erst recht reicht eine persönliche Hilfe, die zwischen zwei Menschen auf Grund von Menschenliebe gegeben wird, nicht aus, um die Risiken des Lebens in der modernen Gesellschaft für alle Mitglieder abzufedern (und sie führte auch früher oft schon zur Armut der gesamten Familie).

Damit endete die Bereitstellung von Hilfe, die sich aus unterschiedlichen Motivationen und dem Zusammenspiel verschiedener Regierungen und Träger ergab, in einem komplexen System von Organisationen und Institutionen.

Gegenwärtig sind die Sozialleistungen für die entstandene Arbeitsteilung zwischen den unterschiedlichen Trägern geltendes Recht und damit einklagbar. Die Auffassungen, welche Aufgaben und Leistungen der Staat garantieren soll, können sich jedoch verändern – sei es auf

Grund von finanziellen Engpässen oder von grundsätzlicheren Überlegungen. Dadurch kann es dazu kommen, dass die Leistungen und auch das bisherige Arrangement der Träger nicht mehr wie bislang bestehen bleiben.

Arbeitsaufgaben

1. Überlegen Sie: Warum stellen Organisationen im Gegensatz zu Einzelpersonen Hilfe personenunabhängig und zuverlässig sicher?
2. Welche allgemeinen Faktoren lassen sich für die Entwicklung des Sozialstaats anführen?
3. Diskutieren Sie vor dem Hintergrund historischer Erfahrungen die Bedeutung des Wegfalls von (auch totalitären) Zwangssystemen für die soziale Sicherung.
4. Die staatliche Sozialpolitik in Deutschland ist gekennzeichnet von einer Trennung zwischen den Sozialversicherungen und der kommunalen Sozialpolitik. Wo liegen hierfür die Wurzeln?
5. Welche Bedeutung hat die Zeit der Weimarer Republik für die Landschaft sozialer Organisationen bis heute?
6. Was geschah mit den Wohlfahrtsverbänden während der Zeit des Nationalsozialismus?
7. Skizzieren Sie die Rolle der freien Träger und Wohlfahrtsverbände in »sozialdemokratischen« und »liberalen« Wohlfahrtsstaaten!

2 Die Organisationsaufgabe

2.1 Einführung

Nach der konkreten Analyse der Entwicklung des deutschen Sozialstaats und der sozialen Organisationen soll nun die Begründung und das Wesen der Organisationen aus theoretischer Sicht beschrieben werden.

Lernziele

Nach dem Lesen dieses Abschnitts sollen Sie

- eine theoretische Begründung für Organisationen im Sozialbereich ableiten können,
- theoretische Analyserahmen von Organisationen kennen, und
- die Aufgabe des Organisierens beschreiben können.

Literatur

Steinmann, Horst; Schreyögg, Georg: Management. Grundlagen der Unternehmensführung. Konzepte – Funktionen – Fallstudien, 5. Aufl., Wiesbaden, 2000, 373-428.

Frese, Erich: Grundlagen der Organisation, 8. Aufl., Wiesbaden, 2000.

Luhmann, Niklas: Formen des Helfens im Wandel gesellschaftlicher Bedingungen in: Otto, Hans-Uwe; Schneider, Siegfried, Gesellschaftliche Perspektiven der Sozialarbeit 1, Neuwied 1973, 21-45.

Sagebiel, Juliane; Vanhoefer, Edda: Es könnte auch anders sein. Systemische Variationen der Teamberatung, Heidelberg, 2006.

2.2 Die Funktion von Organisationen im Sozialbereich

Hilfe von Personen abhängig

Frühe Formen des Helfens in Gesellschaften basierten weitgehend auf persönlichen Bindungen. Mitglieder des eigenen Stammes oder der Familie bildeten angesichts der hohen Umweltbedrohung und der eigenen knappen Mittel eine Solidargemeinschaft. Man half, weil man jederzeit selber in eine vergleichbare Situation kommen konnte. Innerhalb dieses Verbandes sorgten die soziale Kontrolle und die Gegenseitigkeit für eine relativ hohe Verlässlichkeit der Hilfe (Luhmann 1973, 21 ff.).

Außerhalb des Verbandes war Hilfe jedoch eher der Zufälligkeit überlassen, wer zufällig mit welcher Motivation am Ort der Bedürftigkeit war oder wer gerade über die notwendigen Ressourcen verfügte. Ein solches zufälliges, aber funktionierendes Hilfesystem wird etwa im Gleichnis des Barmherzigen Samariters geschildert (Bibel, Lk 10,

25-37), das die ideelle Grundlage für viele Hilfeformen in den abendländischen Kulturkreisen darstellt.

Keine Organisationen notwendig

Ein solches Hilfesystem, das auf der gegenseitigen erwarteten und kontrollierten Hilfe basierte, benötigte keine eigenen, abgegrenzten, spezialisierten Organisationen, die systematisch und kontinuierlich nur Hilfe gewähren. Im Gegenteil: Solche Organisationen würden ja gerade die persönlichen Pflichten, die Reziprozität der Hilfeleistungen und den Zusammenhalt in der Gesellschaft verhindern.

2.2.1 Gesellschaftliche Arbeitsteilung

Gesellschaftliche Arbeitsteilung

Mit dem Entstehen einer zunehmend differenzierten Gesellschaft – unterschiedliche Berufe, unterschiedlicher Reichtum, unterschiedliche Lebenslagen – war nicht jeder gleichmäßig von Notsituationen betroffen. Gleichzeitig entwickelte sich eine zunehmende Spezialisierung der Hilfeformen, zunächst medizinische und pflegerische Hilfen, später auch sozialarbeiterische. Die Unterstützung wurde zunehmend zum Gegenstand der gesellschaftlichen Arbeitsteilung.

Organisationen werden notwendig

Damit wurden Organisationen notwendig, die sich auf Hilfe spezialisierten und von anderen gesellschaftlichen Subsystemen hierfür Mittel bezogen.

Hieraus ergibt sich zum einen ein Vorteil für die Gesellschaft insgesamt, da durch die Spezialisierung auf einzelne Aufgaben eine höhere Produktivität erreicht und die Ressourcenausstattung der Gesellschaft verbessert werden kann. Hiervon profitiert zum anderen auch das Hilfesystem, denn es kann spezialisierte und professionellere Hilfe leisten und zudem Nutzen aus der besseren Ressourcenausstattung der Gesellschaft ziehen.

2.2.2 Koordinierte Hilfesysteme

Zusammenwirken bei Hilfe

Organisationen ermöglichen auch das Zusammenwirken mehrerer Helfer in einem gemeinsamen Hilfesystem. In ihnen konzentriert sich jeder auf einen Teil der Gesamtaufgabe und kann sich darauf verlassen, dass andere ihren Teil der Gesamtaufgabe erledigen. So wird professionelle Spezialisierung (z.B. Zusammenwirken von technischer und medizinischer Hilfe bei Katastrophenfällen) und Kontinuität der Arbeiten ermöglicht.

In stabilisierten gesellschaftlichen Situationen empfinden wir diese Form der Hilfe häufig als sehr starr – wir begegnen in den Ämtern und den sozialen Einrichtungen Mitarbeitern mit klaren Zuständigkeiten und einer (vermeintlich) verengten Sichtweise von Problemlagen. Dies ist jedoch gerade ein Vorteil von Organisationen: Organisationen reduzieren Komplexität, sie nehmen die Umwelt nur aus ihrer Aufgabenstellung her wahr und konzentrieren sich auf diese Aufgabe. Erst dadurch realisiert die Organisation die Vorteile einer hoch effizienten Aufgabenerledigung.

Die Bedeutung, aber auch die Grenzen von Organisationen kann man immer wieder bei Katastrophenfällen beobachten. Katastrophen entstehen meist weniger dadurch, dass zu wenig Personal oder Hilfsmittel vor Ort sind, sondern dass diese zu wenig koordiniert und abgestimmt arbeiten. Es wird dann stets der Ruf nach einer gemeinsamen Koordinations- oder Organisationsstruktur laut.

2.2.3 Zuverlässigkeit und Stabilität

Zuverlässigkeit des Hilfesystems

Wie bereits die Ausführungen zur Entwicklung des Sozialstaates gezeigt haben, stehen Organisationen auch als Garant für die Zuverlässigkeit von Hilfesystemen. Mit gestalteten, planmäßig handelnden Apparaten wird die Hilfe von Schwankungen der persönlichen Motivation entkoppelt. Feste Handlungsprogramme (wenn ohne Einkommen, dann Unterstützung) und Organisationen, die für die Durchführung der Programme geschaffen werden, stehen im Mittelpunkt eines Hilfesystems.

Klienten wissen eindeutig, ob, wo und wie sie die notwendige Hilfe erhalten und dass die Hilfe losgelöst ist von der zufälligen Verfügbarkeit und Disposition der Helfenden.

2.2.4 Rechtliche Präzision und demokratische Kontrolle

Bürokratische Organisationen als Teil des Rechtsstaats

Ein gängiger Vorwurf, den man sozialen Organisationen macht, ist ihre Bürokratisierung – damit ist ein stark an Verwaltungsarbeiten orientierter Arbeitsprozess gemeint. Man hat das Bild des die Zuständigkeiten prüfenden, nur nach Vorschriften und ohne jede persönliche Regung arbeitenden Beamten vor Augen. Auf diese Weise soll eine bürokratische Organisation geradezu arbeiten: Wenn Gesetze umgesetzt werden sollen, dann soll dies ohne Willkür, rein nach den Vorschriften (die ja Ausfluss des demokratisch gebildeten gesellschaftlichen Willens sind), aktenmäßig und nachprüfbar erfolgen. Weiterhin sollen keine persönlichen Einflussnahmen des Bürgers oder des Beamten möglich sein (Steinmann/Schreyögg 2000, 47 ff.).

Organisationen dienen eben auch dazu, rechtmäßiges Handeln sicherstellen und eine demokratische Kontrolle ermöglichen. Dies ist insbesondere für diejenigen sozialen Organisationen wichtig, die Leistungen erbringen, auf die sozialrechtliche Ansprüche bestehen.

Beispiel

Bei der Bearbeitung eines Bafög-Antrags erwarten Antragsteller, dass ihr Antrag nicht nach Lust und Laune des Bearbeiters beurteilt wird, sondern nach einheitlichen Regeln, die durch die Gesellschaft legitimiert sind, den Gesetzen und Vorschriften. Die Entscheidung des Bearbeiters soll nicht etwa davon abhängen, ob sich Bearbeiter und Antragsteller persönlich kennen oder ob der Beamte heute „einen guten Tag" hat. Die Bearbeitung des Antrags muss nachvollziehbar sein; dies wird durch die Akten möglich. Antragsteller sollen auch die Möglichkeit haben, gegen mögliche Fehlentscheidungen Widerspruch einzulegen (Nachprüfbarkeit).

Begründung der Organisationen

Diese vier Aspekte stellen die Bedeutung von Organisationen für den Sozialbereich heraus und zeigen, dass die Bildung von Organisationen eine konsequente Schlussfolgerung eines demokratisch und rechtlich begründeten, arbeitsteilig organisierten Hilfesystems ist. Organisationen als Bestandteil eines Hilfesystems haben durchaus auch negative Auswirkungen – angefangen vom Verlust persönlicher Verantwortung bis hin zu sich selbst beschäftigenden Organisationen – und es sind dementsprechend alternative Entwürfe denkbar (Elsen 2000). Diese müssen sich letztlich allerdings ebenfalls an diesen vier Aspekten messen lassen.

2.3 Was ist eine Organisation?

Definition

Organisationen sind zielgerichtete soziale Systeme, in denen Menschen und Objekte dauerhaft in einem Strukturzusammenhang stehen (Kieser 2003,1; Gabler Wirtschaftslexikon, 2330 ff.).

Gemeinsame Ziele

Organisationen sind demnach gekennzeichnet durch gemeinsame Ziele. Organisationen reduzieren die Umweltkomplexität und beschränken sich auf die Verfolgung einzelner Ziele, um diese überhaupt bewältigen zu können.

Auf Dauer angelegt

Organisationen sind weiterhin auf Dauer angelegt; sie sind keine losen, zufälligen Anhäufungen. Sie sind auch nicht nur auf ein kurzfristiges Ziel gerichtet, sondern verfolgen Intentionen dauerhaft und lösen Probleme meist mehrfach. Häufig wird dies auch mit der (weitgehenden) Personenunabhängigkeit der Organisation beschrieben: Organisationen existieren losgelöst von den einzelnen Organisationsmitgliedern; und beim Austritt aus Organisation werden „Stellen wiederbesetzt".

Letztlich werden Organisationen durch Strukturen beschrieben, die das Beziehungssystem der einzelnen Organisationselemente untereinander wiedergeben. Dieser Strukturzusammenhang wird häufig mit den in Organisationen herrschenden Regeln (formaler und informaler Art) beschrieben. Strukturzusammenhänge

Beispiel

In einer Kleinstadt ist auf Grund eines Gewaltverbrechens die Bevölkerung aufgerüttelt. Einige besorgte Eltern initiieren daher gemeinsam mit Polizei und Stadtrat eine Diskussionsrunde: „Macht unsere Stadt sicher“. Noch ist die Organisation nicht formalisiert; jeder Akteur handelt in einer Gruppe, aber auf „eigene Verantwortung“.

Nach einem Jahr erfolgreicher Arbeit beschließen die Beteiligten, diese spontane Initiative in einen Verein zu überführen. Es wird eine Satzung erstellt (Ziele, Dauerhaftigkeit und Strukturzusammenhänge), ein Vorstand gewählt (Strukturzusammenhänge) und eine Vereinskasse angelegt (Dauerhaftigkeit).

2.4 Theoretische Analyse von Organisationen

Drei theoretische Analyseansätze von Organisationen sind für das Verständnis von Organisationen im Sozialbereich hilfreich: die Systemtheorie, die Betriebswirtschaft und die neue Institutionenökonomik. Diese Ansätze sollen im Folgenden kurz dargestellt werden.

2.4.1 Systemtheorie

Die Systemtheorie wurde ursprünglich in den Ingenieurwissenschaften entwickelt, später aber insbesondere in der Soziologie und als ein interdisziplinäres Erkenntnismodell aufgenommen. Hierbei war vor allem die Systemtheorie von Luhmann prägend (Luhmann 2008). Sie ermöglicht, die zahlreichen informellen Aspekte von Organisationen und die Entwicklung von Organisationen zu analysieren und zu beschreiben.

Im Mittelpunkt der Systemtheorie steht die Frage, wie ein System (die Organisation) sich von der Umwelt abgrenzt, also wo die Organisation beginnt und die Umwelt aufhört. Systeme grenzen sich von der Umwelt durch Komplexitätsreduktion ab. Systeme verfolgen bestimmte Ziele und klammern andere aus, die Umwelt wird „selektiert“. So blendet beispielsweise eine Organisation des Sozialbereichs die Probleme und Aufgaben des städtischen Winterdienstes aus. Erst durch diese Komplexitätsreduktion können Systeme funktionieren und ihren Zielen System-Umwelt-Abgrenzung nachkommen. Allerdings führt gerade diese Selektion auch zu organisatorischer Blindheit – es werden unter Umständen auch Informationen vernachlässigt oder ignoriert, die das System beeinflussen oder bedrohen können, etwa wenn Organisationen des Sozialbereichs eine Finanzkrise „nur“ als Krise des Bankenbereichs sehen und nicht berücksichtigen, dass die finanziellen Folgen auch bei der Sozialwirtschaft ankommen können.

Anschlussfähigkeit

Ein System ist zugleich von aneinander anschließenden Operationen gekennzeichnet. Ein System kann existieren, wenn Operationen jeweils folgende gleichartige Operation ermöglichen, also etwa dass eine rechtliche Intervention auch rechtliche Konsequenzen nach sich zieht. Dies nennt sich „Anschlussfähigkeit“. Weiterhin ist ein System von einer eigenen Sprache und Kommunikation geprägt. Jedes System hat dabei einen „Code“, der die systemspezifische Kommunikation prägt. So ist etwa der Code des Rechtssystems „Recht / Nicht-Recht“.

Einen kleinen Versuch zu Codes kann man im Sozialbereich durchführen: Wie antwortet eine Einrichtungsleitung auf die Frage nach der Größe der eigenen Organisation? Mit der Zahl der Bewohner/innen, der Zahl der Mitarbeiter/innen, der Umsatzgröße? Die Antwort kann Rückschlüsse auf das Selbstverständnis geben.

Anpassung von Systemen

Die Gesellschaft zerfällt nach der Systemtheorie in verschiedene Teilsysteme, die jeweils funktional differenziert sind. Jedes System verfolgt eigene Ziele; es herrscht „Systempluralismus“ und es gibt kein „Leitsystem“. Allerdings sind die Systeme untereinander strukturell gekoppelt. Im Mittelpunkt steht dann immer wieder die Frage, wie es Systemen gelingt, mit Umweltänderungen umzugehen und sich anzupassen.

Die Systemtheorie ist insofern ein Denkmodell um Entwicklungsprozesse, Organisationskulturen oder Widerstände gegen Änderungen in Organisationen zu erklären.

Auch die vielerorts geführte Diskussion um die „Ökonomisierung“ hat einen systemtheoretischen Gehalt. Durch die Knappheit finanzieller Mittel wird im Sinne der Systemtheorie die strukturelle Koppelung des Systems Sozialer Arbeit mit dem wirtschaftlichen System prägender. Das System Sozialer Arbeit übernimmt daher neue Handlungslogiken und Sekundärcodierungen. Dies ist der systemtheoretische Kern der Ökonomisierung, der von manchen als „Fremdbestimmung“ gesehen wird, aus Sicht der Systemtheorie jedoch eine notwendige Anpassung an Umweltänderungen darstellt.

2.4.2 Betriebswirtschaftlicher Ansatz

Tauschprozesse

Die Betriebswirtschaft betrachtet soziale Organisationen als Sozialunternehmen. Unternehmen kombinieren Produktionsfaktoren (Personal, Kapital, Boden, Wissen) und erstellen hieraus Leistungen. Diese Leistungen werden für fremden Bedarf, für ein Kundensystem erstellt, das hierfür Gegenleistungen – in der Regel: Geld als Kaufpreis – anbietet. Diese Tauschprozesse erfolgen freiwillig.

Unternehmen sind autonom und tragen Risiken

Unternehmen sind dabei gekennzeichnet als auf die Leistungserstellung ausgerichtete Systeme, als produktive Systeme sowie als soziale und technische Systeme, die eigenverantwortlich (mit eigenen Entscheidungen) und mit eigenen Risiken (sie können falsche Angebote anbieten, falsch kalkulieren etc.) handeln.

Gewinn- oder bedarfsorientierte Unternehmen

Dabei unterscheidet die Betriebswirtschaft zwischen gewinnorientierten Unternehmen, die Leistungen erstellen, um aus dem Umsatz Gewinn zu erzielen, und den bedarfsdeckenden Unternehmen, die Leistungen anbieten, um Bedarfe zu decken (etwa sozialen Bedarf), hierfür jedoch finanzielle Mittel benötigen. In beiden Fällen lässt sich die gleiche betriebswirtschaftliche Logik anwenden, lediglich in der Frage der Zielausprägung „gewinnorientiert" oder „bedarfsdeckend" unterscheiden sich beide Organisationen.

Wertschöpfung im Mittelpunkt

Der betriebswirtschaftliche Organisationsbegriff stellt die Frage der Wertschöpfung einer sozialen Organisation in den Mittelpunkt. Eine soziale Organisation wird nur dann überleben können, wenn sie Wertschöpfung erzielt, denn nur wenn sie einen Nutzen oder eine Problemlösung („Werte") produziert, ist die Umwelt bereit, ihr die dafür notwendigen Ressourcen zur Verfügung zu stellen.

2.4.3 Neue Institionenökonomik

Neue Institutionenökonomik

Diese ökonomische Theorie geht von den Funktionen von Organisationen (Kap. 2.2) aus und fragt insbesondere nach der Koordination und der Leistung von Organisationen. Sie stellt die Frage, wie Organisationen aufeinander abgestimmt werden oder wie die Leistungsfähigkeit einer Organisation verbessert werden kann. Dabei geht die Ökonomie grundsätzlich davon aus, dass der Mensch bestimmend für Organisationen und eben nicht determiniert ist. Es gibt also keine „Sozialarbeiterin", die ausschließlich ideell, selbstlos, professionell und fachlich motiviert ist. Vielmehr kalkuliert jeder Mensch implizit oder explizit „Nutzen" und „Kosten" seiner eigenen Aktivitäten. „Nutzen" und „Kosten" sind dabei nicht immer monetär messbar, sondern häufig auch subjektiv wahrgenommen. Organisationen können dadurch einerseits verhaltenssteuernd auf die Mitglieder wirken, andererseits können sie aber auch von der Gesellschaft oder anderen Organisationen beeinflusst werden.

Organisationen als Bündel von Verträgen

Organisationen sind im Sinne der neuen Institutionenökonomik ein „Bündel“ von (rechtlich normierten oder auch informellen) Verträgen, die von Individuen geschlossen wurden. So hat z.B. eine soziale Organisation einen expliziten Leistungsvertrag mit dem Sozialleistungsträger, zahlreiche Einzelverträge mit Arbeitnehmer/innen und Lieferanten, aber auch den impliziten Vertrag mit dem Träger oder Dachverband über die ideelle Zielerreichung oder mit der Politik über eine positive Öffentlichkeitsarbeit abgeschlossen.

Die neue Institutionenökonomik stellt dabei drei Fragen:

Choice of Rules

(a) nach der Wahl der Institutionen, die zu Institutionen und Organisationen führt („Choice of Rules“). Beispielsweise kann die Existenz einer Arbeitslosenversicherung als Abwägung von Nutzen und Kosten einer solchen Arbeitslosenversicherung durch die Gesellschaft gesehen werden.

Choice of Rules within Rules

(b) nach der konkreten Ausgestaltung von Organisationen („Choice of Rules within Rules“). So kann analysiert werden, wie z.B. konkrete Arbeitslosengeldanträge bearbeitet werden sollen.

Choice within Rules

(c) nach der Analyse des Verhaltens innerhalb der Regeln („Choice within rules“), also etwa warum sich Arbeitslose in einer bestimmten Weise und nicht anders verhalten.

Verfügungsrechte, Transaktionskosten, Principal-Agent-Probleme

Die neue Institutionenökonomik bedient sich dabei des Ansatzes der Verfügungsrechte und der Transaktionskosten und thematisiert die Principal-Agent-Probleme. Verfügungsrechte bezeichnen Gestaltungsmöglichkeiten und damit gewissermaßen Eigentumsrechte. Transaktionskosten sind die Kosten der Koordination von Organisationen und Individuen (also z.B. Suchkosten als Aufwand und Dauer, eine Vereinbarung zu schließen; Qualitätsprüfungskosten). Principal-Agent-Probleme beschreiben das Verhältnis zwischen Auftraggeber (Principal) und Auftragnehmer (Agent), das von Informationsasymmetrien geprägt sein kann. Gibt es beispielsweise „Graubereiche“, die der Auftraggeber nicht kontrollieren kann? Kann ein Vertragspartner den Vertrag wirklich kündigen, wenn er ihn einmal geschlossen hat?

So ist z.B. eine Behörde institutionenökonomisch interpretiert eine besondere Art des Verfügungsrechts (geringere Kündigungsmöglichkeiten gegenüber Mitarbeiter/innen als in der freien Wirtschaft, allerdings auch keine vollständige Freiwilligkeit und Autonomie des einzelnen Bürgers als Kunden), es spart Transaktionskosten (der Beamte/die Beamtin wird dauerhaft an die Organisation gebunden, so dass nur einmalige, keine wiederholten Suchkosten anfallen), und es werden

„Grauzonen“ vermieden (Pflichtbewusstsein des Beamten, Ausschalten von Nebeninteressen durch ausreichende Alimentierung und besondere Loyalitätspflichten etc.).

Der Ansatz der neuen Institutionenökonomik ermöglicht insbesondere, das Entstehen konkreter Ausprägungen der Organisationen oder das Verhalten in Organisationen als Resultat organisatorischer Regeln zu erkennen. Es ermöglicht an manchen Stellen auch, neue, erfrischende Lösungen für organisatorische Probleme zu sehen.

2.5 Der Prozess des Organisierens

Der institutionelle Organisationsbegriff, der bisher im Mittelpunkt stand, stellte auf das Ergebnis des Organisationsprozesses ab. Um zu diesem Organisationsbegriff zu kommen, muss man jedoch zunächst Organisieren (instrumenteller Organisationsbegriff).

Organisieren

Die Gestaltung der Organisation, das „Organisieren“ ist das Schaffen der Regeln und Zusammenhänge, die die Organisation kennzeichnen.

Schaffen genereller Regelungen

Eine gängige Definition spricht vom Prozess des Organisierens als dem Ersetzen von Einzelfallregelungen durch generelle Regelungen, z.B. indem die Bearbeitung bestimmter Fälle einem bestimmten Mitarbeiter bzw. Stelle zugeordnet wird oder indem bestimmte Vorgehensweisen in bestimmten Fällen festgelegt werden statt darüber in Einzelentscheidungen zu befinden (Gutenberg 1983, 238 ff.). Dabei kann durch die Organisation auch generell geregelt sein, bestimmte Entscheidungen doch fallweise zu entscheiden.

Organisatorische Differenzierung und Integration

In einer weitergehenden Sichtweise wird die Organisationsaufgabe stets in zwei Schritten betrachtet:

- der organisatorischen Differenzierung, also Zerlegung und Aufteilung der Aufgaben; und
- der organisatorischen Integration, also dem Zusammenfügen zu Organisationseinheiten (Aufbauorganisation) oder Prozessen (Ablauforganisation) (Frese 2000,114).

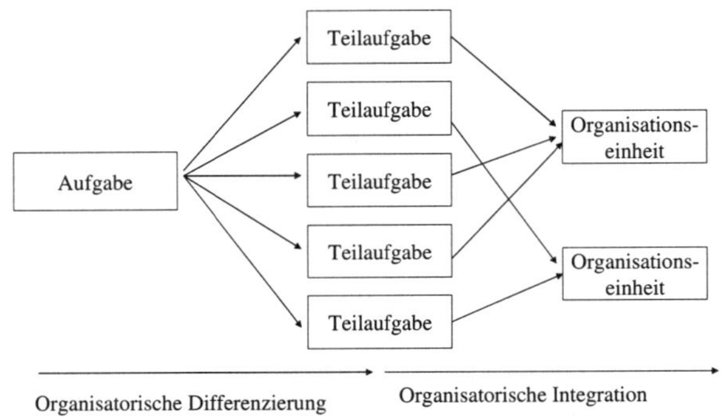

Abbildung 8: Organisatorische Differenzierung und Integration in der Aufbauorganisation

Zum Beispiel könnte dies in einer Beratungsstelle bedeuten: Die Aufgaben der Beratungsstelle werden in die Teilaufgaben „Telefonbereitschaft", „Schreibarbeiten", „Aktenarbeit", „Abrechnung", „Beratung", „Vermittlung" unterschieden. Diese Aufgaben würden dann einzelnen Organisationseinheiten (Stellen) zugeordnet, den „Beratern" und dem „Sekretariat". Anschließend würden die Aufgaben so wieder zusammengeführt werden, dass sie von der jeweiligen Organisationseinheit wahrgenommen werden könnten, – also beispielsweise nicht „Telefonbereitschaft" und „Beratung" gleichzeitig. Die einzelnen Stellen werden dann organisatorisch miteinander verknüpft durch verschiedene Informations-, Weisungs- und Arbeitsbeziehungen zwischen den Stellen, in unserem Beispiel etwa durch eine Informationspflicht über eingegangene Telefonate vom Sekretariat an die Berater.

Quantitative Betrachtung

Verbunden mit dieser Organisationsaufgabe ist stets auch die Schaffung eines Mengengerüstes, also der Bestimmung des Leistungsvolumens (Z.B. wie viele Beratungen finden statt? Wie viele Telefonate gehen ein?), des Personalbedarfs (Wie lange dauert eine Beratung, ein Telefonat?) und der vorhandenen Personalkapazität (Wie viele Mitarbeiter und effektive Arbeitsstunden stehen der Organisation zur Verfügung?). Diese quantitative Betrachtung der Organisation geschieht heute meist auf dem Weg einer Prozessanalyse, die unter dem Aspekt der Ausschöpfung von Wirtschaftlichkeitspotenzialen durchgeführt wird.

2.6 Quellen organisatorischer Regeln

Soziale Organisationen sind nur zum Teil frei in der Wahl ihrer Organisationsform. Vielmehr sind sie meist eingebunden in ein Geflecht gesetzlicher und gesetzesähnlicher Regelungen und Vorgaben der eigenen Verbände.

Einfluss des Rechts und der öffentlichen Kostenträger

Kennzeichnend für den Sozialbereich ist der hohe Einfluss des Rechts der öffentlichen Kostenträger. Durch gesetzliche Regelungen sind bestimmte organisatorische Regelungen festgelegt, beispielsweise die Einrichtung eines Heimbeirats auf Grund des Heimgesetzes oder die Stelle der Pflegedienstleitung auf Grund der Vorgaben der Pflegeversicherung. Teilweise werden mit dem Kostenträger im Rahmen der Vergütungsvereinbarungen Personalschlüssel, Gruppengrößen oder Ablaufstandards vereinbart.

Generell gelten auch im Sozialbereich die im Wirtschaftsleben üblichen Anforderungen an Organisationen. So wird etwa die Rolle eines Geschäftsführers weitgehend durch das Handelsrecht bestimmt. In Wohlfahrtsverbänden werden weiterhin bestimmte organisatorische Gebilde zwingend sein – etwa die Existenz ehrenamtlicher Vorstände oder die Existenz eines geistlichen Beirats.

Mithin lassen sich als Quellen organisatorische Regelungen in Sozialunternehmen feststellen:

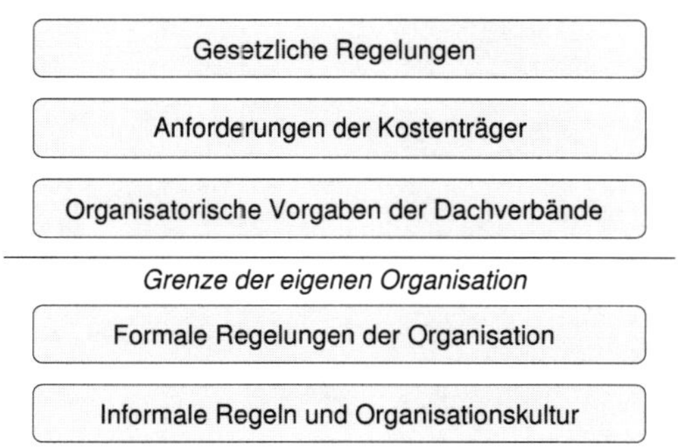

Abbildung 9: Quellen der organisatorischen Regeln in sozialen Organisationen

Arbeitsaufgaben

8. Begründen Sie die Notwendigkeit von Organisationen im Sozialbereich!
9. Bei einer Flutkatastrophe finden sich viele freiwillige Helfer in der Krisenregion ein, um freiwillig Sandsäcke aufzuschichten und Häuser zu evakuieren. Ist dies eine Organisation?
10. Geben Sie eine allgemeine Beschreibung des Prozesses des „Organisierens“!
11. Diskutieren Sie, ob die beschriebene Sichtweise der „organisatorischen Differenzierung und Integration“ den Menschen unberücksichtigt lässt!

3 Darstellung von Organisationen

3.1 Einführung

Jennifer beginnt nach ihrem Studium ihren ersten Tag als Mitarbeiterin beim Fachreferenten für Qualitätsmanagement im Wohlfahrtsverband. Rolf, der Fachreferent, stellt ihr die Kollegen vor: „Das ist Paula, sie macht die Post für uns, und das ist Annette, bei ihr erfährst du alles über Pflege, bei Miriam alles über Jugendhilfe, Martin kennt sich mit Europa aus, er weiß auch alles über Fördermittel…"

Etwas später legt ihr Annette einen Ordner auf den Tisch: „Schau mal, das haben wir bei uns in der Pflege. Könntest du das bitte umsetzen." Und kurz danach Martin: „Das ist die neue europäische Qualitätsnorm für soziale Dienstleistungen. Die musst du bei uns einführen". Jennifer war gerade dabei sich einzulesen, als Paula sie freundlich fragte, ob sie mit ihr Mittagessen wollte.

Am Nachmittag legte Rolf ihr eine Stellenbeschreibung und einen Organisationsplan vor mit dem Kommentar: „Daran siehst du, wofür wir zuständig sind, und du siehst auch daran, dass ich dein Vorgesetzter bin. Letzten Endes haben nicht andere, sondern ich zu entscheiden, was du tun sollst."

Reduktion der Organisationskomplexität

Organisationen sind komplexe Gebilde und es ist eine stets neu herausfordernde Aufgabe für den Neuling in einer Organisation – sei er Mitarbeiter oder Berater – Organisationen zu durchschauen. Es stellt sich also die Frage, wie man Organisationen darstellen kann, d.h. wie man ihre Komplexität in für den Betrachter fassbare Kategorien reduzieren kann.

Man muss sich dabei jedoch stets vor Augen halten, dass jede der aufgezeigten Möglichkeiten stets nur einen einzelnen Ausschnitt unter einer besonderen Perspektive darstellt, die das Gewicht auf bestimmte Fragestellungen legt. Insofern gibt es keine in allen Fällen „bessere" oder „schlechtere" Darstellung, sondern nur geeignetere oder ungeeignetere im Hinblick auf die jeweilige Betrachtungsperspektive.

Lernziele

Nach dem Durcharbeiten des folgenden Abschnitts sollten sie

- ein Verständnis für die Inhalte organisatorischer Regeln besitzen,
- verschiedene Möglichkeiten kennen, Organisationen darzustellen,

- die Grenzen der verschiedenen Darstellungsformen erkennen und
- Überlegungen zum Einsatz verschiedener Darstellungsweisen anstellen können.

Literatur

Steinmann, Horst; Schreyögg, Georg: Management. Grundlagen der Unternehmensführung. Konzepte – Funktionen – Fallstudien, 5. Aufl., Wiesbaden, 2000.

Kosiol, Erich: Organisation der Unternehmung, Wiesbaden, 1976.

3.2 Die Inhalte organisatorischer Regeln

Eine Organisation ist das Ergebnis eines Organisationsprozesses. Im Rahmen dieses Organisationsprozesses werden die einzelnen Organisationsmitglieder in Beziehung zueinander gesetzt und Regeln für ihr Zusammenwirken festgelegt.

Diese organisatorischen Regeln werden meist schriftlich vereinbart (die mündliche Einzelanweisung gilt üblicherweise nicht als Gegenstand der „Organisation") und man kann sie insofern erkennen und beschreiben.

Diese organisatorischen Regeln beinhalten normalerweise:

Zuständigkeiten

1) Den einzelnen Stellen und Organisationseinheiten werden ihre Aufgaben zugewiesen. Es werden mithin Aufgaben „delegiert" oder „Zuständigkeiten geregelt". So kann beispielsweise eine organisatorische Regelung bestimmen, dass eine Bearbeitungsstelle alle Antragsteller mit den Anfangsbuchstaben der Nachnamen L-N bearbeitet.

Kompetenzen

2) Es werden Kompetenzen zugewiesen, d.h. die Rechte, genauer benannte Entscheidungen zu treffen. Die Kompetenzen können differenziert sein im Hinblick auf fachliche, personelle, finanzielle oder rechtliche Fragestellungen. So erhält z.B. ein Mitarbeiter die Kompetenz, bestimmte Maßnahmen direkt einzuleiten, während er für andere Maßnahmen die Zustimmung anderer Stellen oder von Gremien benötigt.

Hierarchie

3) Eng mit den Kompetenzen verbunden sind die Leitungs- und Weisungsstrukturen (Hierarchie), d.h. der Frage, wer Anweisungen zu welchen Entscheidungssituationen geben darf. Dies wird üblicherweise in der „Vorgesetztenfunktion" verdichtet, d.h. ein Vorgesetzter erhält explizit die Befugnis, anderen Mitarbeitern eine Weisung zu erteilen.

4) Organisatorische Regelungen klären Verantwortlichkeiten, d.h. die Verantwortung für bestimmte Aufgaben oder Ergebnisse. Dabei ist insbesondere zwischen einer Verfahrensverantwortung und einer Ergebnisverantwortung zu unterscheiden. So kann ein Mitarbeiter z.B. für die korrekte Durchführung eines Beratungsgesprächs verantwortlich sein. Die – in diesem Fall vermutlich wenig sinnvolle – Ergebnisverantwortung hieße, dass der Mitarbeiter auch für den Beratungserfolg verantwortlich ist. Verantwortlichkeiten werden oft über Zielvereinbarungen geregelt. Sinnvollerweise sind Kompetenzen und Verantwortlichkeiten gleich zu regeln, d.h. wer bestimmte Verantwortung hat, erhält auch die hierfür notwendigen Kompetenzen.

Verantwortung

5) Es werden Informations- und Kommunikationsstrukturen vorgeschrieben, also die Frage, wer wem welche Information zur Verfügung stellt und wer sich mit wem abzustimmen hat.

Informationswege

6) Im Rahmen der Ablauforganisation wird die Lenkung von Kunden, Dokumenten und Bearbeitungsstücken geregelt, so z.B. die Frage, mit welchem Mitarbeiter ein Ratsuchender in der Beratungsstelle zuerst zusammentrifft und an wen er weitergeleitet wird.

Prozesse

Häufig wird als Organisation nur das Regelwerk verstanden, das formal eingeführt wurde (im Rahmen des Direktionsrechts des Arbeitgebers). Diese schriftlichen Regeln erfassen jedoch nur einen Teil der generellen Vorschriften in Organisationen. Denn die Organisationsmitglieder schaffen sich oft eigene „Spielregeln“, sei es weil formale Regelungen fehlen, sei es weil formale Regelungen nicht praktikabel erscheinen. Dieses Bündel an Verhaltensmustern nennt man „informale Organisation“. Meist sind diese informalen Regeln gemeint, wenn es neuen Mitarbeitern es erst einmal selbst überlassen wird, sich in der Organisation „einzuarbeiten“ (sonst könnte man ja schon alles vorher im Handbuch nachlesen).

Informale Organisation

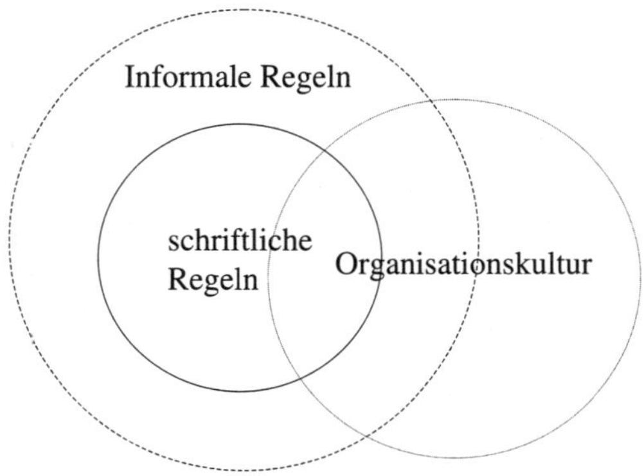

Abbildung 10: Formale und informale Regeln, Organisationskultur

Faktisch ist vielfach festzustellen, dass formale Regelungen auf der Basis bisheriger informaler Regelungen entstehen. Dem Idealbild des autonomen, theoretisch denkenden „Organisators", der die optimale Organisationsstruktur entwirft, steht damit die aus der Praxis geborene Organisationsleistung der Organisationsmitglieder entgegen.

Organisationskultur

Darüber hinaus gibt es jedoch auch informale Regelungen, die nicht bewusst durch das Management eingeführt wurden, sondern sich in der Organisation herausgebildet haben, etwa Gesprächsregeln, „Kleiderordnungen", informale Führungspersönlichkeiten oder auch Verhaltensweisen in der Freizeit. Diese informalen Regeln bilden die „gelebte Organisation", die aber oft unbewusst sind oder gar von den formalen Regelungen abweichen. Sie sind Gegenstand der Organisationskultur (Steinmann/Schreyögg 2000, 621 ff.).

3.3 Darstellung der Aufbauorganisation

3.3.1 Organigramm

Darstellung von hierarchischen Beziehungen

Das Organigramm ist die klassische Darstellungsform einer Organisation in Form eines Verzweigungsbaums. Es enthält in den Feldern die Stellenbezeichnung und den Mitarbeiter, der die Stelle besetzt. Die Verbindungen zwischen den Feldern stellen hierarchische Beziehungen, d.h. „Über- oder Unterordnungsbeziehungen" dar. Die jeweils höhere Ebene ist also der Vorgesetzte, die jeweils untere Ebene sind die Mitarbeiter.

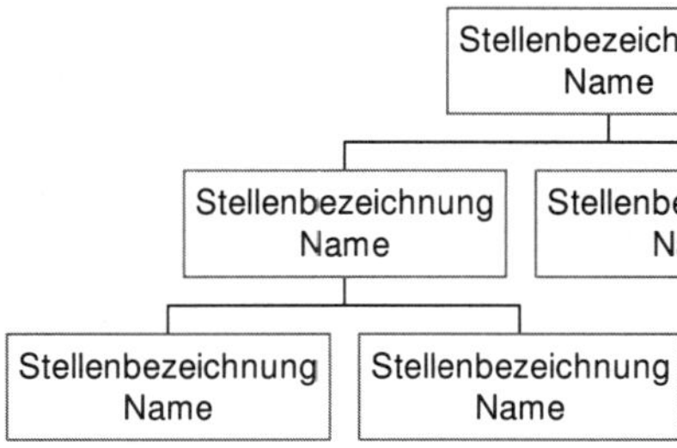

Abbildung 11: Organigramm

Der Weg von der untergeordneten Stelle hinauf zum jeweiligen Vorgesetzten entsprechend der „Linie“ im Organigramm wird umgangssprachlich – in Behörden sogar offiziell – als der „Dienstweg“ bezeichnet.

Der große Vorteil einer Darstellung in einem Organigramm – in vielen Organisationen auch als „Organisationsplan“ bezeichnet – ist die graphisch einfache und eingängige Darstellung. Der Schwerpunkt der Information liegt auf den hierarchischen Beziehungen und der hierarchischen Einordnung. Weiterhin dient das Organigramm dazu, die konkrete Stellenbesetzung durch einen Mitarbeiter zu dokumentieren. Darüber hinausgehende Informationen zu den Aufgaben der Stelle und der Form der Zusammenarbeit mit anderen Stellen findet man im Organigramm nicht. Leicht erfassbare Darstellung

3.3.2 Geschäftsverteilungsplan

Eine differenziertere Beschreibung der Organisation findet sich im „Geschäftsverteilungsplan“, im öffentlichen Bereich auch manchmal als „Verwaltungsgliederungsplan“ bezeichnet, in dem die Aufgaben der Organisation und die jeweilige Verantwortung den einzelnen Stellen zugeordnet werden. Der Geschäftsverteilungsplan enthält in tabellarischer Form eine Auflistung der jeweiligen Stellen und deren Aufgaben und Verantwortung: Aufgabenzuordnung

Stelle	Aufgabe	Verantwortung
Geschäftsführer	Geschäftsführung	Zeichnungsbefugnis bis € ...
Controlling	Controllingaufgaben	Haushaltstitel
Abteilungsleiterin stationäre Einrichtungen	Personalmanagement, Marketing, konzeptionelle Weiterentwicklung	Zeichnungsbefugnis im Rahmen des Budgets bis € ...
Abteilungsleiter Verwaltung	Buchhaltung, Personalverwaltung, Immobilienmanagement	Zeichnungsbefugnis im Rahmen des Budgets bis € ...

Abbildung 12: Geschäftsverteilungsplan

Der Geschäftsverteilungsplan kann darüber hinaus die Personalverantwortung oder die Verantwortung für bestimmte Haushaltstitel beinhalten.

Überblick über die Aufgaben der Organisation

Der Geschäftsverteilungsplan legt seinen Schwerpunkt auf die Zuordnung von Aufgaben zu den Stellen. Hier werden die Stellen des Organigramms näher beschrieben. Man erhält auf diese Weise einen Überblick über alle Aufgaben einer Organisation und darüber, an welchen Stellen sie erledigt werden. Der Zusammenhang zwischen den Stellen, der im Organigramm im Vordergrund stand, ist hier jedoch nur implizit enthalten.

3.3.3 Stellenbeschreibung

Aufgaben einer Stelle

Den Fokus auf den einzelnen Arbeitsplatz legt die „Stellenbeschreibung". In ihr wird die einzelne Stelle präzise beschrieben, meist anhand der Kategorien

- Stellenbezeichnung
- Aufgaben der Stelle
- Verantwortung (Personal-, Finanz-, Ergebnisverantwortung u.a.)
- Beschreibung der Arbeitsformen
- Zusammenarbeit mit anderen Stellen, Kooperationsverpflichtungen
- Vorgesetzter
- Zugeordnete Mitarbeiter
- Erforderliche Qualifikation

Die Stellenbeschreibung konzentriert sich auf eine konkrete einzelne Stelle. Hier finden sich sowohl Beschreibungen der strukturellen Einbindung als auch Schilderungen des Arbeitsprozesses. Hier kann festgehalten werden, wie sich die Organisation die Durchführung der Aufgaben der Stelle vorstellt. Der Vorteil der Stellenbeschreibung besteht im hohen Detaillierungsgrad. Der Zusammenhang mit anderen Stellen und der Überblick über die Organisation gehen jedoch unter Umständen verloren.

3.4 Darstellung der Ablauforganisation

3.4.1 Prozessdarstellung (Flussdiagramm)

Abläufe in Organisationen

Das Flussdiagramm betrachtet nicht den organisatorischen Aufbau, sondern den Ablauf der einzelnen Prozesse in der Organisation. Das Ordnungsschema sind also Prozess- bzw. Arbeitsschritte.

Den einzelnen Arbeitsschritten werden die jeweils verantwortlichen Stellen sowie die Ergebnisse zugeordnet. Die Arbeitsschritte werden danach kategorisiert, ob hier Bearbeitung, Entscheidung oder Information/Dokumentation erfolgt.

Die Darstellung geschieht üblicherweise mit einheitlichen Symbolen, die dann z.B. zu folgender Darstellung des Prozesses der „Kontaktaufnahme eines Klienten“ führen können:

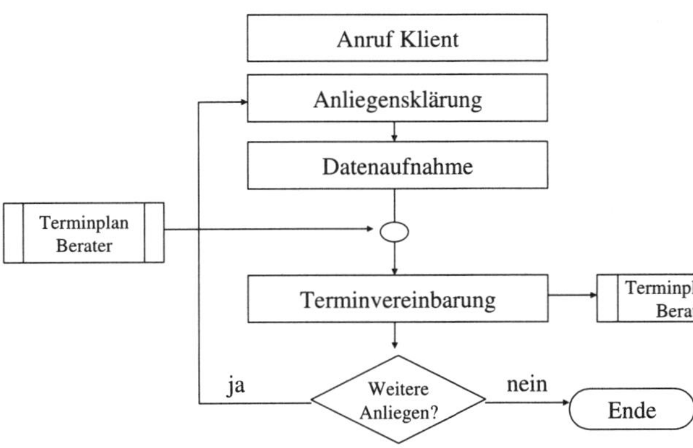

Abbildung 13: Flussdiagramm

In einer erweiterten Darstellung würde tabellarisch vermerkt, wer für den jeweiligen Arbeitsschritt und das Ergebnis verantwortlich ist.

EDV-Lösungen und Qualitätsmanagement

Diese Darstellungsform, die sich insbesondere durch die Systemplanung für EDV-Lösungen und durch das Qualitätsmanagement verbreitet hat, legt den Schwerpunkt auf die einzelnen Bearbeitungsschritte, auf Verzweigungen und die Dokumentation.

Als Weiterentwicklungen dieser Darstellungslogik finden sich heute die „ereignisorientierten Prozessketten“, bei denen im Mittelpunkt der Darstellung bestimmte Ereignisse (Auftreten Klient, beendete Bearbeitung etc.) und die hierdurch ausgelösten Prozesse stehen. Diese Darstellungsform wird in der Regel für die Konzeption von EDV-Lösungen für Geschäftsprozesse verwendet.

3.4.2 Verfahrensanweisungen

Regelung von einzelnen Prozessen

In manchen Fällen findet man Verfahrensanweisungen für bestimmte Einzelfälle. Es werden dann im Detail bestimmte Einzelprobleme und -fragen gelöst. Verfahrensanweisungen haben in der Regel keine spezifische Form; es gibt hierfür selten grafische Darstellungsformen.

Ein Beispiel für eine Verfahrensanweisung ist:

Beispiel

„Behandlung von Kontaktwünschen während der Abwesenheit eines Beraters

Ruft ein Klient während der Abwesenheit eines Beraters von mehr als drei Tagen an, dann ist wie folgt zu verfahren: Der Klient ist von der Abwesenheit des Beraters zu informieren. Er wird gefragt, ob das Anliegen sehr dringlich ist und er einen anderen Berater wünscht. In diesem Fall wird mit einem anwesenden Berater ein Termin vereinbart und ihm die Akte vorgelegt. Ist der Klient bereit zu warten, so wird ein Termin nach Rückkehr des Beraters vereinbart. Der Berater wird über den Kontaktwunsch informiert. ...

Gez. Ratzefummel, Leiter der Beratungsstelle“

Die Verfahrensanweisung hat den Vorteil einer präzisen Regelung von bestimmten Situationen, die detaillierter als eine Prozessbeschreibung ist. Verfahrensanweisungen umfassen jedoch nicht den Gesamtprozess oder die Gesamtorganisation. Es ist daher denkbar, dass es eine Vielzahl von zu beachtenden Verfahrensanweisungen gibt, die der einzelne Mitarbeiter nicht mehr beherrschen kann. Weiterhin ist denkbar, dass Verfahrensanweisungen nicht aufeinander abgestimmt sind und sich im schlimmsten Fall widersprechen.

3.4.3 Projektplan / Netzplan

Projektplanung

Durch Projekt- oder Netzpläne werden komplexe Projekte mit festem Anfangs- und Endzeitpunkt dargestellt. Der Schwerpunkt der Darstellung liegt dabei in der zeitlichen Planung bestimmter Aufgaben (Wann muss welche Aufgabe erledigt sein?) und in der Abhängigkeit einzelner Projektschritten untereinander.

Eine häufige Darstellungsweise ist die Methode des kritischen Pfades (Critical Path Method, CPM), die dann wie folgt aussehen könnte:

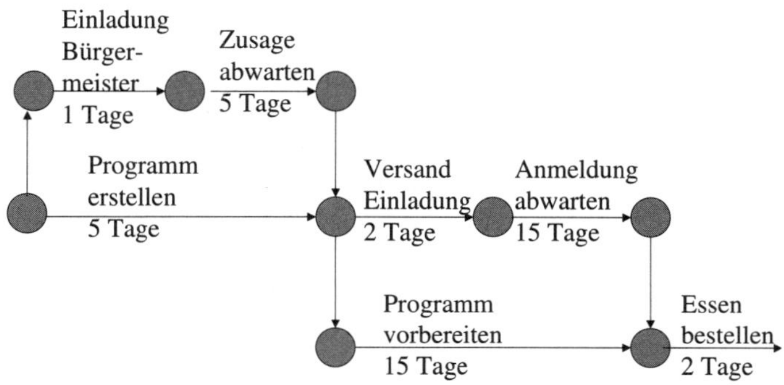

Abbildung 14: Netzplan

Die Punkte stellen „Ereignisse" dar, d.h. z.B. die fertig gestellte Broschüre, dazwischen liegen die Tätigkeiten mit ihrer Bearbeitungsdauer. In die Punkte können die frühest- und spätestmöglichen Anfangs- und Endzeitpunkte angetragen werden. Wenn hier noch Spielräume existieren, nennt man dies „Puffer". Hieraus lässt sich dann der „kritische Pfad" ableiten: Dies sind die Aktivitäten, für die kein zeitlicher Puffer mehr vorhanden ist (in unserem Fall z.B. existiert ein Puffer beim „Programm erstellen", nicht jedoch bei der „Einladung Bürgermeister" und „Zusage abwarten").

3.5 Darstellung von Rechtsformen

Die Darstellung von Rechtsformen bezieht sich auf die rechtlichen Beziehungen zwischen Organisationen, nicht auf die Binnenorganisation. Sie geschieht in der Regel analog der Darstellung von Organigrammen:

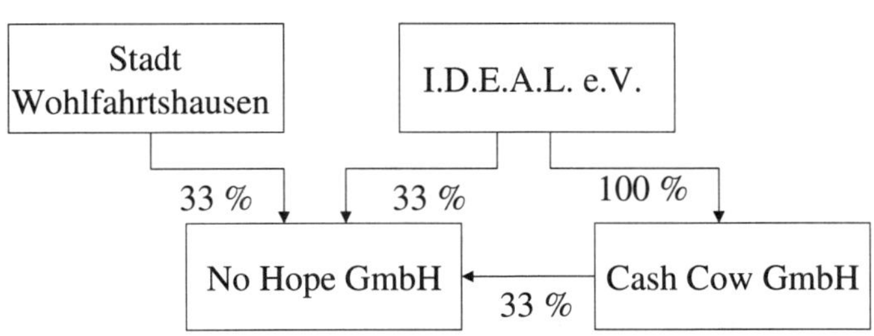

Abbildung 15: Darstellung von Beteiligungsverhältnissen

Beteiligungsverhältnisse als Inhalte

Dabei werden die einzelnen, rechtlich selbständigen Organisationen in die Felder eingetragen. Mit den Pfeilen werden meist Beteiligungsverhältnisse oder vertragliche Beziehungen dargestellt. Beteiligungsverhältnisse – wie in dieser Grafik – geben an, welche Organisation Gesellschaftsanteile an welcher anderen Organisation hält. Im Falle der Darstellung vertraglicher Beziehungen würden hier die Verträge eingetragen, die für die Organisation relevant sind, etwa Geschäftsführungsverträge oder Beherrschungsverträge.

Mit der Darstellung der Rechtsform werden Eigentums- und Beteiligungsverhältnisse sowie Haftungsverhältnisse angezeigt. In der Regel ist mit der Beteiligung auch eine Einflussmöglichkeit verbunden, so dass die Darstellung von Rechtsformen auch eine gewisse hierarchische Unterordnung von Organisationen unter andere beinhaltet. Konkret wird die Einflussmöglichkeit jedoch durch die konkrete Satzung der jeweiligen Organisation und die Handlungsvollmachten der Geschäftsführung definiert.

3.6 Informale Regelungen und Organisationskultur

Keine schriftliche Festlegung

Neben der formalen Organisation existiert – wie bereits dargestellt – eine informale Organisation, d.h. die tatsächliche, gelebte Organisation mit ungeschriebenen, aber praktizierten Regeln. Da diese informellen Regelungen zum einen nicht schriftlich vorliegen, zum anderen aber dezentral und ohne ausdrückliche Legitimation der Organisationsspitze entstehen, ist die Darstellung der informalen Organisation und Organisationskultur deutlich schwerer. Dies gilt umso mehr, da Organisationsmitglieder meist sehr wohl zwischen den „Welten" der formalen und informalen Regelungen unterscheiden und die informellen Bereiche unausgeleuchtet lassen können.

Indirekt erschließbar

Informale Organisation und Organisationskultur sind in der Regel indirekt erschließbar, etwa über

- tatsächliche Verhaltensweisen (z.B. die Nichteinhaltung des formalen Dienstweges);
- Aussagen, die bestimmte Verhaltensweisen oder Werthaltungen empfehlen (z.B. „Gehe nie zu Deinem Fürst, wenn Du nicht gerufen wirst");
- Kennzeichnung von Bagatelldelikten, die nicht verfolgt werden (z.B. die fehlende Genehmigung von Dienstreisen);
- Werthaltungen und Annahmen über sich selber, über die Umwelt oder über die Funktionsweise der Organisation (z.B. über die Abteilung, die immer besonders lange braucht);

- Geschichten und Mythen der Organisation (z.B. über den Chef, der alle Mitarbeiter über das Bezweifeln der Reisekostenabrechnung „klein hält").

Bei der Analyse der informalen Organisation wird stets auch zu beachten sein, wie die formale Organisation mit der informalen umgeht. Welche Spielräume lässt die formale Organisation zu und welche informalen Regelungen werden bewusst zugelassen oder gar gefördert? Letztlich stellt sich hieraus auch die Frage der Lern- und Innovationsfähigkeit von Organisationen.

Für die Darstellung der faktischen Verhältnisse in Organisationen haben die Organisationswissenschaften bzw. die Organisationsentwicklungen verschiedene Instrumente und Vorgehensweisen entwickelt, auf die im Rahmen dieser Publikation nicht mehr eingegangen werden soll.

Arbeitsaufgaben

12. Benennen Sie die wichtigsten Inhalte organisatorischer Regelungen!
13. Sollte man Kompetenzen und Verantwortung trennen?
14. Ein Behindertenwohnheim stellt fest, dass man zwar regelmäßig ernsthafte Interessenten für die Wohnplätze hat, es dann aber doch nicht zu einem Vertragsabschluss kommt. Sie gehen davon aus, dass dies ein Organisationsproblem ist (und kein Marketingproblem). Mit welchem Instrument könnte man das Organisationsproblem analysieren?
15. Die Zentrale eines Wohlfahrtsverbandes stellt bei den Leiter(innen) der angegliederten Einrichtungen häufige Unsicherheiten über Entscheidungskompetenzen fest. Einige der Leiter(innen) sprechen bei anstehenden Entscheidungen direkt mit den Abteilungsleiter(innen) der Zentrale und erhalten positive Entscheidungen. Andere treffen Entscheidungen eigenständig und die Zentrale erfährt erst spät davon. Die Leiter(innen), die sich an die offiziellen Entscheidungswege halten, warten auf ihre Entscheidungen besonders lang. Schlagen Sie Instrumente vor, mit denen man hier eine Systematisierung einführen kann.
16. Sie erhalten untenstehendes Organigramm vorgelegt. Diskutieren Sie die Aussagekraft des Organigramms!

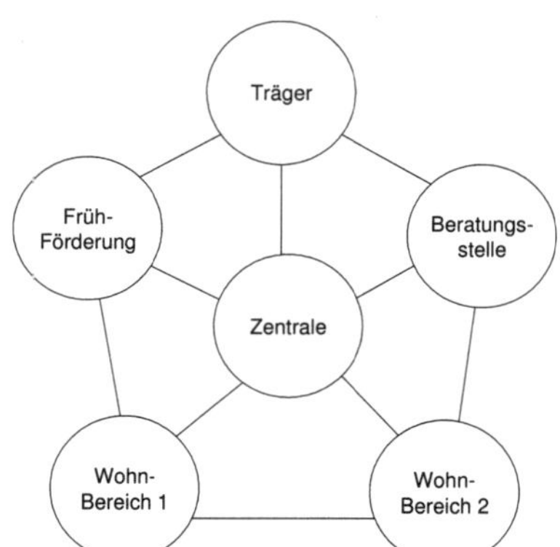

4 Systematisierung der Organisationen der sozialen Arbeit in Deutschland

4.1 Einführung

In diesem Abschnitt soll nun ein systematischer Rahmen für die Einordnung der Organisationen geschaffen werden. Dies soll gleichzeitig einen ersten Überblick über die verschiedenen Gruppen von Organisationen bieten.

Lernziele

Die Ziele dieses Abschnitts sind daher

- die Kategorien für die Einordnung von Organisationen der sozialen Arbeit zu kennen;
- die Funktionen dieser Trägergruppen benennen zu können;
- die Beziehungen zwischen ihnen beschreiben zu können; und
- einen ersten Überblick über die Organisationen der Sozialen Arbeit zu erhalten.

Literatur

Flierl, Hans: Freie und öffentliche Wohlfahrtspflege. Aufbau – Finanzierung – Geschichte – Verbände, 2. Aufl., München, 1992.

Merchel, Joachim: Trägerstrukturen in der sozialen Arbeit. Eine Einführung, 2. Aufl., Weinheim – München, 2008.

4.2 Differenzierung nach rechtlicher Stellung

Differenzierung nach rechtlicher Stellung und Trägerschaft

Die Organisationen der sozialen Arbeit werden üblicherweise drei großen Gruppen zugeordnet,

- den öffentlichen Trägern,
- den freien („frei-gemeinnützigen“) Trägern,
- und den gewerblichen („frei-gewerblichen“) Trägern.

Dabei handelt es sich um eine Differenzierung nach der rechtlichen Stellung und Trägerschaft. Im Gegensatz dazu wäre ebenfalls eine Differenzierung nach Arbeitsfeldern (Jugendhilfe, Behindertenhilfe etc.) oder nach Arbeitsformen (stationär, teilstationär etc.) möglich.

4.2.1 Öffentliche Träger

Öffentliche Träger

Die öffentlichen Träger sind diejenigen Träger, die vom Staat (Bund, Land, Kommunen) eingerichtet wurden. Sie werden in öffentlichen Rechtsformen geführt, also als Körperschaften, Anstalten oder Stiftungen des öffentlichen Rechts. Einzelne öffentliche Träger sind dabei als Behörden tätig, andere sind als öffentliche Unternehmen mehr oder weniger ausgegliedert.

Auch die Europäische Union ist als öffentlicher Träger anzusehen, da sie mit den Europäischen Strukturfonds, insbesondere dem Fonds für regionale Entwicklung und dem Sozialfonds, eine eigene Verwaltungsorganisation besitzt. Mit diesen Fonds sind finanzielle Mittel vor allem zur zeitlich befristeten Projektförderung bereitgestellt, welche jeweils nach den Zielen des jeweiligen Förderzeitraums vergeben werden.

Gesetzliche Grundlage

Die Errichtung einer öffentlichen Körperschaft bedarf einer gesetzlichen Grundlage. Für die Bundes-, Landes- und Kommunalverwaltung ist dies im Allgemeinen in den jeweiligen Verfassungen geregelt. Für andere öffentliche Körperschaften gibt es explizite Erwähnungen im Gesetz, so z.B. für die Bundesagentur für Arbeit im § 367 Abs. 1 SGB III:

"Die Bundesagentur für Arbeit (Bundesagentur) ist eine rechtsfähige bundesunmittelbare Körperschaft des öffentlichen Rechts mit Selbstverwaltung."

Das Aufgabengebiet („die Zuständigkeiten") der einzelnen öffentlichen Körperschaften ist ebenfalls gesetzlich geregelt, so etwa für die Bundesagentur für Arbeit im § 368 SGB III.

Die öffentlichen Körperschaften sind Träger eigener Rechte und Pflichten. Sie können rechtswirksam handeln und besitzen (sofern vorhanden) eigenes Vermögen. Manche Körperschaften sind an die Weisungen übergeordneter Verwaltungsebenen gebunden. Die klassische Struktur der öffentlichen Körperschaften ist das „Amt".

Selbstverwaltung

Im Sozialbereich finden sich häufig die Körperschaften mit einer Selbstverwaltung. Hierzu gehören insbesondere die Sozialversicherungsträger und die Kommunen. Selbstverwaltung bedeutet, dass diese Körperschaften ihre Angelegenheiten in eigener Verantwortung regeln können. Hierfür haben die selbstverwalteten Körperschaften eigene Gremien, in der Kommune den Stadtrat oder Kreistag und in der Sozialversicherung eigene Verwaltungsräte bzw. Sozialbeiräte eingerichtet.

Selbstverwaltung bedeutet, dass die jeweilige Körperschaft an den gesetzlichen Auftrag gebunden ist, die gewählten Vertretungsgremien jedoch innerhalb dessen eine eigene Satzung und eigene Anordnungen (gewissermaßen die „Gesetze" der Körperschaft) erlassen können. Die Selbstverwaltung ist allerdings wiederum begrenzt durch die Aufsicht anderer Behörden. Bei den Kommunen gibt es eine Rechts- und Fachaufsicht durch die Länder, bei den Sozialversicherungsträgern eine

Aufsicht durch die jeweiligen Bundesministerien. Die Fachaufsicht bei den Kommunen beschränkt sich allerdings auf die Bereiche, die sie für den Bund als untere Verwaltungsbehörde wahrnehmen und in dem sie keinen Entscheidungsspielraum haben, wie z.B. beim Meldewesen oder der Durchführung von Bundestagswahlen.

Bei den Sozialversicherungen erhalten die Bundesministerien durch die Gewährung von Zuschüssen eine zusätzliche Einflussmöglichkeit. Bei den Kommunen erhalten Bund und Länder durch Projektgelder und ausgeschriebene Programme Einfluss auf die inhaltliche Gestaltung.

Öffentliche Unternehmen

Im Sozialbereich ebenfalls anzutreffen sind die öffentlichen Unternehmen, z.B. das städtische Jugendzentrum, das Stadtkrankenhaus, das städtische Pflegeheim. Öffentliche Unternehmen treten auf als

- Regiebetriebe, d.h. Organisationseinheiten einer Verwaltung, die jedoch direkt den Weisungen der Verwaltung unterworfen sind und deren Finanzrechnung insgesamt in den Haushalt der Verwaltung integriert ist;
- Eigenbetriebe, die als verselbständigte Organisationseinheiten mit eigenem Aufgabenkreis und eigener Finanzrechnung auftreten, welche jedoch immer noch in die Verwaltung und deren Haushalt integriert sind;
- Kommunalunternehmen (Anstalten des öffentlichen Rechts), die selbständig arbeiten und mit eigenen Rechten und Pflichten ausgestattet sind. Kommunalunternehmen als eigene Rechtsform sind nicht in allen Bundesländern vorgesehen (jedoch z.B. in der bayerischen Gemeindeordnung Art 89 BayGO);
- Zweckverbände, in denen sich mehrere Kommunen zusammenschließen, um gemeinsam bestimmte Aufgaben zu erledigen. Diese haben eigene Rechtsfähigkeit und eine eigene Finanzrechnung;
- Unternehmen in privater Rechtsform (meist GmbH, AG), die jedoch von der öffentlichen Hand dominiert werden (mit mehr als 50 % Gesellschaftsanteil). Diese Unternehmen sind rechtlich eigenständig, jedoch ihren Gesellschaftern verantwortlich.

Der besondere Charakter der „öffentlichen Unternehmen" liegt in der Ausgliederung aus dem regulären Amtsbereich, der sich auf hoheitliche Aufgaben und Verwaltungsaufgaben beschränkt und in ihrer Konzentration auf die Erbringung von Dienstleistungen.

4.2.2 Frei-gemeinnützige Träger

Frei-gemeinnützige Träger

Die frei-gemeinnützigen Träger sind grundsätzlich dem privaten Bereich zuzurechnen. Sie arbeiten in privaten Rechtsformen (Verein, GmbH, Stiftung, Genossenschaft etc.) in der Trägerschaft oder präziser: in Eigentümerschaft von Privatpersonen oder privaten Einrichtungen. Dementsprechend gelten zwar Gesetze für ihr Arbeitsgebiet (z.B. das SGB VIII) sowie Gesetze, die die jeweilige Rechtsform grundsätzlich regeln (z.B. das Bürgerliche Gesetzbuch für die Vereine). Die Initiative und die Entscheidung zur Gründung müssen jedoch von Privatpersonen ausgehen; sie sind auch in der Wahl des Aufgabengebietes frei.

Ideelle Motivation

Charakteristisch für die frei-gemeinnützigen Träger ist die ideelle Motivation. Sie verstehen sich in der Regel als gemeinnützige Einrichtungen, welche nicht aus Gewinnerzielungsabsicht handeln, sondern um die Bedarfe der jeweiligen Zielgruppe zu decken. Diese Bedarfsdeckung erfolgt sowohl durch die konkrete Dienstleistung als auch die politische Interessenvertretung der Zielgruppe.

Einrichtungen und Verbände

Dementsprechend kann man zwischen zwei großen Gruppen der frei-gemeinnützigen Träger unterscheiden:

- den Einrichtungen, die sich auf die Dienstleistungserbringung konzentrieren (den Dienstleistungsunternehmen),
- und den Verbänden, insbesondere den Wohlfahrtsverbänden.

Die Wohlfahrtsverbände nehmen vorrangig die gemeinsame Interessenvertretung der angeschlossenen Mitglieder und der Zielgruppen wahr und unterhalten oft auch Serviceangebote (z.B. Werbematerialien, Fachberatungen). Sie treten jedoch in ihrer Eigenschaft als Verband nicht als Dienstleister in Erscheinung. Dies ist Aufgabe der Einrichtungen.

Diese Einrichtungen sind in der Regel Wohlfahrtsverbänden angeschlossen, haben jedoch – und dies ist für den Sozialbereich charakteristisch – im Allgemeinen eine sehr hohe Eigenständigkeit. Sie sind nicht die „Filialen“ des Wohlfahrtsverbandes, da der Wohlfahrtsverband meist keine zentrale Steuerungsfunktion hat.

In manchen Fällen sind einzelne Untergliederungen der Verbände direkt Träger von Einrichtungen. Die jeweiligen Einrichtungen werden dann gewissermaßen als Organisationseinheiten des jeweiligen Verbandes geführt.

4.2.3 Gewerbliche Träger

Gewerbliche Träger – erwerbsorientierte Motivation

Neben den freien Trägern existieren gewerbliche Träger als zweite Art der privaten Träger von sozialen Dienstleistungen. Ihre Bedeutung hat in jüngerer Zeit zugenommen. Gewerbliche Träger sind private Organisationen, deren Eigentümer jedoch eine Gewinnerzielungsabsicht mit der Deckung des Bedarfs ihrer Zielgruppe verbinden. Sie handeln nicht vorrangig aus ideellen Motiven (die humanitären Gründe sind nicht ausgeschlossen, jedoch nicht vorrangig handlungsleitend), sondern aus erwerbswirtschaftlichen Gründen.

Damit sind zum einen Betriebe und Unternehmen gemeint, die z.B. eine eigene psychosoziale Beratung, eine Sucht- oder Sozialberatung für ihre Mitarbeiter vorhalten oder eine betriebseigene Kinderbetreuung anbieten. Sie sollen hier aber nicht im Vordergrund stehen. Beispiele

Zum anderen werden darunter Dienstleister und Einrichtungen verstanden, die primär soziale Dienstleistungen nach den Sozialgesetzbüchern anbieten. Die gewerblichen Dienstleister finden sich vor allem im Bereich der Pflegeversicherung, welche als erster Rechtsbereich die freien Träger untereinander gleichstellte, und dort im Bereich der ambulanten Pflegedienste und der stationären Altenpflege. Weiterhin finden sie sich im Bereich der Sozialhilfe nach dem SGB XII, in dem sie z.B. bei Betreuungen oder Schuldnerberatungen aktiv sind.

Im Bereich der Kinder- und Jugendhilfe sind sie im Bereich der Erziehungshilfen mit frei-gemeinnützigen Trägern gleichgestellt. Sie gelten aber z.Zt. nicht als „anerkannte Träger der freien Jugendhilfe".

Seit ihrer Gleichstellung finden sich nach Angaben der Jugendämter in ca. 20 bis 30 % der kreisfreien Städte und Landkreise gewerbliche Träger, die in diesem Bereich Angebote unterhalten.

Fiskalisch gelten diese Einrichtungen nicht als gemeinnützig. Sie unterliegen als Zweckbetriebe aber einem besonderen Steuersatz (ähnlich wie ärztliche Behandlungen), durch den sie von der Mehrwertsteuer befreit sind.

Als Definition für gewerbliche Träger bietet sich die folgende an: Definition

- „die Bindung an privates Kapital,
- auf Grund fehlender Gemeinnützigkeit die Möglichkeit, private Gewinne zu erwirtschaften,
- die ausschließliche Finanzierung über Leistungsentgelte, die den Preis für eine Leistung markieren (ohne Möglichkeit der Finanzierung über Zuwendungen)
- das personenbezogene wirtschaftliche Risiko."(Merchel 2008, 188)

Die vier Kennzeichen müssen gleichzeitig erfüllt sein, um von einem gewerblichen Träger sprechen zu können. Der Zwang zur Rentabilität oder das Denken in Konkurrenzverhältnissen werden hier nicht als Abgrenzungskriterium herangezogen, da beide – sowohl die gewerblichen als auch die freien Träger – unter diesen Handlungsanforderungen stehen. Weiterhin sind ebenfalls beide an die staatlichen Rahmenvorgaben, Gesetze und Verordnungen gebunden.

Die gewerblichen Träger haben sich zu Verbänden (z.B. dem Bundesverband privater Anbieter sozialer Dienste [BPA] oder dem Bundesverband privater Träger der freien Kinder- und Jugendhilfe [VPK]), zusammengeschlossen, um ihre Anliegen zu vertreten. Diese haben seit Mitte der 90er Jahre einen Mitgliederzuwachs zu verzeichnen. Ob sich durch die Existenz der privaten Träger die Leistungsentgelte als echte Preise im ökonomischen Sinn durchsetzen werden, ist noch nicht abzusehen.

4.3 Funktionen der Trägergruppen

Die bisherige Differenzierung nach Trägergruppen stößt an ihre Grenzen, wenn man sie in Beziehung zu ihrer Rolle in der Sozialwirtschaft setzt. Im Folgenden soll daher eine weitergehende Differenzierung nach den Funktionen erfolgen, die in der Sozialwirtschaft wahrgenommen werden.

Differenzierung nach Funktionen

Aus funktionaler Sicht ist die Soziale Arbeit gekennzeichnet durch die Einbettung in ein sozialrechtliches, aber auch prozessmäßiges Dreiecksverhältnis. Dieses Dreiecksverhältnis lässt sich wie folgt charakterisieren:

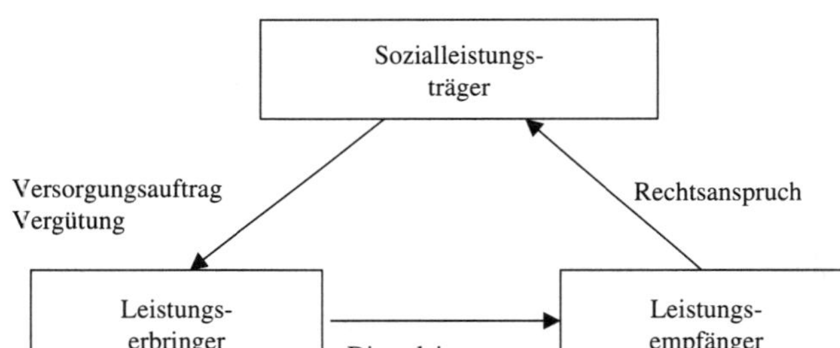

Abbildung 16: Dreiecksverhältnis in der Sozialen Arbeit

Sozialrechtliches Dreiecksverhältnis

Der Leistungsempfänger der Sozialen Arbeit (der Klient, Kunde, Ratsuchende, Teilnehmer…) hat in der Regel einen Rechtsanspruch auf die Leistung. Diesen macht er gegenüber einem Sozialleistungsträger geltend (z.B. Sozialamt, Jugendamt, Pflegekasse). Der Sozialleistungsträger realisiert diese Leistung nur zum Teil selber: Geldleistungen (z.B. Rente) werden im Allgemeinen direkt durch den Sozialleistungsträger ausgezahlt. Sach- oder Dienstleistungen (eben z.B. die Soziale Arbeit) werden meist durch andere Einrichtungen, die Dienstleister (im Folgenden auch Leistungserbringer oder Einrichtungen genannt), erbracht. Hierfür erhält der Dienstleister eine Erstattung der Kosten.

Heute gestaltet sich allgemein in Form von Vergütung oder ein Leistungsentgelt.

Beispiel

In einer Familie kommt es abends zum Eklat: Wieder einmal will das Kind nicht schlafen; der angetrunkene Vater schlägt zu, und man hört die Schläge und Schreie im ganzen Wohnblock. Die Polizei und der Bereitschaftsdienst des Jugendamtes nehmen das Kind aus der Familie und bringen es vorübergehend unter. In den folgenden Tagen wird ein Hilfeplan erstellt. Soweit wird das Jugendamt auf Grund einer gesetzlichen Verpflichtung (§§ 42, 27 ff., 36 SGB VIII) tätig.

Im Rahmen des Hilfeplans wird die Unterbringung in einer stationären Einrichtung festgelegt. Diese Einrichtung wird von dem freien Jugendhilfeträger Horizonte e.V. betrieben. Horizonte e.V. ist ein privater Verein. Er hat als so genannter freier Träger grundsätzlich Anspruch auf die Übernahme seiner Kosten durch das Jugendamt (§ 77 SGB VIII). Hierfür wurde ein Leistungs-, eine Entgelt- und eine Qualitätsvereinbarung geschlossen (§ 78 a ff. SGB VIII), auf deren Basis die Vergütung für die Unterbringung des Kindes erfolgt.

Auf der Basis dieses Dreiecksverhältnisses können wir bereits zwei Typen von Einrichtungen unterscheiden: *Sozialleistungsträger und Dienstleister*

- die Sozialleistungsträger, die auf Grund eines gesetzlichen Auftrags handeln, und
- die Dienstleister, die eine Dienstleistung auf Grund gewinnorientierter oder idealistischer Motive, jedoch gegen Vergütung durch den Sozialleistungsträger erbringen

Bei genauerer Sicht wird man innerhalb des Sozialleistungsträgers weitere Unterscheidungen treffen können: *Weitere Differenzierung*

- Der Sozialleistungsträger hat die Gesamtverantwortung für den einzelnen Fall übernommen (in unserem Fall im Rahmen des Hilfeplanverfahrens); *Gesamtverantwortung*
- In manchen Fällen werden im Rahmen der Sozialgesetze Eingriffe in die Privatsphäre vorgenommen (z.B. durch die Herausnahme eines Kindes aus der Familie); es müssen hoheitliche Aufgaben wahrgenommen werden; *Hoheitliche Funktion*
- Der Sozialleistungsträger übernimmt die Kostenträgerschaft für die Leistungen des Dienstleisters. *Kostenträgerschaft*

Dienstleistungsfunktion

– Möglicherweise (nicht in unserem Fall) unterhält der Sozialleistungsträger eigene Einrichtungen und tritt auch in der Funktion eines Dienstleisters auf. Meist wird dies jedoch die Rolle des freien Trägers sein. Im SGB VIII ist sogar explizit vorgeschrieben, dass der öffentliche Träger nur dann Angebote vorhalten soll, wenn freie Träger dies nicht ausreichend tun (SGB VIII § 4 Abs. 2).

Variiert man das oben angeführte Beispiel, so kann man weitere Funktionen der Träger der Sozialen Arbeit erkennen.

Beispiel

Nehmen wir an, der Streit in der Familie entzündete sich an einem Fußball-Länderspiel, das das Kind ebenfalls ansehen, der Vater jedoch alleine sehen wollte. Das Jugendhilfeministerium könnte dann auf Grund eines Forschungsprojekts eine Häufung dieser Fälle bei Jungen ab acht Jahren feststellen und daraus einen politischen Handlungsbedarf ableiten. Es wird ein Gesetzentwurf erarbeitet, den Anspruch auf „Teilhabe an öffentlichen Sportveranstaltungen“ im SGB VIII zu verankern. Dieser Gesetzentwurf (als Ministerentwurf) wird in den Bundestag eingebracht. Der öffentliche Träger hat somit eine politische Funktion, die in der Beobachtung des Feldes „Jugend“, der Vorbereitung und Verabschiedung von Gesetzen besteht.

Politische Funktion der freien Träger

Freie Träger – namentlich in Form der Wohlfahrtsverbände – nehmen an der politischen Willensbildung teil. Häufig sind sie Vorreiter, welche neue soziale Probleme erkennen und thematisieren. Sie äußern sich zu den Gesetzentwürfen und wirken an Rahmenvereinbarungen auf Bundesebene zwischen kommunalen Spitzenverbänden und Einrichtungen der Wohlfahrtspflege mit. Sie betreiben Öffentlichkeitsarbeit, legen eigene Positionsbestimmungen und Forschungsprojekte vor und unterhalten Kontakte zu Abgeordneten und Ministerien.

Dies ist die politische Funktion der freien Träger, welche oft auch als Anwaltsfunktion oder Lobbyaufgabe beschrieben wird.

Neben dieser politischen Funktion gibt es natürlich die übliche Interessenvertretung in eigenen Angelegenheiten, z.B. wenn es um steuerrechtliche oder wirtschaftsrechtliche Fragen der Unternehmen oder der angeschlossenen Einrichtungen geht. Diese bei jedem Unternehmensverband mehr oder minder übliche Form politischer Vertretung soll hier nicht als politische Funktion verstanden werden. Dabei ist allerdings zu beobachten, dass Verbände oft die Probleme der Zielgruppen thematisieren, für die sie Dienste anbieten, und nicht derer, für die sie keine Dienste vorhalten. Insofern könnte man die Anwaltsfunktion auch als unternehmerische Interessenvertretung sehen.

Philanthropische Funktion

Häufig werden die freien Träger jedoch auch außerhalb gesetzlicher Verpflichtungen handeln (wenngleich nicht gegen das Gesetz). Sie bieten aus eigener Initiative Einrichtungen und Dienste an, für die sie keinen Versorgungsauftrag und keine Leistungsentgelte erhalten. Stattdessen setzen sie hierfür eigene Mittel ein, z.B. Rücklagen, Spenden oder Kirchensteuermittel. Die freien Träger handeln hier tatsächlich uneigennützig und auf Grund einer idealistischen Motivation. Sie nehmen eine philanthropische Funktion wahr.

Beispiel

Führen wir nun das Beispiel fort: Das Gesetz zur Teilhabe an öffentlichen Sportveranstaltungen ist also in Kraft getreten. Das Gesetz wurde aus Gender-Gesichtspunkten noch so verändert, dass auch Mädchen sich hierin wieder finden. Nun kann das Gesetz nur dann Wirkung erzielen, wenn eine Institution die Aufgabe übernimmt, für ausreichend Angebote zu sorgen, um die Leistungen nach diesem Gesetz zu erbringen. So müssten z.B. ausreichend öffentliche Fernsehmöglichkeiten vorhanden sein.

In den verschiedenen Sozialgesetzen sind entsprechende Regelungen enthalten (grundsätzlich in SGB I § 17 Abs. 1 Satz 2, hier speziell SGB VIII § 79 Abs. 2), die eine Verpflichtung des öffentlichen Trägers enthalten, für die ausreichende Bereitstellung von Einrichtungen und Diensten zu sorgen. Dies ist der Sicherstellungsauftrag (im Sinne von Sicherstellung der ausreichenden Leistungsangebote) des öffentlichen Trägers.

Kategorisierung nach Funktionen

Insgesamt kann man also die Träger nach den Funktionen kategorisieren, die sie übernehmen. Zum Beispiel:

Die Behindertenhilfeeinrichtung eines Wohlfahrtsverbandes konzentriert sich auf die Dienstleistungsfunktion und die philanthropische Funktion (Spenden sammeln). Der Wohlfahrtsverband, dem sie angegliedert ist, übernimmt hingegen die politische Aufgabe.

Die Abteilung „Hilfen außerhalb des Elternhauses" im Jugendamt hat vorrangig die Gesamtverantwortung, die Kostenträgerschaft und ggf. die hoheitliche Aufgabe. Sie hat keine politischen Funktionen und nur einen mittelbaren Sicherstellungsauftrag (dieser liegt beim Jugendhilfeausschuss).

Zuordnung der Funktionen zu Trägern

Zusammenfassend könnte man nun die Funktionen den Trägergruppen wie folgt zuordnen:

Trägerart Funktion	Öffentliche Träger	Freie Träger	Gewerbliche Träger
Politische Funktion	X	X	
Sicherstellungsauftrag	X		
Kostenträgerschaft	X		
Philanthropische Funktion		X	
Gesamtverantwortung	X		
Hoheitliche Funktion	X		
Dienstleistung	X (im Rahmen der Subsidiarität)	X	X

4.4 Beziehungen zwischen den Trägern der Sozialen Arbeit

Beziehungen zwischen Trägern

Die bisherigen Betrachtungen der Institutionen und der Funktionen lassen sich auch unter dem Aspekt der Beziehungen zwischen den Trägern und Trägergruppen zusammenfassen. Dies führt zu folgendem Bild:

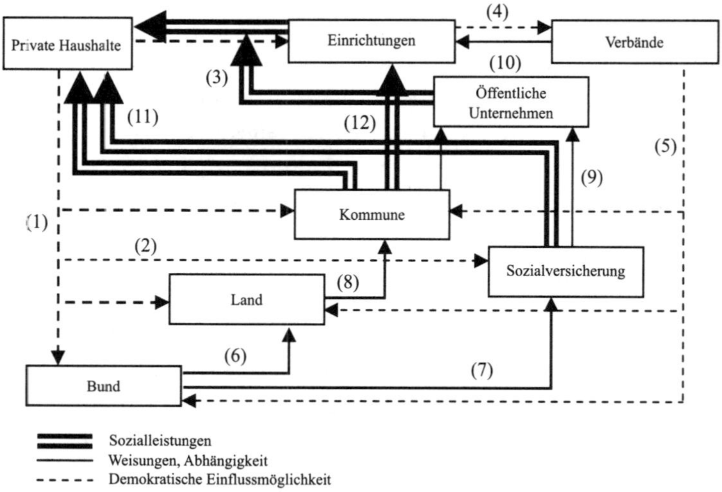

Abbildung 17: Überblick über die Träger und ihre Beziehungen

Einflussmöglichkeiten

Die Bürger haben demokratische Einflussrechte auf die Bundes-, Landes- und Kommunalverwaltung (1) sowie in Form der Sozialwahlen auf die Selbstverwaltungsgremien der Sozialversicherung (2). Die Bürger haben gleichzeitig die Möglichkeit, sich an Einrichtungen zu beteiligen, in Form von Vereinsmitgliedschaften meist bei frei-gemeinnützigen Trägern oder durch Beteiligung an gewerblichen Trägern (3). Die freien Träger schließen sich zu Verbänden zusammen. Diese Verbände sind der Willensbildung im Verband unterworfen (4). Die Verbände übernehmen die politische Funktion und nehmen auf Grund ihres politischen Auftrags auf die verschiedenen politischen Ebenen Einfluss (5).

Weisungsbeziehungen

Im Weiteren werden nun „Weisungs- und Abhängigkeitsbeziehungen" dargestellt: Der Bund hat die Möglichkeit in gewissem Rahmen auf die Bundesländer Einfluss zu nehmen (6). Dies geschieht durch den grundsätzlichen Vorrang des Bundesrechts (Art. 31 GG) und die Bundesaufsicht (Art. 84 GG). Gleichzeitig ist eine Aufsicht der Bundesministerien über die verschiedenen Zweige der Sozialversicherung vorgesehen (7). Das Land hat seinerseits eine Rechts- und Fachaufsicht über die Kommunen (8).

Die Kommunen und teilweise die Sozialversicherungen gründen im Sozialbereich oft eigene öffentliche Unternehmen (so z.B. die eigenen Kliniken von Landesversicherungsanstalten). Auf diese Einrichtungen haben sie direkte Einflussmöglichkeit (9).

Die freien Träger, die in der Regel in keine große hierarchische Konzernstruktur eingebunden sind, haben neben dem gesetzlichen Rahmen nur begrenzt Weisungen anderer zu beachten. Die Verbandszugehörigkeit führt in der Regel zur Einbindung in die Verbandspolitik und das Leitbild, zum Teil auch zu einer direkten Steuerung der Einrichtungen durch die Verbände (10).

Erbringen der Sozialleistungen

Erst jetzt beginnt der Bereich der echten Sozialleistungen. In Deutschland werden Sozialleistungen zum größten Teil durch die Kommunen und die Sozialversicherungen geleistet. Insofern wurden in dem Schaubild die eher kleineren Leistungsbereiche des Bundes, der Länder oder der EU (oft in Form von Modellprojekten) nicht weiter eingezeichnet. Hier fließt ein Teil der Sozialleistungen direkt an die Bürger (11), meist in Form von Geldleistungen oder Erstattungen. In geringerem Umfang werden diese Einrichtungen auch direkt mit Dienstleistungen aktiv, etwa in Form von Beratung oder Vermittlung.

Am häufigsten werden Dienstleistungen durch die Einrichtungen oder die öffentlichen Unternehmen erbracht. Hierfür erhalten die Einrichtungen im allgemeinen Leistungsentgelte, Zuschüsse oder Kostenerstattungen (12). Im Fall der öffentlichen Unternehmen erfolgt eine Erstattung über die internen Haushaltszuweisungen.

4.5 Die Formen der Zusammenarbeit zwischen öffentlichen und freien Trägern

In den letzten beiden Abschnitten wurden bereits die unterschiedlichen Funktionen der freien und öffentlichen Träger sowie ihre Einbettung in eine „Landkarte“ des Sozialbereichs beschrieben. Im Folgenden soll nun diese spezielle Beziehung zwischen öffentlichen und freien Trägern genauer beleuchtet werden.

4.5.1 Sicherstellungsauftrag

Sicherstellungsauftrag

Im Sozialsystem hat der öffentliche Träger stets die Verantwortung dafür, dass es ausreichend Angebote und Einrichtungen zur Verwirklichung der Gesetze gibt. Dies wird im Gesetz grundlegend wie folgt definiert:

§ 17 SGB I

„1. Die Leistungsträger sind verpflichtet, darauf hinzuwirken, dass

1. *jeder Berechtigte die ihm zustehenden Sozialleistungen in zeitgemäßer Weise, umfassend und zügig erhält,*
2. *die zur Ausführung von Sozialleistungen erforderlichen sozialen Dienste und Einrichtungen rechtzeitig und ausreichend zur Verfügung stehen,*
3. *der Zugang zu den Sozialleistungen möglichst einfach gestaltet wird, insbesondere durch die Verwendung allgemein verständlicher Antragsvordrucke und*
4. *ihre Verwaltungs- und Dienstgebäude frei von Zugangs- und Kommunikationsbarrieren sind und Sozialleistungen in barrierefreien Räumen und Anlagen ausgeführt werden.“*

Verpflichtung der öffentlichen Träger

Damit werden die öffentlichen Träger vorrangig in die Pflicht genommen. Sie sind durch eigene Angebote oder durch Angebote von privaten Anbietern (freie oder gewerbliche Träger) für eine ausreichende Versorgung verantwortlich. Hierdurch wird zunächst einmal ein Beziehungstypus „öffentlicher Auftraggeber, privater Auftragnehmer“ nahe gelegt, wie man ihn etwa auch im Verhältnis zwischen Straßenbauamt und Bauunternehmen finden würde.

4.5.2 Partnerschaftliche Zusammenarbeit und Subsidiarität

Das Verhältnis zwischen freien und öffentlichen Trägern geht jedoch weiter in Richtung einer gleichberechtigten Zusammenarbeit, oder gar einem Nachrang der öffentlichen Träger.

Selbständigkeit der freien Träger

So regelt etwa § 17 Absatz 3 SGB I:

„In der Zusammenarbeit mit gemeinnützigen und freien Einrichtungen und Organisationen wirken die Leistungsträger darauf hin, dass sich

ihre Tätigkeit und die der genannten Einrichtungen und Organisationen zum Wohl der Leistungsempfänger wirksam ergänzen. Sie haben dabei deren Selbständigkeit in Zielsetzung und Durchführung ihrer Aufgaben zu achten. ...“

Die freien Träger haben also ein Betätigungsrecht im Sozialbereich und sind sogar weitergehend in ihrer Selbstständigkeit und ihrer Zielsetzung durch den Staat zu respektieren.

Hintergrund für diese Beteiligung der nicht-staatlichen Organe ist das den freien Trägern unbenommene Recht, in der Gesellschaft aktiv zu werden, und die vom Staat festgehaltene Verpflichtung, die freien Träger sogar zu fördern und ihnen die Betätigung zu zugestehen. Dieser Grundsatz entspricht dem Gedanken einer subsidiären Anordnung der Sozialpolitik, welche auf vorhandene Institutionen und kleinere Einheiten zurückgreift und ihnen jene Aufgaben, die sie selbst leisten können, nicht aberkennt, sondern lässt. Die größere Gesellschaft und der Staat haben nur komplementäre Rahmenbedingungen zu schaffen und die unerledigten Aufgaben zu übernehmen.

Vorrang der freien Träger

In einzelnen Sozialgesetzen ist ein Vorrang der freien Träger sogar explizit definiert, so etwa in § 5 Abs. 4 SGB XII:

„Wird die Leistung im Einzelfall durch die freie Wohlfahrtspflege erbracht, sollen die Träger der Sozialhilfe von der Durchführung eigener Maßnahmen absehen.“

Sowie § 75 Abs. 2 SGB XII:

„(2) Zur Erfüllung der Aufgaben der Sozialhilfe sollen die Träger der Sozialhilfe eigene Einrichtungen nicht neu schaffen, soweit geeignete Einrichtungen anderer Träger vorhanden sind, ausgebaut oder geschaffen werden können. ...“

Oder § 4 Abs. 2 SGB VIII

„Soweit geeignete Einrichtungen, Dienste und Veranstaltungen von anerkannten Trägern der freien Jugendhilfe betrieben werden oder rechtzeitig geschaffen werden können, soll die öffentliche Jugendhilfe von eigenen Maßnahmen absehen.“

Subsidiarität wenig eindeutig

Dieser Vorrang der freien Träger ist eine Grundlinie der Sozialpolitik. Sie ist jedoch selten ein eindeutiges, „justiziables“ Entscheidungskriterium.

Beispiel

Die Stadt benötigt auf Grund ihrer Kindertagesstättenbedarfsplanung noch einen zusätzlichen Kindergarten.

Auf Grund des Subsidiaritätsprinzips soll die Stadt nur dann den Kindergarten selber betreiben, wenn kein freier Träger zur Verfügung steht. Bislang hat sich kein freier Träger von sich aus um die Einrichtung eines Kindergartens bemüht.

So macht sich also die Stadt auf die Suche und macht einen Standort auf einem städtischen Grundstück aus, das zufällig gegenüber der evangelischen Kirche liegt. Entsprechend dem geltenden Finanzierungsgesetz werden die Investitionskosten von der Stadt übernommen.

Die evangelische Kirchengemeinde äußert nun ihr Interesse an dem Betrieb des Kindergartens, allerdings müsse die Stadt auch die Pflege der Garten- und Spielanlage und die Hausmeisterkosten übernehmen. Die Stadt lehnt dies ab – mit Hinweis darauf, dass dies im Kindergartenfinanzierungsgesetz (ein Landesgesetz) nicht vorgesehen sei und die übrigen Kindergärten der Stadt diese Förderung auch nicht erhielten. Man werde dann den Kindergarten eben doch selber betreiben.

Die evangelische Kirchengemeinde pocht daraufhin auf das Subsidiaritätsprinzip: Die Stadt dürfe den Kindergarten nicht betreiben, da ja ein freier Träger zur Verfügung stehe. Die Stadt lehnt dieses Argument ab, da Subsidiarität nicht bedeute, dass man auf alle finanziellen Forderungen eingehen müsse. Die Förderung der freien Träger sei über das Kindertagesstättenfinanzierungsgesetz ausreichend geregelt.

Pikanterweise meldet im Jugendhilfeausschuss dann auch ein anderer freier Träger – die Arbeiterwohlfahrt – Interesse am Betrieb des Kindergartens an. Nach einiger heftiger Diskussion ziehen sich beide Träger zurück. Letztlich übernimmt die Stadt den Betrieb des Kindergartens.

Subsidiarität in unterschiedlichem Kontext

Das „Subsidiaritätsprinzip“ wird im Bereich der sozialen Dienste häufig nur auf den Vorrang der freien Träger vor staatlichen beim Vorhalten von Einrichtungen und der Durchführung von Maßnahmen bezogen.

Das oben beschriebene Subsidiaritätsprinzip meint eine darüber hinaus gehende, grundsätzliche, sozialpolitische Leitlinie, die sich in der Bundesrepublik sowohl bei den Leistungen gegenüber den Bürgern, als auch beim Zusammenspiel der staatlichen und freien Träger findet. In skandinavischen Staaten ist sie weniger praktiziert worden und findet sich bisher nicht wieder: Hier existieren für die Weitergabe von Sozialleistungen nur staatliche Stellen.

4.5.3 Finanzierung und Leistungsentgeltsysteme

Die Selbständigkeit oder gar der Vorrang der freien Träger blieben eine leere Absichtserklärung, wenn die Tätigkeiten der freien und gewerblichen Träger nicht bezahlt würden, sofern Leistungen im Rahmen der Sozialgesetze erbracht werden. Es stellt sich also die Frage nach der Finanzierung der Tätigkeit der freien Träger im Rahmen der Zusammenarbeit.

Kostenerstattung

Grundsätzlich sieht das Gesetz vor, dass alle Aufwendungen, die durch die Übernahme von Aufgaben entstehen, durch den öffentlichen Leistungsträger erstattet werden müssen (§ 91 SGB X i. V. m. § 97 Abs. 2 SGB X).

Hieraus haben sich im Prinzip zwei große Finanzierungssysteme entwickelt: Die Kostenerstattung und Zuwendungsfinanzierung sowie die (neueren) Leistungsentgeltsysteme.

Bei einer Kostenerstattung (dem Grundverfahren) übernehmen die öffentlichen Leistungsträger die entstehenden Kosten. Durch den freien Träger müssen die entstehenden Kosten dargelegt und eine Erstattung beantragt werden. Der öffentliche Leistungsträger begleicht dann diese Kosten. Aus diesem Verfahren heraus haben sich auch die verschiedenen „Kostensätze" entwickelt, bei denen eine Kostenerstattung bezogen auf Einzelleistungen erfolgte.

Enge Verflechtung als Folge

In einem solchen Verfahren gibt es eine enge Verflechtung zwischen öffentlichem und freiem Träger. Der freie Träger legt seine Kosten offen, beantragt die Erstattung und kann das Geld dann – oft unter Einhaltung zahlreicher fachlicher und haushaltsmäßiger Vorgaben – verwenden. Insgesamt führt dieses System einerseits zu einer hohen Sicherheit der freien Träger (Erstattung der realen Kosten), allerdings auch zu einer hohen Abhängigkeit.

Leistungsentgeltsysteme

Inzwischen wurde dieses Kostenerstattungsprinzip in einigen Sozialgesetzen (SGB III, V, VIII, XI, XII) durch die Vereinbarung von Leistungsentgelten ersetzt. So regelt etwa das § 75 Abs. 3 SGB XII, Satz 1:

„(3) Wird die Leistung von einer Einrichtung erbracht, ist der Träger der Sozialhilfe zur Übernahme der Vergütung für die Leistung nur verpflichtet, wenn mit dem Träger der Einrichtung oder seinem Verband eine Vereinbarung über

1. *Inhalt, Umfang und Qualität der Leistungen (Leistungsvereinbarung),*
2. *die Vergütung, die sich aus Pauschalen und Beträgen für einzelne Leistungsbereiche zusammensetzt (Vergütungsvereinbarung) und*
3. *die Prüfung der Wirtschaftlichkeit und Qualität der Leistungen (Prüfungsvereinbarung) besteht".*

Die finanzielle Beziehung stellt auf eine Vergütung für Leistungen ab, d.h. es wird eine klare Leistung gefordert (Leistungsbeschreibungen!) und die Vergütung ist nicht notwendigerweise an den Kosten orientiert. Vielmehr kann die Einrichtung auch Gewinne erwirtschaften oder muss auch mit Verlusten rechnen.

Marktwirtschaftliches Modell

Die Zusammenarbeit orientiert sich damit stärker an einem marktwirtschaftlichen Modell, bei dem Leistung und Preis einem Aushandlungsprozess unterliegen. Derzeit besteht die Tendenz, von Seiten der öffentlichen Kostenträger die Vergütungen zu senken und so Kostendruck auszuüben. Die (derzeit eher theoretische) Untergrenze für diese Senkungsspielräume liegt dort, wo Einrichtungen schließen müssen und der Sicherstellungsauftrag gefährdet wird.

Öffentliche und freie Träger werden klarer getrennt und entflochten, theoretisch steigt dadurch auch der Freiheitsgrad der Einrichtungen. Faktisch wird jedoch die „Prüfung der Wirtschaftlichkeit und Qualität" nach wie vor stark anhand der Kosten und der Strukturen der Einrichtungen vorgenommen; es werden meist immer noch Selbstkostennachweise, Stellenpläne etc. angefordert. Dadurch wird die Chance zu einer vereinfachten, klaren Beziehung vergeben.

Insbesondere problematisch ist dabei, dass öffentliche Kostenträger nur in geringem Umfang zulassen, Gewinnmöglichkeiten oder Risikozuschläge im Entgelt zu verrechnen, wodurch letztlich eine unternehmerische Verantwortung (keine Kostendeckung) ohne unternehmerische Chancen (Gewinn) entsteht.

4.5.4 Zusammenarbeit im Einzelfall

Die Zusammenarbeit im Einzelfall ist von der Gesamtverantwortung (für den Einzelfall) des öffentlichen Trägers bestimmt. Der öffentliche Träger ist verantwortlich für die Feststellung des Bedarfs und die Steuerung und Lenkung eines konkreten Falls, er muss gleichzeitig darauf achten, dass die Rechte des Leistungsempfängers verwirklicht werden, und er führt die entsprechenden Kontrollen durch. Um diese Fallsteuerung zu ermöglichen („Fallführung", „Case Management"), unterhalten die öffentlichen Träger eigene soziale Dienste.

Der öffentliche Träger (die „fallführende Stelle“, der „Case Manager“ o.ä.) erstellt in der Regel einen Hilfe-, Eingliederungs- oder Gesamtplan, dementsprechend der freie Träger seine Leistung dann durchführt. Während der Leistungsdauer (bei langfristigen Maßnahmen) werden regelmäßige Zwischenberichte angefordert, zum Maßnahmeabschluss neben Berichten teilweise auch Erfolgsstatistiken (z.B. Eingliederungsquoten). Der öffentliche Träger ist verantwortlich für eventuell erforderliche Fortschreibungen des Plans, aber auch für die Qualitätsprobleme der Leistung (die Absicherung der Qualität gegenüber der Einrichtung erfolgt über die Qualitätsvereinbarung).

Beispiel

In der Nacht wird der Bereitschaftsdienst des Jugendamtes von der Polizei zu einer Familie gerufen, bei der ein dringender Verdacht auf Kindesmisshandlung vorliegt. Das Kind wird aus der Familie herausgenommen und vorübergehend untergebracht. In der Folgezeit wird, nach verschiedenen Gesprächen und Klärungen, ein Hilfeplan vereinbart und eine dauerhafte Unterbringung außerhalb des Elternhauses festgelegt. Die Unterbringung erfolgt in einer Einrichtung eines freien Trägers. Ein Mitarbeiter des Jugendamtes übernimmt die Fallführung. Nach ein paar Monaten erscheint die Entwicklung (auf Grund der Berichte und einiger Gespräche mit der Familie und dem Kind) so günstig, dass die Rückführung in die Familie geplant werden kann, wobei der Einsatz der sozialpädagogischen Familienhilfe (freier Träger) geplant ist.

Diese Konstellation gibt dem öffentlichen Träger auf der einen Seite eine sehr mächtige Rolle: Er steuert den Einzelfall fachlich und als Kostenträger finanziell. Die fachlichen Steuerungskriterien sind nicht immer transparent und überprüfbar, so dass es hier zu »Grauzonen« kommen kann. Noch intransparenter kann es erscheinen, wenn fachliche Kriterien und Kostenfragen miteinander verknüpft werden.

Andererseits gibt faktisch der Sozialleistungsträger die konkrete Fallsteuerung nach kurzer Zeit aus der Hand. Oft sind die Hilfe-, Eingliederungs-, oder Gesamtpläne sehr allgemein, so dass die Erfolge nur begrenzt nachprüfbar sind. In manchen Fällen dominiert die Einrichtung auch die Bedarfsfeststellung, so dass faktisch das vorhandene Leistungsangebot der Einrichtung den sozialrechtlichen Bedarf ausfüllt.

Zwei der Zukunftsfragen bei der Zusammenarbeit im Einzelfall werden wohl die Aspekte der Erfolgsbeurteilung sowie der „Auftragsvergabe“ sein. Zunehmend wird die Frage nach dem Erfolg der Maßnahmen gestellt und auf Erfolgskriterien abgestellt. Beispielhaft hierfür sind die Erfolgsbeurteilungen arbeitsmarktpolitischer Maßnahmen durch die Arbeitsagenturen.

Die zweite Problematik konzentriert sich auf die konkrete Inanspruchnahme der freien Einrichtungen. Am Beispiel: Wer steuert (faktisch, nicht normativ) die Inanspruchnahme einer bestimmten Einrichtung: Der einzelne Leistungsempfänger (wie z.B. in der Pflegeversicherung), mit oder ohne Expertenbeteiligung (wie z.B. Ärzte bei Krankenhauseinweisungen, das Jugendamt bei stationärer Unterbringung) oder der öffentliche Träger? Und insbesondere: Nach welchen Kriterien wird hier entschieden?

Arbeitsaufgaben

17. Was unterscheidet freie von öffentlichen Trägern?
18. Diskutieren Sie, ob die Unterscheidung zwischen »frei-gemeinnützigen« und »frei-gewerblichen« Trägern sinnvoll ist!
19. Benennen Sie die Funktionen der Träger der sozialen Arbeit!
20. Manche Kommunen erproben, ob man ganze Sozialräume im Rahmen der Jugendhilfe an einzelne freie Träger übergeben kann. Diese freien Träger sind dann für alle Jugendhilfeleistungen in diesem Sozialraum verantwortlich und erhalten hierfür eine pauschale Vergütung (Sozialraumbudgets). Diskutieren Sie, inwieweit sich hierdurch die Funktionszuschreibung zwischen öffentlichen und freien Trägern verändert!
21. Können die öffentlichen Träger den freien Trägern Weisungen erteilen?
22. Nehmen Sie Stellung zu der Aussage: »Die freien Träger sind frei in der Wahl der Gesetze, die sie befolgen müssen«.

5 Öffentliche Träger der sozialen Arbeit

5.1 Einführung

Dieser Abschnitt widmet sich nun den öffentlichen Trägern der sozialen Arbeit.

Lernziele

Lernziele sind

- die Träger auf Bundes-, Landes- und kommunaler Ebene zu kennen;
- dabei die Unterscheidung zwischen den einzelnen Funktionen öffentlicher Träger nachvollziehen zu können;
- einen Einblick in die Umsetzung von Gesetzen bei der Durchführung sozialer Aufgaben zu gewinnen; und
- die Reformlinien und Managementaufgaben der öffentlichen Träger zu erkennen.

Literatur

Bieker, Rudolf: Kommunale Sozialverwaltung. Grundriss für das Studium der angewandten Sozialwissenschaften, München – Wien, 2006.

Bogumil, Jörg; Jann, Werner: Verwaltung und Verwaltungswissenschaft in Deutschland. Einführung in die Verwaltungswissenschaft, Wiesbaden, 2005 (= Grundwissen Politik, 36).

Dörr, Gernot; Franke, Konrad: Sozialverwaltungsrecht. Ein Grundriss, 2. Aufl., Berlin, 2006.

Lampert, Heinz; Althammer, Jörg: Lehrbuch Sozialpolitik, 8. Aufl., Berlin – Heidelberg – New York, 2007, 189-486.

Merchel, Joachim: Trägerstrukturen in der sozialen Arbeit. Eine Einführung, 2. Aufl., Weinheim – München, 2008.

5.2 Bundesministerien

Träger auf Bundesebene sind in erster Linie die Ministerien, die Träger der Sozialversicherung und nachgeordnete Behörden. Bundesministerien

Aufgabe der Ministerien ist die Vorbereitung und Umsetzung von Gesetzen. Sie sind Bestandteil der Exekutive, also von der Grundidee her ein ausführendes Organ in der politischen Gewaltenteilung. Doch haben Ministerien faktisch eine große Macht, da sie in vielen Fällen die Initiative zu Gesetzentwürfen ergreifen und die Gesetzesvorlagen formulieren (Sontheimer/Bleek 2004, 328 ff; Hesse/Ellwein, 2004 334-336).

Referate

Die Arbeitseinheiten eines Ministeriums sind die spezialisierten Referate, die jeweils Teilausschnitte des gesamten Aufgabengebietes eines Ministeriums betreuen. Diese Referate stehen dabei in engem Austausch mit den gesellschaftlichen Interessengruppen, im Sozialbereich insbesondere mit den Wohlfahrtsverbänden, Sozialversicherungen und den kommunalen Spitzenverbänden. Eine wichtige Rolle nehmen in den Ministerien im Sozialbereich auch die verschiedenen Beiräte und Kommissionen ein, indem sie spätere Gesetzentwürfe diskutieren. Ebenfalls eine zentrale Funktion übernehmen die regelmäßig vorzulegenden Berichte – wie etwa der Kinder- und Jugendhilfebericht –, in denen die aktuellen Trends beobachtet, aber auch grundlegende Positionen und Perspektiven dargelegt werden. Weiterhin werden hier auch die Nationalen Strategiepläne entworfen und die Berichte verfasst, inwieweit die gesetzten Ziele erreicht wurden.

Wichtige Ministerien

Die für den Sozialbereich wichtigsten Ministerien heißen gegenwärtig:

1. Das Bundesministerium für Familie, Senioren, Frauen und Jugend. Das Ministerium ist insbesondere zuständig für das SGB VIII. Die Politikbereiche des Ministeriums erstrecken sich auf Familie, Ältere Menschen, Kinder und Jugend, Gleichstellung, Freiwilliges Engagement, Zivildienst und Wohlfahrtspflege. Im Bereich Ältere Menschen findet insbesondere die Diskussion um Lebenslagen von Rentnern oder lang lebenden Menschen etc. statt. Fragen der Pflege und der Rentenversicherung fallen allerdings in die Zuständigkeitsbereiche anderer Ministerien. Dem Ministerium sind insbesondere die Bundesprüfstelle für jugendgefährdende Medien und das Bundesamt für den Zivildienst nachgeordnet.
2. Das Bundesministerium für Gesundheit. Dieses Ministerium hat als Aufgabe insbesondere die sozialpolitische Beschäftigung mit Gesundheit und Krankheit (SGB V), Pflege (SGB XI) sowie Sucht- und Drogenproblemen. Diesem Ministerium sind die Kranken- und die Pflegeversicherung mit ihren Trägern zugeordnet. In der Öffentlichkeit bekannt sind die Drogenbeauftragte und die Patientenbeauftragte der Bundesregierung und die Bundeszentrale für gesundheitliche Aufklärung, welche zum Geschäftsbereich dieses Ministeriums gehören.
3. Das Bundesministerium für Arbeit und Soziales. Dieses Ministerium ist für eine Reihe von sozialpolitischen Feldern zuständig. Zum einen fällt die gesamte Arbeitsmarktpolitik in seinen Geschäftsbereich (SGB II und SGB III). Weiterhin wird hier die Politik für die gesetzliche Rentenversicherung (SGB VI), die gesetzliche Unfallversicherung (SGB VII), die gesetzlichen Leistungen für Behinderte

(SGB IX) und die Sozialhilfe (BSHG bzw. SGB XII) koordiniert. Das Ministerium hat die Aufsicht über die Bundesagentur für Arbeit, die Rentenversicherungen und die Träger der Unfallversicherung und Berufsgenossenschaften.

Keine unmittelbare Arbeit am Klienten

Die Bundesministerien im Sozialbereich leisten keine Arbeit direkt am Kunden oder Hilfebedürftigen. Die Durchführung der Gesetze ist Aufgabe der Länder bzw. Kommunen oder der verschiedenen Zweige der Sozialversicherung.

Hieraus ergibt sich eines der Spannungsfelder für die Organisation des Sozialstaats: Einerseits findet man bundeseinheitliche Regelungen (mit dem Ziel, gleichwertige Lebensverhältnisse herzustellen), andererseits sehen sich die zur Umsetzung und zur Kostenerbringung verpflichteten Kommunen hierdurch in ihrer Handlungs- und Finanzhoheit eingeschränkt.

Vor diesem Hintergrund war im Jahr 2002 letztlich auch die Diskussion um die Zusammenlegung von Arbeitslosen- und Sozialhilfe und die Zuständigkeit für die arbeitslosen Sozialhilfeempfänger zu sehen: Wer übernimmt die Kosten und wem vertraut man die Vermittlung der Arbeitslosen an und damit die größte Chance zu, die Kosten abzubauen?

5.3 Sozialversicherungsträger

Die Sozialversicherungsträger sind neben den Kommunen die Hauptakteure im deutschen Sozialstaat. Sie sind im Vergleich zu den Ministerien gleichzeitig Mitgestalter und ausführende Organe. Zum großen Teil erbringen die Sozialversicherungen jedoch Geldleistungen (z.B. Rente) oder treten nur als Kostenträger auf (z.B. Krankenkasse). Nur in kleinerem Umfang betreiben die Sozialversicherungen eigene Einrichtungen. Insofern sollen sie hier nur kurz behandelt werden. Eine Ausnahme hiervon bildet allerdings die Bundesagentur für Arbeit, die mit ihren Arbeitsagenturen (den ehemaligen Arbeitsämtern) auch zahlreiche Dienstleistungen vor Ort erbringt. Die Bundesagentur und die aktuelle Reformdebatte werden daher zu Beginn und etwas umfangreicher vorgestellt.

5.3.1 Die Agentur für Arbeit

Bundesagentur für Arbeit

Die Bundesagentur für Arbeit ist zuständig für alle staatlichen Aufgaben, die der Eingliederung in Arbeit dienen. Gesetzliche Grundlagen sind das SGB III (Arbeitsförderung), Teile des SGB IX (Rehabilitation) und seit 2005 das SGB II (Grundsicherung für Arbeitssuchende). Die Leistungen zerfallen regelmäßig in die Eingliederungsleistungen (aktive

Arbeitsmarktpolitik, Arbeitsvermittlung, Arbeitsförderung) sowie die Hilfs- bzw. Lohnersatzleistungen bei Arbeitslosigkeit.

Die Bundesagentur ist in die Bundeszentrale, in 10 Regionaldirektionen (teils identisch mit Ländern, teils mehrere Länder zusammengefasst), 176 Arbeitsagenturen (den ehemaligen Arbeitsämtern) sowie rund 610 Geschäftsstellen in kleineren Städten gegliedert.

Die Arbeitsagenturen treten in erster Linie auf kommunaler Ebene als Arbeitsmarktpartner auf. Bislang wurden nahezu alle Förderinstrumente, so etwa Fort- und Weiterbildungen, Arbeitsbeschaffungsmaßnahmen, Lohnkostenzuschüsse etc., auf lokaler Ebene vergeben (teilweise mit Zustimmungspflicht übergeordneter Dienststellen). Auf Ebene der Landesdirektionen werden meist Rahmenvorgaben z.B. für Fort- und Weiterbildungen gemacht sowie spezielle Organisationen betreut (z.B. Berufsförderungswerke). Diese lokale Vergabepraxis wird zunehmend durch eine zentrale, bundesweite Ausschreibung ersetzt (vgl. hierzu etwa die Presseinformation der Bundesagentur für Arbeit Nr. 47 vom 14.04.2004 „Vergabe von berufsvorbereitenden Bildungsmaßnahmen hat begonnen").

Zentrale Organisation

Der Aufbau gliedert sich streng hierarchisch, d.h. die Bundeszentrale ist gegenüber den Regionaldirektionen, diese gegenüber den Arbeitsagenturen und diese wiederum gegenüber den Geschäftsstellen weisungsbefugt. Jene Weisungskompetenz wird auch durchaus intensiv wahrgenommen. Die hierarchische Struktur zeigt sich auch im Finanzwesen. Die Beiträge der Arbeitslosenversicherung fließen in den Haushalt der Bundesagentur. Aus diesem Bundeshaushalt werden die Mittel den verschiedenen Arbeitsagenturen und Geschäftsstellen zugewiesen.

Die Arbeitsverwaltung vermeidet dadurch das für die Jugend- und Sozialhilfe angesprochene Spannungsfeld zwischen Bundesgesetzgebung und kommunaler Umsetzung. Vielmehr bleiben Entscheidung und Durchführung im gleichen Verantwortungsbereich, wodurch die Arbeitsverwaltung stets die Konsequenzen ihrer Entscheidungen selber trägt und durch die Umsetzung in der eigenen Organisation auch einen hohen Aufbau von Wissen ermöglicht. Andererseits besteht die Gefahr der fehlenden Berücksichtigung lokaler Gegebenheiten und mangelnder Flexibilität vor Ort.

Selbstverwaltung

Die Bundesagentur für Arbeit ist als Zweig der Sozialversicherung eine selbstverwaltete Körperschaft. Ihre Selbstverwaltungsorgane sind bei der Bundesagentur der Verwaltungsrat sowie die Verwaltungsausschüsse auf der Ebene der Landesdirektionen und der Arbeitsagenturen.

Die Selbstverwaltung bei der Bundesagentur für Arbeit zielt auf die Einbindung der wichtigsten Akteure und Partner am Arbeitsmarkt ab. Die Selbstverwaltungsgremien sind daher „drittelparitätisch“, also zu jeweils gleichen Teilen von Gewerkschaften, Arbeitgebervertretern und öffentlichen Körperschaften (Bund, Länder, Gemeinden) besetzt. Im Gegensatz zu anderen Zweigen der Sozialversicherung wird hier das Prinzip der Vertretung durch die Einzahler (Versicherte und Arbeitgeber) durchbrochen.

Konkretisierung der gesetzlichen Vorgaben

Aufgabe der Selbstverwaltung ist, innerhalb der gesetzlichen Vorgaben die konkreten Abläufe zu gestalten, z.B. die Definition von Zugangsvoraussetzungen und die Konzeption von Fördermaßnahmen. In den Arbeitsagenturen vor Ort haben die Verwaltungsausschüsse insbesondere auch die Funktion, die Einbindung und Vernetzung vor Ort sicherzustellen und die Handlungsspielräume, die lokal bestehen, auszufüllen.

Formal kann die Selbstverwaltung der Bundesagentur alle Angelegenheiten in eigener Verantwortung regeln. Die Aufsicht des Bundesministeriums für Wirtschaft und Arbeit bezieht sich nur auf die Rechtsaufsicht, nicht auf die Fachaufsicht. Allerdings wird dieses Prinzip in der Praxis offenbar durch das Ministerium durchbrochen (vgl. etwa die Meldung „Verwaltungsrat fordert mehr Macht“, in Frankfurter Allgemeine Zeitung, 14.01.2004, Nr. 11/Seite 13).

Organisation der Arbeitsagenturen

Die ehemaligen Arbeitsämter und heutigen Arbeitsagenturen haben in den letzten Jahren einen starken internen Organisationswandel miterlebt. Früher waren die Arbeitsämter in vier Abteilungen aufgeteilt:

- die Abteilung Arbeitsvermittlung und Arbeitsberatung, die für die Maßnahmen der aktiven Arbeitsmarktpolitik verantwortlich war;
- die Leistungsabteilung, welche für die Auszahlung der Einkommensersatzleistung zuständig war;
- die Berufsberatung, die Schulabgänger bei der Wahl der geeigneten Ausbildung unterstützte, und
- die Verwaltungsabteilung, welche die übrigen Abteilungen verwaltungsmäßig unterstützte.

Probleme der internen Organisationsstruktur

Diese Organisationsstruktur führte dazu, dass Kunden des Arbeitsamtes mehrere Anlaufstationen im Hause hatten, z.B. die Arbeitsvermittlung und die Leistungsabteilung, wodurch interne Abstimmungs- und Schnittstellenprobleme entstanden. Zwischen der Berufsberatung und der Arbeitsvermittlung gab es stets die Diskussion, dass sich einerseits die Berufsberatung zu wenig um die reale Arbeitsmarktlage kümmere, andererseits die Arbeitsvermittlung nicht genug auf „Eignung und Neigung" achte. Als Drittes wurde häufig die zu starke Ausrichtung auf den Kunden „Arbeitsloser" bzw. „Arbeitnehmer" kritisiert, wodurch der Kunde Arbeitgeber zu wenig vertreten sei.

Probleme in der Vernetzung

Neben der internen Organisation wurde auch die bisherige Abgrenzung nach außen kritisch gesehen: Zum einen haben Arbeitsamt und Sozialamt eine ähnliche Klientel und vergleichbare Sozialleistungen. Dies führte zu Doppelarbeit, aber auch zu dem Phänomen, dass die Klientel zwischen den Institutionen hin und her verwiesen wurde. Zum anderen verfügte das Arbeitsamt nur über das direkte arbeitsmarktpolitische Handlungsinstrumentarium. Indirekt auf die Arbeits- und Vermittlungsfähigkeit gerichtete Angebote, wie z.B. Schuldnerberatung oder Suchtberatung, konnte das Arbeitsamt nicht leisten.

Reform der Arbeitsverwaltung

In der Folge wurden in mehreren Stufen die Arbeitsämter zu den heutigen Arbeitsagenturen umorganisiert. Das Leitziel ist die Schaffung eines „Job Centers", in dem alle Dienstleistungen „aus einer Hand" kommen und beide Kundengruppen – Arbeitgeber und Arbeitnehmer – aus einer Hand bedient werden.

Hierzu werden insbesondere folgende organisatorische Maßnahmen vorgenommen (Moderne Dienstleistungen am Arbeitsmarkt, 2002, 68ff):

- Arbeitsämter und Sozialämter werden organisatorisch zusammengeführt;
- Angebot flankierender, vermittlungsverbessernder sozialer Dienstleistungen unter dem Dach der Job Center oder in einem Netzwerk;
- Integration der Dienstleistungen in einem Team, dazu gehört auch die Auszahlung der Leistungen;
- Verbesserung des Vermittlungsprozesses durch die Einrichtung von „Clearing-Stellen", die eine Differenzierung des Unterstützungs- und Beratungsbedarfs vornehmen und die Kunden entsprechend steuern;
- Zusammenarbeit in „Arbeitsmarktteams", die auch als Ansprechpartner für die Arbeitgeber fungieren;
- Einrichtung eigener Organisationseinheiten und Angebote für die Bedienung der Kundengruppe Arbeitgeber bei den Arbeitsagenturen;
- Einrichtung von (privaten) Personal-Service-Agenturen, die eine weitergehende Betreuung von Arbeitslosen übernehmen;
- Einführung des Case-Managements;
- Organisation nach dem Beratungs- und Betreuungsaufwand der Kunden (Beratungskunden, Betreuungskunden, Intensivkunden).

Mit dieser Reorganisationsform wird eine gezielte Abkehr von einer funktionalen Arbeitsteilung in und zwischen Organisationen hin zu einer auf den Kunden ausgerichteten Arbeitsteilung angestrebt (wobei „kundenorientiert" hier nicht als Schlagwort verstanden werden sollte, sondern tatsächlich als Organisationsprinzip).

Diese Organisationsart wählen sowohl die Agentur für Arbeit als auch die Arbeitsgemeinschaften zwischen Agentur und Kommunen bzw. die Optionskommunen, die für die Betreuung und Vermittlung der Arbeitslosengeld II Bezieher zuständig sind.

5.3.2 Die Krankenversicherungen

Krankenversicherung

Die gesetzlichen Krankenversicherungen sind die Träger der Leistungen nach dem SGB V (ambulante ärztliche Behandlung, ambulante Krankenpflege, Krankenhäuser, Medikamente, medizinische Rehabilitation und ähnliche Leistungen) und sind auch an der Durchführung anderer Sozialgesetze (SGB IX, Rehabilitation) beteiligt. Die Krankenkassen treten nahezu ausschließlich als Kostenträger auf, d.h. sie übernehmen die Finanzierung der Leistungen, welche durch Dritte erbracht werden. Dementsprechend sind die Krankenkassen stark geprägt von ihren „Schadensabteilungen", d.h. den Abteilungen, die die Abrechnung mit Ärzten, Apotheken, Krankenhäusern etc. übernehmen. In kleinerem Umfang unterhalten die Krankenkassen eigene Beratungsstellen und initiieren Gesundheitsförderungs- und Präventionsprogramme.

Einzelne Organisationen

Als Träger der gesetzlichen Krankenversicherung sind mehrere Krankenkassen anerkannt: ca. 15 Allgemeine Ortskrankenkassen, 9 Ersatzkassen, 150 Betriebskrankenkassen, 14 Innungskrankenkassen und noch weitere (Bundesknappschaft, Seekrankenkasse, landwirtschaftliche Krankenkasse; Lampert/Althammer 2007, 293). Vor der Öffnung der Krankenkassen waren sie jeweils auf bestimmte Berufsgruppen, Wirtschaftszweige oder einzelne Betriebe beschränkt. Seit der Einführung der freien Wahl herrscht zwischen den Krankenkassen ein Wettbewerb um die Versicherten.

Die Krankenkassen schließen sich in Landes- und Bundesverbänden zusammen. Diese wiederum schließen dann Versorgungs- und Vergütungsverträge mit den ärztlichen Kassenvereinigungen, z.B. dem Deutschen Krankenhausverband, und weiteren Anbietern ab.

Jede Krankenkasse ist im Rahmen der Gesetze auch für die Ausgaben und Einnahmen verantwortlich. Die zentrale Steuerungsgröße hierbei ist der Versichertenstamm, der einerseits die Höhe der Beiträge, andererseits die Höhe der Ausgaben für medizinische Leistungen bestimmt.

Um Ungleichgewichte zu vermeiden, gibt es zwischen den Krankenkassen einen Risikostrukturausgleich.

Eine Besonderheit sind die Kassenärztlichen Vereinigungen, in der die niedergelassenen Ärzte organisiert sind. Die Kassenärztlichen Vereinigungen schließen Vereinbarungen mit den Krankenkassen, verwalten dann die Budgets in eigener Verantwortung und organisieren die Vergütung der niedergelassenen Ärzte.

Reformdiskussion

Organisatorische Reformen legten in der Vergangenheit den Schwerpunkt insbesondere auf die Zusammenlegung kleinerer Krankenversicherungen zu größeren Einheiten (Betriebskrankenkassen, AOK auf Landesebene). Auf Grund des Wettbewerbs zwischen den Krankenkassen wurden in der Vergangenheit auch weitaus stärker als früher Marketingabteilungen aufgebaut. Ein möglicher weiterer Reformanstoß könnte in der immer wieder diskutierten, jedoch derzeit gesetzlich noch nicht vorgesehenen Möglichkeit liegen, dass Krankenversicherungen Exklusivverträge mit einzelnen Anbietern im Gesundheitssektor zu schließen. Hierdurch könnten sich Krankenkassen von einem „Versicherungsunternehmen“ hin zu einem „Fallmanager“ und zumindest indirekten Leistungsanbieter entwickeln. Diese Diskussion geht dann auch einher mit der Abschaffung der Kassenärztlichen Vereinigungen.

5.3.3 Die Pflegeversicherung

Pflegeversicherung

Die Pflegeversicherung gilt zwar als eigenständiger Sozialversicherungsträger, sie ist jedoch organisatorisch in die gesetzlichen Krankenkassen eingegliedert.

Medizinischer Dienst der Krankenkassen

Die Pflegeversicherung ist – ähnlich wie die Krankenversicherung – von der Leistungssachbearbeitung geprägt. In Erscheinung tritt oft der Medizinische Dienst der Krankenkassen (MDK), der die Einstufung der Pflegebedürftigen in die Pflegestufen vornimmt, die Qualität von Pflegeeinrichtungen prüft und für Begutachtungsfragen der Krankenversicherung (Dauer von Krankenhausaufenthalten, Rehabilitationsmaßnahmen) herangezogen wird.

Der MDK ist organisatorisch eigenständig und regional auf Landesebene organisiert. Er wird über ein Umlageverfahren von den jeweiligen Trägern der Kranken- und Pflegeversicherungen finanziert.

5.3.4 Die Gesetzliche Unfallversicherung

Gesetzliche Unfallversicherung

Die gesetzlichen Unfallversicherungen nehmen die Aufgaben nach dem SGB VII und Teile des SGB IX wahr; dies sind insbesondere die Verhütung von Arbeitsunfällen (Unfallverhütungsvorschriften, Überwachung) sowie die Übernahme von medizinischen und beruflichen Behandlungs- und Rehabilitationsmaßnahmen nach Arbeitsunfällen und arbeitsbedingten Erkrankungen sowie die Entschädigungsleistungen (Rente).

Träger sind die 23 gewerblichen Berufsgenossenschaften (gegliedert nach Wirtschaftszweigen), die 8 landwirtschaftlichen Berufsgenossenschaften (gegliedert nach Regionen) und die 25 Unfallkassen der öffentlichen Hand (gegliedert nach Institutionen) (Lampert/Althammer 2007, 308).

Die gesetzlichen Unfallversicherungen treten – neben den Geldleistungen – durch die Beratungsdienste, technischen und medizinischen Dienste in Erscheinung. Die Berufsgenossenschaften treten auch als Klinikbetreiber auf.

5.3.5 Die Rentenversicherung

Rentenversicherungsträger

Träger der gesetzlichen Rentenversicherung sind seit 2005 die Deutsche Rentenversicherung Knappschaft-Bahn-See und die Deutsche Rentenversicherung Bund. Letztere ist für 95 Prozent der Rentenberechtigten zuständig und durch Zusammenschluss der Bundesversicherungsanstalt für Angestellte und dem bisherigen Verband deutscher Rentenversicherungsträger entstanden, zu dem 22 Landesversicherungsanstalten für Arbeiter gehörten.

Geldleistungen im Mittelpunkt

Ansonsten sind die Rentenversicherungen in erster Linie auf Geldleistungen – Berechnung der Beiträge und Auszahlung der Renten – ausgerichtet. Sie sind daher organisatorisch von der Sachbearbeitung in Leistungsangelegenheiten geprägt.

Daneben bieten die Rentenversicherungen auch Beratungsdienste (Rehabilitationsberatung) an und treten als Betreiber von Rehabilitationskliniken und damit von Dienstleistungen auf. Ziel dieses Angebots ist in erster Linie die Vermeidung von Berufsunfähigkeit sowie die Behandlung von Suchterkrankungen und die Wiederherstellung der Erwerbsfähigkeit.

Diese Beratungs- und Dienstleistungsaufgaben übernehmen vor allem die so genannten Regionalträger. Sie bilden eine neue Form, knüpfen aber an die Tätigkeiten und die Bezirke der bisherigen Landesversicherungen an.

Hintergrund der Fusionen und Zusammenarbeit

Hintergrund der Zusammenlegung waren häufige Diskussionen über mögliche Einsparungsmaßnahmen. Zudem hatte sich zwischen den Rentenversicherungsträgern schon eine enge Kooperation auf der Marketing- und Beratungsseite entwickelt. Die Beratung von Versicherten vor Ort wurde von den verschiedenen Versicherungsträgern gegenseitig übernommen. Diese Aufgaben werden jetzt von sogenannten Regionalträgern durchgeführt.

Nach außen treten oft auch die ehrenamtlich tätigen „Versichertenältesten“, d.h. Versichertenberater/innen, in Erscheinung. Diese sind – neben den hauptberuflichen Beratungsabteilungen in Versicherungsangelegenheiten – als Bindeglied zu den Versicherten gedacht.

5.4 Kommunale Spitzenverbände

Kommunale Spitzenverbände

Ein weiterer Akteur auf Bundesebene sind die kommunalen Spitzenverbände, in denen sich die Kommunen zusammengeschlossen haben. Zu ihnen zählen der Deutsche Städtetag, der Deutsche Städte- und Gemeindebund und der Deutsche Landkreistag. Diese Verbände haben sich wiederum in der Bundesvereinigung der kommunalen Spitzenverbände zusammengeschlossen. Die Spitzenverbände haben keine verfassungsrechtliche Bedeutung, sind jedoch faktisch das Sprachorgan der untersten föderalen Ebene auf Landes- oder Bundesebene. Aufgabe dieser Spitzenverbände ist die politische Interessenvertretung der Kommunen auf Bundesebene (gegenüber dem Bundesgesetzgeber oder in Europa), der gegenseitige Austausch und die Beratung in einzelnen Fragen. Auf Länderebene haben sich ebenfalls kommunale Spitzenverbände gebildet.

Partner für den Abschluss von Rahmenvereinbarungen

Die kommunalen Spitzenverbände haben keine verfassungsmäßige Stellung. Ihre Positionierung zu den Gesetzen, die die Kommunen vor Ort umsetzen müssen, hat jedoch eine hohe politische Bedeutung. Für den Sozialbereich sind die kommunalen Spitzenverbände weiterhin bedeutsam, da sie Partner für den Abschluss von Rahmenvereinbarungen mit den Einrichtungsträgern sind. In diesen Rahmenvereinbarungen werden – unterhalb der Gesetzesebene – grundsätzliche Regelungen über die Zusammenarbeit festgeschrieben, etwa Rahmen für die Gestaltung von Leistungsentgelten. Partner auf Seiten der Einrichtungen sind in der Regel die Bundes- bzw. Landesarbeitsgemeinschaften der Wohlfahrtspflege, oft auch „Liga“ genannt, und der Verbände der gewerblichen Träger. In solchen Rahmenvereinbarungen werden z.B. die Hilfebedarfsgruppen von Behinderten oder die Fachleistungsstunden in der Jugendhilfe vereinbart.

5.5 Landesministerien

Landesministerien als „Mittelbehörden“

Die Länderministerien für Arbeit und Soziales (der Zuständigkeitszuschnitt ist in den Ländern unterschiedlich) gelten einerseits als „Mittelbehörden“ (wenngleich natürlich die Länder eine eigene Hoheit haben), da sie für die Umsetzung der Bundesgesetze in ihren Ländern zu sorgen haben. Die Umsetzung erfolgt auf jedoch großteils örtlicher Ebene. Andererseits haben die Länder jedoch auch eigene, originäre Aufgaben bzw. Gestaltungsspielräume.

In der Funktion als „Mittelbehörde“ erlassen die Länder eigene Gesetze oder Verordnungen, richten das Landesjugendamt ein oder schließen für ihren Aufgabenbereich, z.B. psychisch Kranke, landesweite Rahmenvereinbarungen mit den Leistungsanbietern.

Originäre Aufgaben

Originäre Aufgaben nehmen die Länder durch eigene Behörden (z.B. die Landesämter für Versorgung und Familienförderung), Pläne (z.B. Krankenhausplanung) oder eigene Finanzierungsformen wahr (z.B. bei der Kindertagesstättenfinanzierung). Im Rahmen der Länderhoheit findet sich darüber hinaus eine Reihe von eigenen Förderprogrammen und zusätzlichen Leistungen (z.B. Arbeitsmarktfonds, Frauenförderprogramme, Bildungs- und Erziehungspläne für Kindertagesstätten).

Im Rahmen der Sozialhilfe und der Jugendhilfe haben manche Länder auch die Aufgaben des überörtlichen Trägers übernommen (siehe Kap. 5.6).

Die Länderministerien für Arbeit und Soziales haben sich auf Bundesebene zu einer Ministerkonferenz, der ASMK zusammengeschlossen. Diese Ministerkonferenz dient der informellen Zusammenarbeit und Koordinierung der Länderinteressen. Hier werden untereinander Absprachen und rechtliche Vereinbarungen getroffen, das Vorgehen koordiniert und Länderinteressen – außerhalb des formellen Bundesratsverfahrens – vertreten.

5.6 Überörtliche Träger

5.6.1 Überörtliche Träger der Sozialhilfe

Überörtliche Träger der Sozialhilfe

Das SGB XII sieht einen überörtlichen Träger der Sozialhilfe vor (§§ 3, 97 SGB XII). Dieser überörtliche Träger soll zuständig für einzelne Bereiche der Sozialhilfe, insbesondere stationäre Leistungen und

- Leistungen der Eingliederungshilfe für behinderte Menschen;
- Leistungen der Hilfe zur Pflege und zur Gesundheit;
- Leistungen der Hilfe zur Überwindung besonderer soziale Schwierigkeiten sowie
- Leistungen der Blindenhilfe

Ansiedlung der überörtlichen Träger

Je nach Landesrecht sind die überörtlichen Träger in den Bundesländern unterschiedlich angesiedelt. In manchen Ländern nehmen eigene Landesbehörden (die Landessozialämter) die Aufgaben wahr, in anderen Ländern sind Kommunalverbände als überörtliche Träger anerkannt, z.B. Landeswohlfahrtsverbände (Sachsen, Hessen), Landschaftsverbände (Nordrhein-Westfalen) oder Bezirke (Bayern). Die überörtlichen Träger unterliegen den Landesgesetzen und – sofern nicht selbstverwaltet – dem Weisungsrecht der jeweiligen Landesministerien.

In manchen Ländern erfolgt die Finanzierung über Umlagen der Kommunen an den jeweiligen Träger, in anderen Ländern direkt aus dem Landeshaushalt. Die überörtlichen Sozialhilfeträger können einzelne Kommunen zur Übernahme gemeinsamer Aufgaben verpflichten.

5.6.2 Überörtliche Träger der Jugendhilfe

Überörtliche Träger der Jugendhilfe

Das SGB VIII verweist in § 69 darauf, dass die überörtlichen Träger durch das Landesrecht näher geregelt werden. Das Bundesgesetz sieht die Einrichtung eines Landesjugendamtes und Landesjugendhilfeausschusses vor, der nach ähnlichen Regeln wie der kommunale Jugendhilfeausschuss zu besetzen ist (§ 85). Beide zusammen gelten als überörtliche Träger der Jugendhilfe. Organisation und Trägerschaft werden auf Länderebene geregelt.

Der überörtliche Träger der Jugendhilfe hat – im Gegensatz zum überörtlichen Träger der Sozialhilfe – wenige direkte Aufgaben am Kunden. Die Aufgaben des überörtlichen Trägers sind eher auf die Einrichtungen und Dienste ausgerichtet – durch die Beratung der örtlichen Träger, Förderung der Zusammenarbeit, Anregung von Einrichtungen und Diensten, Durchführung von Modellvorhaben, Fort- und Weiterbildung der Mitarbeiter, usw. (§ 85 KJHG). In manchen Bundesländern sind die Zuständigkeiten auch geteilt, so z.B. in Bayern zwischen dem Landesjugendamt (alle Aufgaben) und dem Bayerischen Jugendring (Jugendarbeit).

5.7 Kommunale Ebene

Kommunen als wichtigster sozialer Dienstleister

Das Hauptgewicht der sozialen Dienstleistungen liegt bei den Kommunen vor Ort und dort speziell im Jugendamt, Sozialamt und dem Allgemeinen Sozialdienst (ASD). Die Landkreise und kreisfreien Städte werden als die örtlichen Träger der Sozial- und Jugendhilfe in den Gesetzen (SGB VIII, SGB XII) benannt. In den Jugendämtern und dem ASD findet man die Berufsgruppe der Sozialarbeiter/-innen besonders stark vertreten, da hier die sozialen Dienstleistungen im Mittelpunkt stehen. Im Folgenden werden die Grundstrukturen der Kommune, des Jugendamtes und Sozialamtes sowie des ASD näher beleuchtet.

5.7.1 Die Kommune

Selbstverwaltung

Eine Kommune ist eine selbstverwaltete Körperschaft öffentlichen Rechts, deren Selbstverwaltungsrechte in den Kommunalordnungen und im Grundgesetz verankert sind (Art. 28 Abs. 2 GG). Zu den Kommunen zählen die kreisfreien Städte, die Landkreise und die kreisangehörigen Städte und Gemeinden. Für den Sozialbereich relevant sind die kreisfreien Städte und die Landkreise, welche die örtlichen Träger der Sozial- und Jugendhilfe sind.

Das Selbstverwaltungsorgan – oft auch als „Kommunalparlament" bezeichnet – ist der Stadtrat oder Kreistag. Vorsitzender des Selbstverwaltungsgremiums und gleichzeitig Leiter der Verwaltung ist in den meisten Kommunalverfassungen der (Ober-)Bürgermeister oder Landrat. Die Spitze der Verwaltung wird von weiteren politischen Beamten, den hauptberuflichen Stadträten, Referenten oder Dezernenten, besetzt, die dann die einzelnen Referate leiten.

Dem Stadtrat bzw. Kreistag kommt die politische Entscheidungsaufgabe zu. Um Entscheidungen vorzubereiten und einen besseren Kontakt zur Verwaltung zu unterhalten, kann der Stadtrat Ausschüsse bilden. Darüber hinaus werden in manchen Fällen Beiräte eingerichtet, die der Verwaltung oder dem Stadtrat zugeordnet werden können (z.B. Seniorenbeiräte, Ausländerbeiräte, Ortsteilbeiräte) und diese beraten.

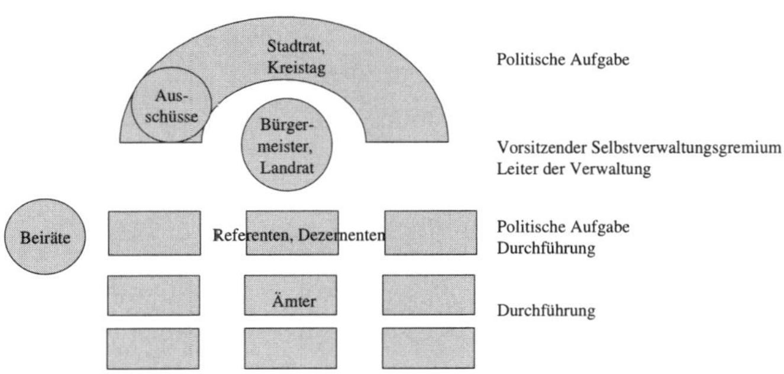

Abbildung 18: Die Organisation der Kommune im Überblick

Manche Aufgaben übernimmt die Kommune auch im Auftrag anderer Verwaltungen, so z.B. Wahlen oder das Meldewesen. Diese Aufgaben sind keine Selbstverwaltungsaufgaben, vielmehr ist hier eine Fachaufsicht der jeweiligen übergeordneten Behörde vorgesehen.

Verwaltungsgliederung

Die Verwaltung gliedert sich in weitere Abteilungen, die meist Referate oder auch Fachbereiche genannt werden. Sie werden jeweils von einem hauptberuflichen Stadtrat geleitet. Innerhalb der Referate erscheinen als nächste Gliederungsebene die Ämter. So finden sich oft das Jugend- und das Sozialamt, manchmal auch das Gesundheitsamt in einem Referat „Jugend und Soziales" angesiedelt.

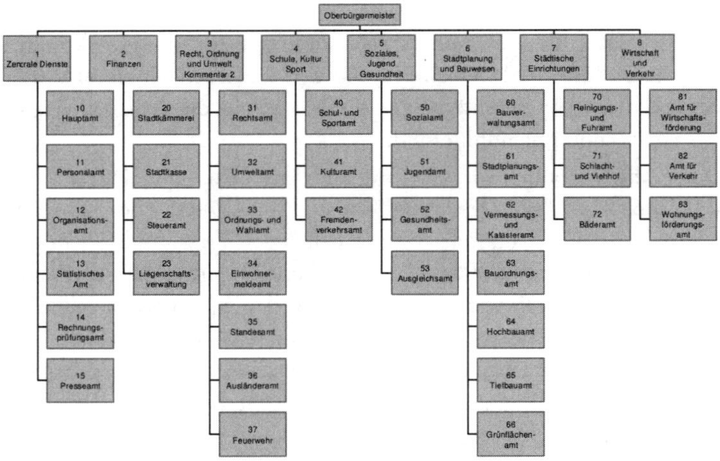

Abbildung 19: Organisationsplan einer Kommune (Beispiel)

Vernetzung als Aufgabe

Die Kommune hat – anders als andere Träger im Sozialbereich – nicht nur Sozialleistungen wahrzunehmen, sondern richtet sich an alle Belange der Bürger in ihrem Lebensumfeld. Hierzu gehören verschiedene Leistungen der „Daseinsvorsorge", von Abfallentsorgung, Bauplanung, Straßenbau bis zu Wirtschaftsförderung.

Für den Sozialbereich wichtige Ämter

Die „Sozialabteilungen" der Kommune sind

- das Jugendamt,
- das Sozialamt,
- das Gesundheitsamt,
- möglicherweise ein eigenes Amt, das Träger der städtischen Sozialunternehmen ist;
- in jüngerer Zeit auch zunehmend im Wirtschaftsreferat eine Abteilung für Arbeitsmarktpolitik.

Bei einer weiteren Definition der sozialen Dienstleistungen könnte man hier auch das Schulamt, Kulturamt, die städtischen Bildungszentren oder das Sportamt hinzunehmen.

Schnittstellen

Es entstehen regelmäßig Schnittstellen zu anderen Aufgabenbereichen der Verwaltung, z.B. die Schnittstelle zwischen den sozialen Problemlagen im Stadtteil und entsprechenden Maßnahmen der Stadtplanung, Bebauungsplanung oder Wirtschaftsförderung. Grundsätzlich sind diese Aufgaben für die Kommunen gleichwertig und von den Kommunen gleichermaßen durchzuführen (soziales Staatsziel im GG); insofern ist es eine der Aufgaben der jeweiligen „Sozialabteilungen" hier vernetzend zu wirken.

5.7.2 Jugendamt

Jede kreisfreie Stadt und jeder Landkreis sind verpflichtet, ein eigenes Jugendamt einzurichten (§ 69 Abs. 3 SGB VIII). Das Jugendamt hat dabei eine organisatorische Besonderheit, da es aus der Verwaltung und dem Jugendhilfeausschuss besteht.

Funktionen des Jugendamtes

Das Jugendamt tritt in mehreren Rollen auf: Das Jugendamt hat den sehr präzisen Auftrag, ausreichende Angebote der Jugendhilfe festzustellen, und verfügt hierbei über einen hohen Gestaltungsspielraum (Sicherstellungsauftrag). Dies geschieht in Form der Jugendhilfeplanung. Darüber hinaus übernimmt das Jugendamt die Gesamtverantwortung für den Einzelfall (Hilfeplanung, Fallverantwortung), es tritt als eigener Anbieter von Leistungen auf und als Kostenträger für die Leistungen der freien Träger.

Charakteristisch ist die Gesamtverantwortung für den Einzelfall: Das Jugendamt übernimmt bei der Einzelfallhilfe die Planung der Hilfsangebote, steuert die Hilfeangebote und überwacht die Entwicklungsfortschritte. Damit unterscheidet sich das Jugendamt von anderen öffentlichen Trägern, bei denen oft Dritten (z.B. Hausärzten) oder dem Leistungsempfänger selbst (z.B. in der Pflege) diese Steuerungsfunktion zukommt.

Besonders hervorzuheben ist die – gegenüber anderen öffentlichen Trägern – ausgeprägte Funktion der Sicherstellungsaufgabe, die mit der Jugendhilfeplanung vorgenommen wird. Bei dieser werden die Bedarfe an Jugendhilfe in der Kommune festgestellt und die Angebote definiert.

Verwaltung des Jugendamtes

Die Verwaltung des Jugendamts gliedert sich üblicherweise in folgende Abteilungen:

- Verwaltung (eine „kleine“ Verwaltungsabteilung des Jugendamtes),
- Beistands- und Amtsvormundschaften,
- Wirtschaftliche Hilfen und Ausbildungshilfen,
- Erzieherische Hilfen und Krisenintervention, Pflegekinderdienst und Adoptionsvermittlung,
- Kinder- und Jugendarbeit und
- Kommunale Einrichtungen (städtische Kindertagesstätten etc.).

Diese Gliederung des Jugendamts ist eine objektorientierte Organisation („Geschäftsfeldorganisation“), d.h. das Gliederungsprinzip ist das Angebot im Sinne des SGB VIII, nicht etwa der einzelne Kunde oder einzelne Verwaltungsablaufschritte (siehe auch Kap. 1.3.1 und Kap. 2). Ein solches Gliederungsprinzip kann dazu führen, dass einzelne Jugendliche bzw. Familien mehrere Anlaufstellen im Jugendamt haben.

Hierdurch können Koordinationsprobleme zwischen den einzelnen Abteilungen im Hinblick auf den einzelnen Kunden entstehen.

Jugendhilfeausschuss

Ein besonderes Strukturmerkmal des Jugendamtes ist der Jugendhilfeausschuss. Er ist Teil des Jugendamtes und setzt sich aus Mitgliedern des Stadtrats bzw. Kreistags (drei Fünftel) und Vertretern der anerkannten freien Träger der Jugendhilfe (zwei Fünftel) zusammen.

Der Jugendhilfeausschuss ist somit kein Ausschuss des Stadtrats oder Kreistags, der die Beschlüsse des Plenums vorbereitet. Vielmehr hat er einige Rechte.

Der Jugendhilfeausschuss befasst sich mit

„1. der Erörterung aktueller Problemlagen junger Menschen und ihrer Familien sowie mit Anregungen und Vorschlägen für die Weiterentwicklung der Jugendhilfe,
2. der Jugendhilfeplanung,
3. der Förderung der freien Jugendhilfe" (§ 71 Abs. 2 SGB VIII).

Der Jugendhilfeausschuss hat dabei ein Beschlussrecht im Rahmen der vom Stadtrat bzw. Kreistag bereitgestellten Mittel und der Rahmenvorgaben (Satzung des Jugendamtes, Beschlüsse). Der Jugendhilfeausschuss soll vom Stadtrat bzw. Kreistag bei Beschlüssen zur Jugendhilfe und bei der Besetzung des Leiters des Jugendamtes gehört werden (§ 71 Abs. 3 Satz 1 und 2 SGB VIII).

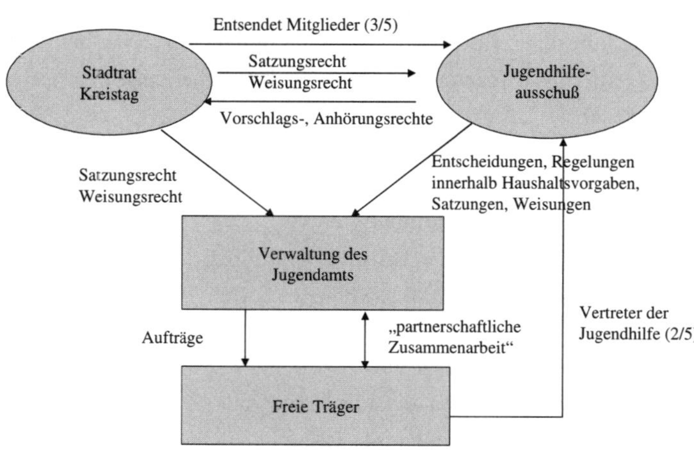

Abbildung 20: Jugendhilfeausschuss und Verwaltung des Jugendamtes und seine Kooperationspartner

Mit dem Jugendhilfeausschuss wird die Verantwortlichkeit für die Jugendhilfe auf eine möglichst breite gesellschaftliche Basis gestellt. Im Idealfall trifft der Jugendhilfeausschuss die strategischen Entscheidungen, während die Verwaltung für die durchzuführenden Aufgaben zuständig ist. In der Praxis wird diese Aufgabenteilung jedoch häufig durchbrochen (Merchel 2003, 29). Der Jugendhilfeausschuss widmet sich auch den Umsetzungsfragen, während die Verwaltung des Jugendamts – auf Grund des größeren hauptamtlichen Potenzials – die strategischen Entscheidungen zumindest vorformuliert.

Jugendamt und Wettbewerbsrecht

Aus ordnungspolitischer Sicht bzw. Sicht des Wettbewerbsrechts wird die Funktion des Jugendhilfeausschusses grundsätzlich hinterfragt: Im Jugendhilfeausschuss sind Anbieter von Jugendhilfeleistungen vertreten. Diese nehmen gleichzeitig Einfluss auf die Angebotsstrukturen und die Vergabepolitik der Aufträge des Jugendamts. Dadurch werden die üblichen Vergaberichtlinien verletzt und es entstehen Wettbewerbsverzerrungen zwischen den Trägern, die im Jugendhilfeausschuss vertreten sind, und den – meist gewerblichen – Trägern, die hier nicht vertreten sind.

5.7.3 Sozialamt

Sozialamt

Die Aufgaben einer Kommune im Rahmen des SGB II und SGB XII werden in den meisten Kommunen in einem Sozialamt gebündelt. Das Sozialamt ist nicht – wie das Jugendamt – gesetzlich vorgeschrieben und folgt deshalb auch der üblichen Einordnung in die Organisation der Kommune: Selbstverwaltungsgremium – Oberbürgermeister/Landrat – Referatsleiter – Amtsleiter.

Das Sozialamt ist meist ebenfalls nach Aufgaben gegliedert:

- Hilfe zum Lebensunterhalt,
- Grundsicherung,
- Hilfe zur Pflege,
- Eingliederungshilfe,
- Hilfe in besonderen Lebenslagen.

Häufig werden hier weitere Aufgaben angesiedelt, so etwa nach dem Asylbewerberleistungsgesetz oder dem Pflegeversicherungsgesetz. Weiterhin verfügen die meisten Sozialämter über eigene Angebote und Dienste.

Zunehmende Vermittlungsaktivitäten

Geprägt ist das Sozialamt klassischerweise von der Hilfe zum Lebensunterhalt, einer Geldleistung, die mit der entsprechenden rechtlichen und verwaltungstechnischen Organisation einer Leistungsabteilung verbunden ist. Erst in den letzten Jahren wird das Sozialamt auch hier zum sozialarbeiterischen Akteur: Zunehmend versuchen Kommunen, ihre Sozialhilfeempfänger durch verschiedene Vermittlungs-, Beschäftigungs- und Fortbildungsmaßnahmen in Arbeit zu bringen und damit aus dem Sozialhilfebezug ausscheiden zu lassen.

Im Rahmen der gesetzlichen Neuregelungen (SGB II) sind die Arbeitsförderungsaktivitäten und die Leistungsangelegenheiten mit denen der Arbeitsverwaltung zusammengelegt worden. Dies geschieht entweder unter der Verantwortung der Arbeitsagenturen oder der Kommunen oder – wie in den meisten Fällen – in einer Arbeitsgemeinschaft und damit in gemeinsamer Verantwortung von örtlichem Sozialamt und Arbeitsagentur. Ziel dieser Umstrukturierung war eine konsequente Bündelung der Kundengruppen nach erforderlichen Maßnahmen (Arbeitsförderungsaufgaben) statt nach den jeweiligen Leistungsgrundlagen und somit eine Verwandlung in so genannte Lebenslagenämter (Kap. 5.8.2). Bis dahin waren die Arbeitsverwaltungen für alle Arbeitslosen zuständig, die zuvor eine sozialversicherungspflichtige Beschäftigung ausgeübt hatten, die Sozialämter hingegen für alle anderen Erwerbslosen. Diese Zusammenführung, die 2005 geschehen ist, harrt gegenwärtig jedoch einer Lösung, da sie auf Grund der rechtlichen Problematik einer gemeinsamen Verwaltung von Bund und Kommune zu reformieren ist.

5.7.4 Gesundheitsamt

Gesundheitsamt

Das Gesundheitsamt hat zwei große Aufgabenbereiche: Zum einen die Aufgaben der Gesundheitsaufsicht, zum anderen die Aufgabe der Gesundheitsvorsorge und -prävention.

Diese Aufgaben werden im Rahmen von Beratungsstellen (z.B. Kinder- und Jugendpsychiatrische Beratung, Behindertenberatung, Beratungsstellen für Haut- und Geschlechtserkrankungen) und durch eigene Präventionsprogramme wahrgenommen. Teilweise werden auch die üblichen Vorsorgeuntersuchungen (z.B. schulärztliche Untersuchungen) stark für Präventionsarbeit genutzt.

Weiterhin ist der sozialpsychiatrische Dienst häufig im Gesundheitsamt angesiedelt.

5.7.5 Allgemeiner Sozialdienst

Allgemeiner Sozialdienst

Sozial- und Jugendämter sind meist nach gesetzlichen Aufgaben gegliedert. Dieser aus arbeitsorganisatorischer und rechtlicher Sicht sinnvollen Aufgabengliederung steht die sozialarbeiterische Forderung gegenüber, stärker auf den Menschen oder Sozialraum bezogen zu arbeiten.

Hier setzt die Arbeitsweise des Allgemeinen Sozialdienstes (in manchen Kommunen auch „Kommunaler Sozialdienst“ oder „Bezirkssozialarbeit“ bezeichnet) an: Er bündelt mehrere verschiedene Leistungen der übrigen Ämter und bietet sie Personen, Familien und Sozialräumen gewissermaßen „aus einer Hand“ an.

Angesiedelt ist der ASD üblicherweise im Jugendamt, manchmal existiert er auch als eigene Organisation neben Jugend- und Sozialamt.

Aufgaben des ASD

Die Organisation des ASD und die ihm zugeordneten Aufgaben sind Angelegenheit der Kommune. Aufgaben und Arbeitsweise können daher unterschiedlich geregelt sein. Typische Aufgaben des ASD sind z.B.

- Hilfen bei Erziehungsschwierigkeiten (Beratung, ständige Betreuung, Heimunterbringung etc.),
- Unterstützung und Beratung bei Partnerschafts- und Familienkonflikten,
- Unterstützung und Beratung in besonderen Lebenslagen (Wohnungslosigkeit, Verschuldung, Sucht etc.),
- Unterstützung und Beratung bei Straffälligkeit von Kindern und Jugendlichen,
- Stellungnahmen zu Hilfeanträgen nach dem SGB XII,
- „Außendienst", „Streetwork" und
- Hilfen für geistig und psychisch Auffällige, Abhängige und Behinderte.

Angebote „aus einer Hand"

Aus diesem – beispielhaften – Aufgabenkatalog zeigt sich auch der Arbeitsansatz des ASD: Der ASD kennt aus seinen Außendienstaufgaben den Sozialraum und kann so soziale Brennpunkte erkennen. Dieses Wissen kann leichter zu systematischen Hilfsangeboten und zur Einrichtung von Angeboten, z.B. für straffällige Jugendliche oder Wohnungslose, führen. Im Einzelfall kennt der ASD nicht nur den einzelnen Jugendlichen mit seinen Erziehungsschwierigkeiten, sondern ebenfalls die Eltern mit ihren Partnerschaftskonflikten oder Suchtproblematiken.

Regionalisierung statt fachlicher Spezialisierung

Mit dem sehr breiten Aufgabenkatalog des ASD und der bewusst gering gehaltenen Spezialisierung wirft der ASD ein bekanntes Organisationsproblem auf: Die klassische Arbeitswissenschaft ging stets davon aus, dass eine hohe Spezialisierung auf einzelne Aufgaben durch schnelle und qualitativ gute Aufgabenerledigung Vorteile bringt. Bei der Konzeption des ASD sollte aber gerade diese Spezialisierung aufgehoben werden, denn dadurch entstanden eben Schnittstellenprobleme, Doppelarbeiten und eine zu wenig ganzheitliche Betrachtung des Klienten. Eine Spezialisierung sollte – so das Konzept – eher auf bestimmte Personengruppen (z.B. Schuldner, Migranten), meist aber auf Regionen (z.B. Stadtteile) erfolgen. Um die Spezialisierung auf Aufgaben und auf Regionen bzw. Personen zu kombinieren, ist der ASD in der Regel in Regionalteams organisiert. Innerhalb der Teams findet meist eine Spezialisierung auf Aufgaben statt.

5.8 Reformlinien der öffentlichen Träger

Die Zeiten, in denen man die öffentliche Hand mit Etiketten wie Reformunfähigkeit, Starrheit oder veraltete Strukturen versehen konnte, sind inzwischen weitgehend vorbei. Zahlreiche Umstrukturierungen kennzeichnen auch das Feld der öffentlichen Träger: Zusammenlegung von Arbeitslosen- und Sozialhilfe, Fusionen von Trägern, Abbau von Mittelinstanzen usw. Ziel dieses Abschnitts ist es, die „großer Linien" dieser Umstrukturierungen und Reformtendenzen aufzuzeigen.

Drei große Reformlinien

Insgesamt lassen sich die Bemühungen im Sozialbereich auf drei große Tendenzen zurückführen:

1. Effizienzsteigerung durch neue Steuerungsmodelle,
2. Kundenorientierung und ganzheitliche Aufgabenerledigung und
3. Regionalisierung

Diese drei Linien sollen im Folgenden näher beleuchtet werden.

5.8.1 Effizienzsteigerung durch neue Steuerungsmodelle

Brüche zwischen Aufgaben- und Ressourcensteuerung

Die Steuerung der Verwaltung war klassischerweise geprägt durch Brüche zwischen Aufgaben- und Ressourcensteuerung.

In klassischen Verwaltungsmodellen lagen die inhaltlichen Aufgaben bei den Fachabteilungen (z.B. dem Jugendamt). Die Steuerung der Ressourcen erfolgte in Form der Zuteilung von Haushaltsmitteln und Planstellen, der Bereitstellung von Immobilien und Einrichtungsgegenständen durch die Verwaltungsabteilungen, Finanz- und Personalreferate oder die Stadtkämmereien. Insbesondere bei der Finanzsteuerung fanden sich hier Steuerungsprobleme, z.B. das Aufbrauchen der Mittel, bevor sie zum Jahresende verfielen (das so genannte „Dezemberfieber") oder die fehlende Übertragbarkeit von Haushaltsmitteln auf andere Positionen.

Geringe strategische Orientierung der politischen Gremien

Auch konnte man feststellen, dass politische Entscheidungsgremien auf der einen Seite sich nicht nur mit den grundsätzlichen Fragen, dem „Was" (z.B. Welche Angebote der Jugendhilfe wollen wir verstärken?) beschäftigten, sondern auch mit Einzelfragen, dem „Wie" (z.B. Wie ist Einrichtung x belegt; wie viele Brandschutztüren soll es im Jugendzentrum geben?). Auf der anderen Seite gab es außerhalb der Kerninteressen des jeweiligen Entscheidungsgremiums auch „blinde Flecken", in denen das Entscheidungsgremium überhaupt nicht steuerte.

Inputorientierung

Letztlich war die Ressourcensteuerung stark auf die „Inputs", also auf die zur Verfügung gestellten Haushaltsmittel oder Stellen, oder auf „Prozesse", also Verfahrensanweisungen und Standards, konzentriert. Die Frage, welche Ergebnisse, also „Outputs", durch die Inputs und Prozesse erzielt wurden, blieb häufig unbeleuchtet.

Das neue Steuerungsmodell

Als Antwort auf diese Problemlage wurde das neue Steuerungsmodell für die Verwaltung formuliert. Das „neue Steuerungsmodell" wurde als Konzept von der Kommunalen Gemeinschaftsstelle formuliert (Kommunale Gemeinschaftsstelle, 1993) und von den Kommunen in unterschiedlichen Abwandlungen oder auch gar nicht übernommen. Entwickelt wurde das neue Steuerungsmodell namentlich zunächst für die Jugendhilfe; es findet sich aber auch in anderen Verwaltungsbereichen wieder (Klie/Maier/Meysen 1999, 103 ff.).

Das neue Steuerungsmodell basiert im Kern auf vier Grundprinzipien:

(1) Outputorientierte Steuerung,

(2) Dezentrale Ressourcenverantwortung,

(3) Kontraktmanagement,

(4) Controlling.

Outputorientierung

Das Prinzip der outputorientierten Steuerung stellt darauf ab, nicht mehr in Stellen und Haushaltstiteln zu denken und zu planen, sondern in Leistungen der Verwaltungen. So wurde z.B. in der Vergangenheit das Jugendzentrum über die Höhe der Haushaltsmittel und die Zahl der Stellen geplant. Das neue Steuerungsmodell fordert dagegen die Definition von Produkten, z.B. die Zahl der Angebote oder der Öffnungsstunden. Diese Produkte werden dann geplant und hieraus der Bedarf an Haushaltsmitteln und Stellen abgeleitet.

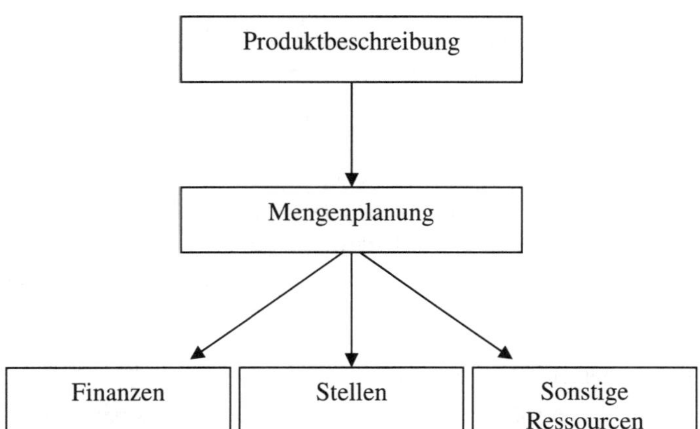

Abbildung 21: Produkte als Ausgangspunkt der Planung und Steuerung

Dezentrale Ressourcenverantwortung

Das Prinzip der dezentralen Ressourcenverantwortung sieht vor, dass die Finanzmittel und Stellen nicht mehr zentral, sondern von den jeweiligen ausführenden Fachabteilungen verwaltet werden. Diese ausführenden Abteilungen kennen ihren Bedarf und ihre Spielräume vor Ort am besten und können flexibler als eine Zentrale reagieren. Die Mittel würden dann möglichst als „Globalbudgets", also für verschiedene Ausgabenbereiche verwendbare Budgets, zugewiesen werden und die Entscheidungen über den sinnvollen Einsatz vor Ort fallen. So soll das Jugendzentrum selber darüber entscheiden können, ob man die Gartenpflege eventuell selbst übernimmt und das gesparte Geld für neue Computer verwendet.

Kontraktmanagement

Das dritte Element „Kontraktmanagement" betrifft das Verhältnis von Verwaltung und Entscheidungsgremien. Demnach sollen Verwaltung und politische Entscheidungsgremien in einen Aushandlungsprozess eintreten, wobei die Entscheidungsgremien gewissermaßen „Besteller" oder „Kunden" der Verwaltungsdienstleistungen sind (also nur die Produkte „kaufen") und die Verwaltung frei von politischer Einflussnahme die Leistungen erstellt.

Controllingsystem

Die bisherigen Informations- und Steuerungsdefizite des öffentlichen Haushalts sollen durch Informationen über Leistungen, Prozesse und Kosten ergänzt werden. Dies geschieht durch den Aufbau eines Controllingsystems.

Verwaltung als Unternehmen

Insgesamt versuchen das neue Steuerungsmodell bzw. die Reformansätze die Verwaltung als Dienstleistungsunternehmen zu verstehen und Leistungsorientierung sowie unternehmerische Flexibilität auch außerhalb eines marktlich organisierten Austausches zu ermöglichen. Gleichzeitig bezieht das neue Steuerungsmodell jedoch die politische Steuerungsmöglichkeit mit ein.

Das neue Steuerungsmodell, das inzwischen auch schon in die Jahre kommt, wurde in den Kommunen sehr unterschiedlich umgesetzt. Nahezu alle Kommunen stellen Überlegungen über neue Formen des Haushaltswesens an; ergänzt wird dies durch die Umstellung der öffentlichen Haushalte auf ein neues Kommunales Rechnungswesen. Viele Kommunen haben über eine Neuordnung des Leistungsspektrums im Sinne der Produktorientierung nachgedacht. Dem Autor sind jedoch keine Kommunen bekannt, die tatsächlich das Element „Kontraktmanagement" konsequent umgesetzt hätten.

Versuch einer Bewertung

Versucht man insofern eine vorsichtige Bewertung des neuen Steuerungsmodells, so kann man zwar eine verbesserte Information über Verwaltungsleistungen und eine bessere Bewertbarkeit der Verwaltungsarbeit feststellen. Ein nicht gelöstes Problem des neuen Steuerungsmodells bleibt jedoch die politische Steuerung der Verwaltung, die letztlich von der Fähigkeit der politischen Gremien lebt, gesellschaftliche Bedarfe festzulegen und Prioritäten zu setzen.

5.8.2 Konsequente Kundenorientierung

Konsequente Kundenorientierung

Eine weitere große Entwicklungslinie der Verwaltung kann man mit dem Oberbegriff der Kundenorientierung beschreiben: Organisationen werden auf den Kunden (bzw. den Bürger, Leistungsempfänger) hin ausgerichtet, nicht mehr auf die gesetzliche Grundlage und die Sozialleistung. Hierunter kann man bereits den Aufbau des Allgemeinen Sozialdienstes in den 70er Jahren subsumieren und die Zusammenlegung der Betreuung von Arbeitslosenhilfe- und Sozialhilfeempfängern in gemeinsamen Arbeitsgemeinschaften. Weniger in der politischen Diskussion sind analoge Umstrukturierungen innerhalb von Organisationen.

Die Umstrukturierung steht damit in der Diskussion um die optimale Organisationsstruktur, die in der Organisationslehre seit langem geführt wurde:

Abkehr von funktionaler Organisation

Die funktionale, an Prozessschritten orientierte Organisationsstruktur erreicht eine optimale Spezialisierungsmöglichkeit der einzelnen Abteilungen. Es entstehen daraus jedoch relativ starre Organisationen, die sich wenig kundenfreundlich (ein Kunde hat mehrere Anlaufstellen) und wenig mitarbeiterorientiert (Motivationsprobleme) zeigen. Die Prozesse waren von Schnittstellen- und Übergabeproblemen gezeichnet (Rückfragen bei Fehlern u.Ä.).

Ein Beispiel hierfür ist die klassische Organisation der Arbeitsverwaltung (bis 1999), bei der die organisatorische Gliederung auf oberer Ebene funktional angelegt war:

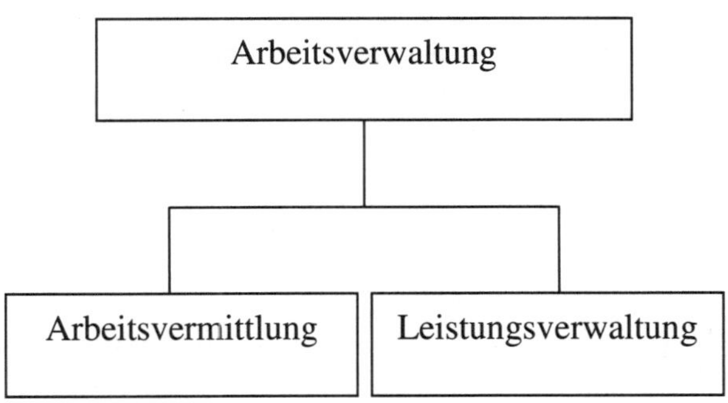

Abbildung 22: klassische Gliederung der Arbeitsverwaltung (Ausschnitt)

Daneben gab es noch die Abteilungen Berufsberatung und Verwaltung.

Jeder Arbeitslose musste zunächst die Arbeitsvermittlung ansteuern, wo er Vermittlungsvorschläge erhielt (oder eben nicht). Anschließend musste er einen weiteren Antrag bei der Leistungsabteilung stellen, wo er sein Arbeitslosengeld bzw. Arbeitslosenhilfe erhielt.

Abkehr von Geschäftsfeldorganisation

Die Geschäftsfeldorganisation erlaubt eine höhere Flexibilität und Anpassung an die Umwelt. Weiterhin sind eine klare Orientierung der Mitarbeiter und eine Abstimmung der Leistungen und Prozesse möglich. Schnittstellen werden minimiert, da jedes Geschäftsfeld quasi eigenständig ohne andere Abteilungen agiert. Es bleibt jedoch das Problem bestehen, dass der einzelne Kunde mehrere Ansprechpartner in der Organisation hat.

Eine Geschäftsfeldorganisation war z.B. die organisatorische Teilung zwischen Arbeitsverwaltung und Sozialamt im Hinblick auf die Arbeitslosenhilfeempfänger, die außerdem ergänzend Hilfe zum laufenden Lebensunterhalt bezogen. Beide Organisationen konzentrierten sich auf ihren gesetzlichen Auftrag und konnten sich hieran anpassen. Der Kunde hatte jedoch zwei Anlaufstellen.

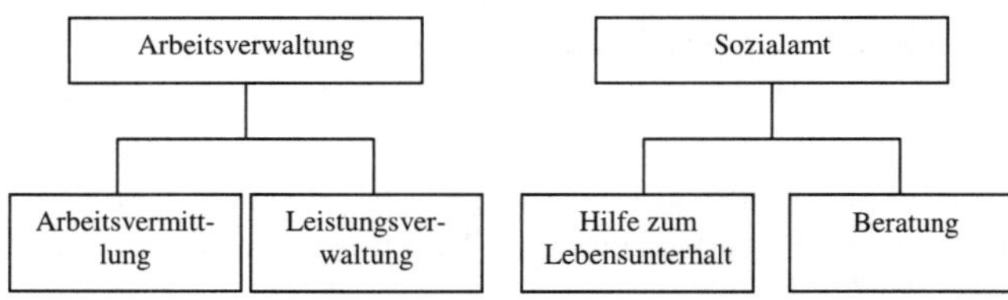

Abbildung 23: Geschäftsfeldgliederung zwischen Arbeitsverwaltung und Sozialamt

Alle Leistungen „aus einer Hand"

Bei einer kundenorientierten Organisation wird dagegen die Organisation auf den Kunden hin ausgerichtet und er erhält alle Leistungen „aus einer Hand" angeboten. Damit wird eine optimale Anpassung an den Kunden erreicht. Schnittstellenprobleme und Doppelarbeit beim Kunden werden möglichst eliminiert (z.B. keine doppelten Anträge, keine Informationsübergaben notwendig). Es werden jedoch die Spezialisierungsmöglichkeiten der einzelnen Organisationseinheiten verringert und jedes „Kundencenter" muss alle Leistungen anbieten können.

Kundenbezug in der (neuen) Arbeitsverwaltung

Zurück zum Beispiel Arbeitsverwaltung und Sozialamt: Durch die Zusammenlegung von Arbeitsverwaltung und Sozialamt hat der Kunde nun eine einzige Anlaufstelle. Die Gliederung innerhalb der neuen Arbeitsverwaltung folgt dann nach kundenbezogenen Kriterien, z.B. nach Berufsfeldern oder Kundengruppen. Zwischen den Organisationseinheiten wandert der Kunde nur dann, wenn sich sein Status ändert. Jede Organisationseinheit erbringt die vorher getrennten Leistungsbereiche.

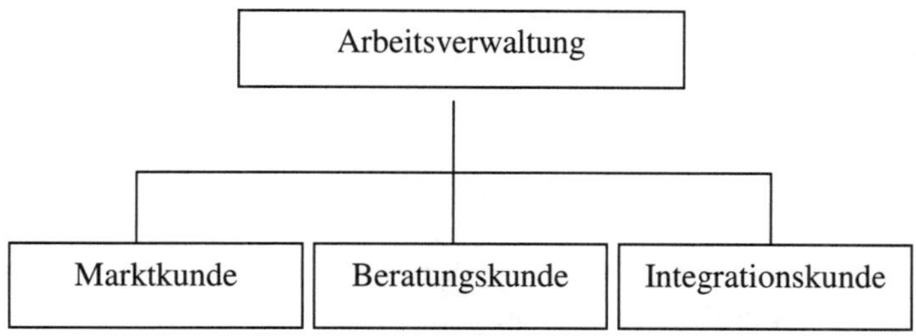

Abbildung 24: Kundenorientierte Organisation

„Amt für Lebenslagen?"

Diese Kundenorientierung bringt relativ radikale Reformeinschnitte, da hier gewachsene Verwaltungsstrukturen – noch dazu verschiedener föderaler Ebenen – berührt sein können. Hier steht die Verwaltungsreform erst am Anfang. Am Ende könnte im Extrem (nicht unbedingt im Idealfall) ein „Amt für Lebenslagen" stehen, in dem alle Sozialleistungen (vielleicht auch nur noch ein einheitliches Bürgergeld) für entsprechende Lebenslagen erbracht würden.

Grundsätzlich ist eine solche Reform zunächst zu begrüßen, da für den Bürger der Sozialstaat übersichtlicher wird, doppelte Verwaltungsstrukturen und Verschiebebahnhöfe zwischen einzelnen Verwaltungen vermieden werden. Grenzen wird eine solche Reformtendenz aus organisatorischer Sicht theoretisch wohl durch zwei Punkte finden:

Zum einen entstehen hierdurch größere Organisationseinheiten, die wiederum auf Grund ihrer Größe an sich Probleme mit sich bringen (geringere Steuerbarkeit, Komplexität, Inflexibilität). Zum anderen wird bei großen Organisationen die Möglichkeit der Selbstverwaltung oder Mitwirkung erschwert.[4]

5.8.3 Regionalisierung

Regionalisierung

Die Regionalisierung und regionale Vernetzung der sozialen Organisationen ist eine Reformperspektive der Träger der sozialen Arbeit. Man versucht mit einer dezentralen, am Sozialraum der Klienten orientierten Organisationsstruktur stärker an deren Lebenswelt und an gemeinsamen Merkmalen der Bezirken anzuknüpfen; dies wird als Arbeit im Sozialraum, Stadtteilarbeit oder Arbeit im öffentlichen Raum diskutiert. Gleichzeitig wird die Frage einer regionalen Organisation auch unter den Aspekten der Verwaltungsreform immer wieder diskutiert. Organisatorisch konkret gipfelt dies in den Tendenzen, soziale

4 Daneben hat das Urteil des Bundesverfassungsgerichtes zu den Arbeitsgemeinschaften auf die rechtliche Schwierigkeit einer Mischverwaltung hingewiesen.

Dienste und Verwaltungsdienstleistungen in regionalen Bürgerhäusern anzubieten.

Stadtteil-Ämter

Üblicherweise findet man in einer Kommune ein zentrales Sozialamt, ein Jugendamt und einen Allgemeinen Sozialdienst, der das gesamte Stadtgebiet abdeckt. Organisatorisch sind diese meist nach Funktionen oder Personengruppen (z.B. Buchstabengruppen) untergliedert, teilweise aber auch nach Regionen (Stadtteilteams im ASD). Manche Kommunen gliedern die Kommune in Stadtteile und bauen für jeden Stadtteil ein eigenes regionales Amt auf, welches möglichst viele Angebote aus verschiedenen Bereichen der Sozialen Arbeit vorhält, so z.B.

- Auszahlung der Hilfe zum Lebensunterhalt und Hilfe in besonderen Lebenslagen sowie Grundsicherung;
- Hilfen zur Arbeit und Ansiedlung von Job Centern;
- Hilfen für Flüchtlinge und Asylbewerber;
- Leistungen der wirtschaftlichen Jugendhilfe;
- Vormerkung für Sozialwohnungen;
- Fachstellen zur Vermeidung von Obdachlosigkeit;
- Angebote der Bezirkssozialarbeit;
- Beratungsangebote, Allgemeine Sozialberatung, Sorgerechts- und Erziehungsberatung, Trennungs- und Scheidungsberatung;
- Erziehungshilfen für Kinder und Jugendliche;
- Beratung und Unterstützung für ältere Menschen;
- Hilfe bei Behinderungen und
- Schuldnerberatung. [5]

Organisatorische Grundentscheidung

Mit dieser Dezentralisierung stößt die Sozialverwaltung an ein Kernproblem der organisatorischen Steuerung: Soll die Steuerung hauptsächlich über die dezentralen Sozialbürgerhäuser stattfinden oder weiterhin eine zentrale Steuerung nach Arbeitsbereichen („Produktgruppen") stattfinden?

Zentrale Steuerung?

Bei einer zentralen Steuerung auf Stadtebene wird die Einheitlichkeit der Leistungen in der Stadt gewährleistet und eine spezialisierte Steuerung auf Arbeitsbereichsebene ermöglicht. So können z.B. zentral Standards und Angebote für Hilfen zur Erziehung ausgearbeitet werden, die dann in den jeweiligen Sozialbürgerhäusern umgesetzt werden. Die dezentralen Einheiten sind damit aber nur „ausführende Stellen"; eine Anpassung der Arbeit und Leistungen an den jeweiligen Sozialraum ist kaum möglich.

---

5 Auszug aus dem Angebotskatalog der Sozialbürgerhäuser München, entnommen aus www.muenchen.de/rathaus/soz/sozialbuergerhaeuser/37950/index.html am 01.07.2004.

Dezentrale Steuerung?

Bei einer dezentralen Steuerung in den Sozialbürgerhäusern ist dagegen ein Maximum an Anpassung an den jeweiligen Sozialraum möglich. Durch die Auflösung der zentralen Steuerung besteht allerdings die Gefahr, dass innerhalb der Stadt unterschiedliche Leistungsangebote entstehen und die einheitlichen Lebensverhältnisse auch innerhalb der Stadt abgebaut werden. Gleichzeitig verliert die Stadt Größenvorteile; Konzepte, Formulare, Standards können nur zum Teil von Sozialregion zu Sozialregion übertragen werden.

Matrixorganisation

Der häufig gewählte Weg in Organisationen ist daher eine Kombination beider Steuerungsprinzipien, eine so genannte „Matrix-Organisation", bei der jeder Mitarbeiter zwei Vorgesetzte hat: Einerseits den Regionalleiter des Sozialbürgerhauses (dezentral), andererseits den Arbeitsbereichsvorgesetzten (zentral). Der einzelne Mitarbeiter – z.B. der Schuldnerberater im Sozialbürgerhaus – hat mithin sowohl die Vorgaben des Sozialbürgerhausleiters als auch die des Bereichsleiters Schuldnerberatung einzuhalten. Manchmal findet man auch die Kombination „fachliche" Steuerung auf einer organisatorischen Gliederungsdimension, „Haushalts- und Budgetsteuerung durch die andere organisatorische Gliederungsdimension". Eine solche Organisationsform ist tendenziell konfliktträchtig und instabil, da nicht konsistente oder sogar konträre Weisungen und Vorgaben auftreten können. Organisatorische Widersprüche werden damit auf die Mitarbeiter verlagert.

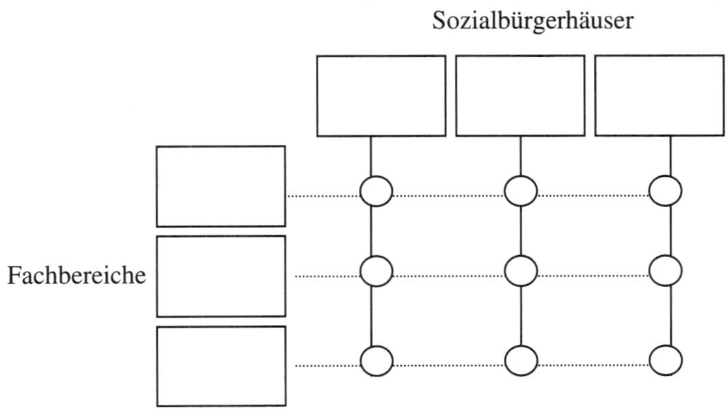

Abbildung 25: Grundschema der Matrixorganisation

Eine wohl längerfristige Perspektive könnten die Ansätze zur Sozialraumbudgetierung sein, bei der die Soziale Arbeit in bestimmten Sozialräumen vollständig an einzelne Träger vergeben werden (aus rechtlicher Perspektive dagegen Nellissen 2005). Die Träger können dann –

im Idealfall – die Angebote frei gestalten, sofern dadurch eben bestimmte soziale Ziele erreicht werden.

5.9 Managementaufgaben in der öffentlichen Verwaltung

Die öffentliche Verwaltung war lange Zeit vom Bürokratiemodell (Bogumil/Jann 2005; Steinmann/Schreyögg 2000, 47 ff.) geprägt, d.h. der Vorstellung eines ausführenden, regelgebundenen Aufgabenvollzugs. Fragen der Motivation, der Wirtschaftlichkeit und der Anpassungsfähigkeit der Verwaltungen waren nachrangig. Vorrangig ist im Bürokratiemodell die präzise, gleichmäßige und nachprüfbare Umsetzung von Gesetzen.

Managementverständnis in der öffentlichen Verwaltung

Erst in jüngerer Zeit begegnet man in der öffentlichen Verwaltung dem Managementbegriff – bis hin zu der Tatsache, dass teilweise das Lehrgebiet „Verwaltungslehre" durch „New Public Management" ersetzt wurde (Schedler/Proeller 2009). Auch die Ebene, auf der Management „geschieht", hat sich gewandelt. Während in der Vergangenheit Management im öffentlichen Bereich stark zersplittert war und auf der Basis von gegebenen Aufgabenkatalogen und Organisationsstrukturen erfolgte, hat erst in jüngerer Zeit der Unternehmensbegriff Einzug gehalten. Management wird nun breiter angelegt. Die Messung der Arbeit erfolgt zunehmend unter Ergebniskriterien („outputorientierte Steuerung"); die Handlungsspielräume vor Ort werden erweitert (z.B. „dezentrale Ressourcenverantwortung"). Insofern erhalten auch einzelne Organisationseinheiten zunehmend Freiheiten und ihre Leitung wird durch Management gefüllt.

Was kann nun Management in der öffentlichen Verwaltung bedeuten? Die Managementaufgaben können in vier große Aufgabenkategorien geteilt werden, die sich ungefähr an den Kategorien der Balanced Scorecard orientieren:

- Wirtschaftliche Führung,
- Angebote und Kunden,
- Mitarbeiter und Lernen sowie
- Prozesse und Organisation.

Wirtschaftliche Führung

Im Rahmen der wirtschaftlichen Führung steuert das Management in der Regel die Kostenseite. Es existieren Budgetobergrenzen und zunehmend werden auch die Kosten je Leistung ermittelt, die als Steuerungsgröße der jeweiligen Organisationseinheit herangezogen werden. Dies ist ein wesentliches Element des neuen kommunalen Rechnungswesens (z.B. Doppischer Kommunalhaushalt in NRW 2003). Der Kostenbegriff orientiert sich dabei zunehmend an dem tatsächlichen Werteverbrauch und damit an einem kaufmännischen Kostenbegriff – im Gegensatz zum klassischen öffentlichen Haushalt, der sich nur an den Zahlungsvorgängen orientierte und z.B. Abschreibungen auf Immobilien außer Betracht ließ. Allerdings sind dem Autor keine Fälle bekannt, in denen die wirtschaftliche Führung tatsächlich Gegenstand eines Anreiz- oder Sanktionssystems für die Budget- bzw. Kostenverantwortlichen gewesen wäre. Auch bleibt abzuwarten, ob die Kostenanalyse zu politischen Steuerungskonsequenzen führen wird.

Gestaltung der Angebote und Kundenorientierung

Auf der Angebots- und Kundenseite rückt zunehmend das ganzheitliche Angebot „aus einer Hand" in den Vordergrund (siehe auch vorhergehenden Abschnitt). Anträge und Formulare werden zunehmend vereinfacht und Zugangsbarrieren abgebaut. Zunehmend können Ämter über das Internet erreicht und Leistungen dort beantragt werden. Die Bewertung der Kundenzufriedenheit ist inzwischen gängige Praxis in vielen Verwaltungen. Im Sozialbereich setzt sich jedoch auch die Philosophie des „Förderns und Forderns" (Moderne Dienstleistungen am Arbeitsmarkt 2002, 12, 49 ff), in manchen Bereichen auch der Missbrauchsbekämpfung, durch. Damit ist ebenfalls ein Prozess des Umdenkens von einer reinen Leistungsverwaltung hin zu aktiveren Sozialverwaltung mit Kontrollen verbunden.

Personalentwicklung

Auf Seiten der Mitarbeiter ist die öffentliche Verwaltung üblicherweise durch ihr festes Gehaltsgefüge und ihr festes Laufbahnsystem gekennzeichnet („Kommt Zeit, kommt Rat, kommt Oberrat"). Reformansätze der öffentlichen Verwaltung zielen auf eine Aufweichung des Laufbahnsystems hin zu einer stärker leistungsorientierten Vergütung. Auch ist in Verwaltungen zum Teil ein Abrücken von den gängigen Ausbildungsgängen beobachtet worden hin zur Einstellung von Experten für das jeweilige Aufgabengebiet. Damit rückt die Frage der Personalentwicklung zunehmend in den Mittelpunkt des Managementinteresses.

Internet und Immobilien

Im Hinblick auf Prozesse und Organisation dürfte als die entscheidende Managementaufgabe derzeit und wohl noch für einige Jahre die Frage der Umsetzung von Verwaltungsaufgaben in internetgestützte Lösungen sein. Öffentliche Dienstleistungen sollen in möglichst breitem Umfang über das Internet angeboten werden. Die Vernetzung der Verwaltungen untereinander und im Sozialbereich insbesondere die Vernetzung von öffentlichen und freien Trägern ist eine der großen Herausforderungen.

Als zweite große Organisationsaufgabe steht wohl die Frage des Immobilienmanagements. Angesichts der knappen Kassen der öffentlichen Hand sind die Fragen der Baulast, der inzwischen meist renovierungsbedürftigen Immobilien, in den Vordergrund getreten. Hier sind insbesondere Ansätze zur Auslagerung der Immobilien und des Immobilienmanagements aus dem öffentlichen Bereich zu beobachten.

Arbeitsaufgaben

23. Besuchen Sie die Internetpräsenz des BMFSFJ und des BMG. Diskutieren Sie, wie die Ministerien ihre politische Funktion wahrnehmen!
24. Skizzieren Sie das Verhältnis von Bundesministerien und Selbstverwaltung der Sozialversicherung!
25. Wer ist in dem Bundesland, in dem Sie im Moment wohnen, überörtlicher Träger der Sozial- oder Jugendhilfe?
26. Warum ist es bei der Kommune wichtig zu wissen, ob der jeweilige Arbeitsbereich eine »Selbstverwaltungsaufgabe« ist?
27. Welche besondere Stellung hat der Jugendhilfeausschuss?
28. Diskutieren Sie: Sollte die Arbeitsvermittlung im Rahmen künftiger Reformen beim ASD angesiedelt werden?
29. Diskutieren Sie: Welche Probleme könnten bei der gleichzeitigen Umstellung auf neue Steuerungsmodelle und konsequenter Regionalisierung entstehen?

6 Wohlfahrtsverbände

6.1 Einführung

In diesem Abschnitt geht es nun um die zweite große Gruppe von Akteuren: die Wohlfahrtsverbände.

Lernziele

Dieser Abschnitt bietet Ihnen

- einen Überblick über die einzelnen Wohlfahrtsverbände, ihre Geschichte und Leitbilder;
- eine Darstellung der Bedeutung dieser Geschichte, Leitbilder und Selbstverständnisse;
- eine Erklärung des „doppelten Mandats";
- die wesentlichen rechtlichen Merkmale, die die Verbände auszeichnen, sowie
- eine Skizze von wesentlichen Managementaufgaben der Wohlfahrtsverbände.

Literatur

Boeßenecker, Karl-Heinz: Spitzenverbände der Freien Wohlfahrtspflege in der BRD. Eine Einführung in Organisationsstrukturen und Handlungsfelder der deutschen Wohlfahrtsverbände, Neuausgabe, Weinheim, 2005.

Merchel, Joachim: Trägerstrukturen in der sozialen Arbeit. Eine Einführung, 2. Aufl., Weinheim – München, 2008.

Schmid, Josef: Wohlfahrtsverbände in modernen Wohlfahrtsstaaten. Soziale Dienste in historisch-vergleichender Perspektive, Opladen, 1996.

„Als am 24. Juni des Jahres 1859 die Sonne auf dem Schlachtfeld von Solferino unterging, da tat der Sieger, der Herr des Feldes geblieben war, was die Sieger vor ihm immer getan hatten: er kümmerte sich schlecht und recht um seine Verwundeten und ließ die Verwundeten des geschlagenen Feindes liegen, ja er behielt sogar die Militärärzte des geschlagenen Feindes in seinem Gewahrsam und erlaubte ihnen nicht, ihre verwundeten Kameraden zu versorgen. Das hatten schon vorher viele Tausende Menschen gesehen. Sie hatten diesen Zustand beklagt, sich damit abgefunden, dass nun einmal so der Welt Lauf sei und es im Kriege offenbar immer so zugehen müsse, da es immer schon so zugegangen sei.

Ein Mann, der das auch gesehen hat, hat sich nicht damit abgefunden, dass es in der Welt immer so zugehen müsse, wie es in den Jahrhunderten vorher zugegangen war. Dies ist ein junger Genfer, ein junger Schweizer Bürger gewesen, Henri Dunant. Er hat zugegriffen und sich nicht damit begnügt einen Protest in die Welt hinauszuschreien. Er hat schon auf dem Schlachtfeld zugegriffen, hat Bauern zusammengerufen und mit ihnen die Verwundeten versorgt, die ohne diese Hilfe hätten sterben müssen, wie so viele andere vor ihnen sterben mussten, weil die Sieger glauben durften, der leidende Feind gehe sie nichts an." (C. Schmid, zit. nach Flierl 1992, 260)

6.2 Gründungsgeschichten und Traditionen der Wohlfahrtsverbände

6.2.1 Bedeutung der Gründungsgeschichten

Art der Gründungsgeschichte

Die sechs anerkannten Wohlfahrtsverbände haben sehr ähnliche Gründungsgeschichten. Dies ist ein Bericht über die Gründung des Roten Kreuzes. Die Berichte über die Gründungen der anderen Verbände oder der dazugehörenden Vereine, Stiftungen oder Einrichtungen zeigen gewisse Gemeinsamkeiten: Sie sind von einem gewissen Pathos getragen. Nicht eine nüchterne Nachricht wird vorgetragen; fundamental für die Gründungsgeschichten ist das hervorgehobene Engagement der Gründer und Initiatoren, ihre Ideen und Anliegen, das Vorhandensein von Widerständen, die später überwunden werden, die große Motivation in einer Gesellschaft von Gleichgültigen, der gelungene oder glückliche Ausgang der Gründung, das erfolgreiche Wirken für bestimmte, Not leidende Gruppen, das Anwachsen und die Ausbreitung der Organisation.

Verband als öffentliches Gut

Erzählungen mit ähnlichen Merkmalen lassen sich bei den Gründungsgeschichten von sozialen Einrichtungen, von Vereinen, aber auch von auf dem freien Markt tätigen Unternehmen oder Wirtschaftsverbänden, sogar bei politischen Parteien oder Bürgerinitiativen wieder finden.

Dies hat seinen Grund zum einen sicherlich auch in der Begeisterung für bestimmte Personen oder in der Imagepflege für die Verbände. Es lässt sich allerdings noch ein anderer Grund anführen. Denn sozialwissenschaftlich gesehen ist die Initiierung und Gründung von Organisationen nicht einfach. Viele Personen meinen, dass es durchaus notwendig wäre, etwas aufzubauen, sie unternehmen aber faktisch nichts, wie es im Eingangsbeispiel ausgedrückt ist:

„Das hatten schon vorher viele Tausende Menschen gesehen. Sie hatten diesen Zustand beklagt, sich damit abgefunden, dass nun einmal so der Welt Lauf sei ..."

Dieses auf den ersten Blick widersprüchliche Verhalten lässt sich darauf zurückführen, dass es sich bei der Gründung von Verbänden oder privaten Einrichtungen um ein öffentliches Gut handelt (Esser 2000, 237-336). Der Aufwand, sie zu installieren, ist groß und er wird von Einzelnen getragen. Für die Gründung investiert ein Einzelner bzw. eine kleine Gruppe viele Ideen, Zeit und Geld, während vom Resultat mehrere einen Nutzen haben können. Von der Versorgung der Verletzten profitieren beispielsweise nicht nur Henri Dunant, sondern alle, die auf dem Schlachtfeld liegen, und nicht nur französische Soldaten, sondern auch alle anderen.

Dieses Auseinanderfallen von persönlichem Aufwand und persönlichem Nutzen ist bei freien Organisationen der Sozialen Arbeit noch dadurch gesteigert, dass es ausdrücklich beabsichtigt ist, dass nicht die Gründer selbst, sondern ausschließlich Dritte, die zudem nicht unbedingt zahlungskräftig sind, den Nutzen davon haben.

Bei der Gründung trägt ein Einzelner einen großen Aufwand, investiert persönliche Zeit und riskiert persönliche Verluste. Ist der Aufwand allerdings erst einmal erbracht und die Gründung geglückt, können alle davon profitieren. Durch Arbeitsteilung kann man die Belastung für Einzelne verringern.

Privates Risiko

Die Entstehung von Einrichtungen, seien es Vereine, Verbände oder anderes, ist zudem schwierig und risikoreich (Stiftungen geschehen etwas leichter), da sie freiwillig und aus eigener Initiative geschehen. Zu Beginn muss eine Person oder eine kleine Gruppe mehr Arbeit übernehmen als andere, bei einer Sache, bei der es nicht nur um den persönlichen Gewinn oder die Verbesserung der eigenen Lage geht, sondern um die anderer. Danach kann sich die Arbeit im sukzessiven Verändern, im Ausbreiten oder Verringern erschöpfen.

Behörden oder Ämter hingegen werden als öffentliche Träger ohne dieses persönliche Risiko gegründet. Sie existieren, weil ein gesetzlicher Auftrag ihre Existenz vorschreibt und eine parlamentarische Vertretung dafür öffentliche Gelder bewilligt hat.

Anders bei privaten Vereinen oder Einrichtungen. Denn bei freiwilligen Zusammenschlüssen, für die sowohl das Geld als auch die personelle Kapazität, die Ideen und das Kämpfen gegen Widerstände aufgebracht werden müssen, ist ungewiss, ob die Idee tatsächlich trägt und ob jemand sich findet, der mehr Arbeit als andere dafür leistet.

Insofern ist die Entstehung der privaten Wohlfahrtsverbände durchaus ein Phänomen, das sich zu betrachten lohnt. Die Geschichte ist auch charakteristisch für ihr Selbstverständnis und ihre Handlungsformen. Im Folgenden sollen daher die Entstehungsgeschichten der Wohlfahrtsverbände skizziert werden

6.2.2 Die Gründungsgeschichten und Traditionen der Verbände

6.2.2.1 Deutsches Rotes Kreuz

Deutsches Rotes Kreuz

Das Deutsche Rote Kreuz, dessen Gründungsgeschichte zu Anfang geschildert wurde, gehört zu dem internationalen Zusammenschluss von Rot-Kreuz-Verbänden. Hervorgegangen ist es aus einer Gründung des Schweizers Henri Dunant, 1853, der zusammen mit anderen Schweizern eine Einrichtung gründete, um die Leiden von Kriegen zu lindern. Deshalb zählen Lazarette mit Sanitätsdiensten in kriegerischen Konflikten, die Betreuung von Kriegsgefangenenlagern, die Hilfe beim Austausch von Kriegsgefangenen und die Betreuung von Flüchtlingen zu den Kernaufgaben des Roten Kreuzes.

Mit diesen Aktivitäten zählt das Rote Kreuz, das international von Genf aus koordiniert wird, sogar zu den wichtigsten Instrumenten des humanitären Völkerrechts. In 150 Ländern bestehen Rot-Kreuz-Gesellschaften. Da diese Anliegen unabhängig von religiösen Einbindungen verfolgt werden, gibt es Parallelorganisationen wie beispielsweise den Roten Halbmond im islamischen Bereich. Bis heute wird das Internationale Komitee des Roten Kreuzes von Schweizer Bürgern gebildet und hat in allen kriegerischen Konflikten ein humanitäres Initiativrecht. Kein Staat darf die Interventionen des Roten Kreuzes ablehnen. Als Wohlfahrtsverband in Deutschland ist es zudem stark im Bereich der Krankenpflege tätig.

6.2.2.2 Diakonisches Werk

Diakonisches Werk

Nur ein Verband ist eher als das Rote Kreuz gegründet worden: das Diakonische Werk, welches im Jahr 1849 unter dem Namen „Innere Mission für das evangelische Deutschland“ entstand. Dieser auch heute noch der evangelischen Kirche zugeordnete Verband ist aus den Zusammenschlüssen von Einrichtungen und Initiativen entstanden, die aus einem religiös motivierten Engagement von Personen und Gruppen hervorgingen. Die Einrichtungen waren kirchlicherseits Laienverbände und staatlicherseits Privatinitiativen. Von daher berührten sie weder das kirchlich-liturgische Anliegen noch störten sie als private Einrichtungen den Staat und konnten unabhängig von beiden agieren. Diese

Lücke wurde allerdings geschlossen, als sich der Staat zu seiner sozialen Verantwortung, die Kirchen sich zu ihren sozialen Aufgaben bekannten und die Gruppen sozialpolitische Forderungen stellten.

6.2.2.3 Deutscher Caritasverband

Die gleiche religiöse Motivation und kirchliche Situation lag beim Deutschen Caritasverband vor, der als Verband der katholischen Einrichtungen im Jahr 1897 gegründet worden ist. Die vergleichsweise spätere Gründung liegt nicht daran, dass die Hilfen der Katholiken vor Ort später kamen, darin standen die katholischen Christen den evangelischen nicht nach. Vielmehr stand man bis dahin dem organisatorischen Zusammenschluss auf derartig überregionaler und überdiözesaner Ebene skeptisch gegenüber. Auch hatten sich Einrichtungen, die mit ähnlichen Zielgruppen arbeiteten, vielfach schon zu Fachverbänden zusammengeschlossen. Letztlich bot dieser Zusammenschluss aber Vorteile.

Deutscher Caritasverband

6.2.2.4 Zentrale Wohlfahrtsstelle der Juden

Aus denselben Gründen ist die Zentrale Wohlfahrtsstelle der Juden 1917 gegründet worden, auch hier handelt es sich um einen religiös motivierten und den religiösen Gemeinden zugeordneten Verband.

Zentrale Wohlfahrtsstelle der Juden

6.2.2.5 Arbeiterwohlfahrt

Die Gründung der Arbeiterwohlfahrt ist eng mit der Geschichte der SPD verbunden. Von der reinen sozialistischen Lehre her war allerdings ein ausdrückliches Engagement für die Arbeiter, das nicht die Notwendigkeit einer Revolution erhöhte, nicht erforderlich und eher kontraproduktiv, da es die eigentlichen Verhältnisse verschleierte. Die Arbeiter sollten untereinander Solidarität üben und eine Revolution oder Umgestaltung der wirtschaftlichen Verhältnisse anstreben. Entgegen dieser offiziellen Meinung, für die Marie Juchacz, die spätere Gründerin der AWO, in die Partei eingetreten war, besuchte sie mit einigen Gleichgesinnten die Frauen und Familien der Arbeiter. Erst als SPD-Mitglieder ab 1905 in den Kommunalwahlen zu Ratsherren aufstiegen und dadurch als Honoratioren stärker in die Sozialfürsorge eingebunden waren, erfuhr ihr Anliegen einen Aufschwung. Denn durch den ersten Weltkrieg erlebten alle das Elend der Hinterbliebenen. Zudem gab es theoretische Positionen, die auf die kontinuierliche Änderung des Systems statt auf die alles verändernde Revolution setzten. Dadurch kam es 1919 zur Gründung der Arbeiterwohlfahrt in Form eines Wohlfahrtsverbandes, der sich speziell um die Anliegen der Arbeiter kümmern und die Arbeit im Sinn der größeren umfassenderen Ideen des demokratischen Sozialismus betreiben sollte.

Arbeiterwohlfahrt

6.2.2.6 Deutscher Paritätischer Wohlfahrtsverband

Deutscher Paritätischer Wohlfahrtsverband

Beim Deutschen Paritätischen Wohlfahrtsverband handelt es sich um den jüngsten Spitzenverband der Wohlfahrtspflege. Der Anlass für seine Gründung findet sich im Jahr 1919, als sich einige freie Krankenhäuser zusammenschlossen, um staatliche und kommunale Übergriffe in der Zeit der sich neu gründenden Weimarer Republik abzuwehren. Dieses Anliegen stieß auf Resonanz bei anderen Einrichtungen und 1924 kam es zur offiziellen Gründung des Verbandes, der in jüngster Zeit auch zunehmend den Namen „der Paritätische" benutzt.

Die jeweilige Gründungsgeschichte unterscheidet die Verbände untereinander. In ihnen findet sich ihr Anteil am Sozialstaat wieder, den sie als gesellschaftliche Gruppen „von unten" eingebracht haben und in dem sie auch „von unten" als ein Zusammenschluss von Einrichtungen, Vereinen oder Stiftungen entstanden sind. Beides wirkt sich bis heute in ihren Leitbildern und in der jeweiligen Unternehmenskultur aus.

Zwischen den Verbänden existieren Ähnlichkeiten und Strukturgleichheiten, die im Folgenden allgemein dargestellt werden.

6.3 Größe und Aufbau der Verbände

6.3.1 Größe der Verbände

Größe der Verbände

Die Größe der Verbände, die in der Öffentlichkeit wenig bekannt ist, wird häufig anhand der Zahl der Einrichtungen und der Mitarbeiter dargestellt.

Schaubild: Anzahl der Einrichtungen der freien Wohlfahrtspflege in der Bundesrepublik, eigene Darstellung nach BAGFW 2006. Stand 1.1.2004.

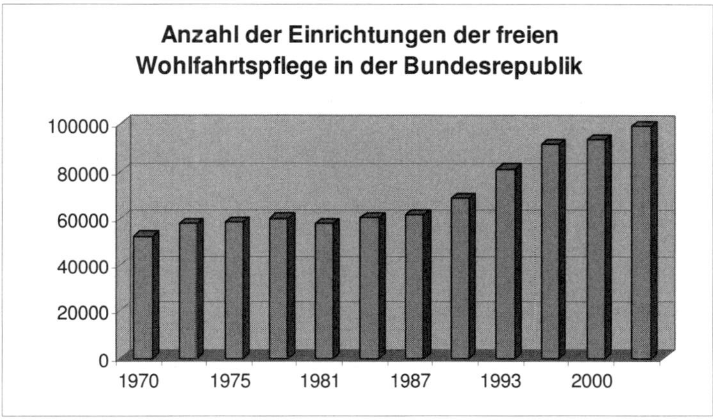

Abbildung 26: Zahl der Einrichtungen der Wohlfahrtspflege

Schaubild: Anzahl der Mitarbeiter der freien Wohlfahrtspflege in der Bundesrepublik, eigene Darstellung nach BAGFW 2006, Stand: 1.1.2004.

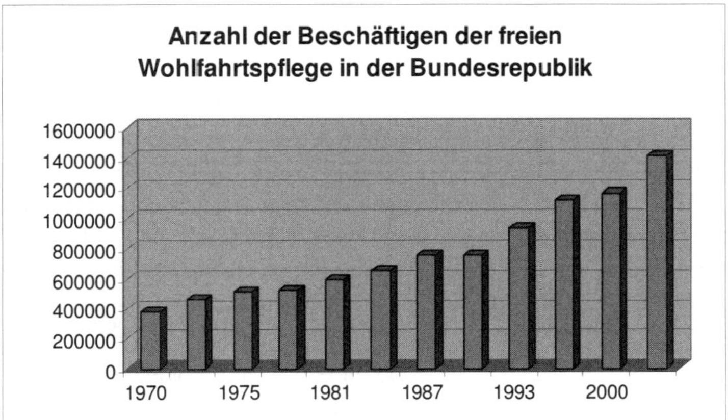

Abbildung 27: Beschäftigte in den Einrichtungen der Wohlfahrtsverbänden

Aus diesen Daten ergibt sich, dass alle Verbände zusammengenommen einen durchaus beeindruckenden Anteil an der Beschäftigung der Bundesrepublik (ca. drei Prozent der Beschäftigten) und an der Zahl von Betrieben stellen. Weiterhin lässt sich seit den 70er Jahren ein moderates, kontinuierliches Wachstum der Zahl der Beschäftigten und der Einrichtungen erkennen, in dem bestimmte Wachstumszeiten herausgehoben sind. So ist ein deutlicher Sprung zwischen 1990 und 1993 festzustellen, der auf die Wiedervereinigung und die Ausweitung der Verbände auf Ostdeutschland zurückzuführen ist.

Größe der einzelnen Verbände

Schlüsselt man diese Gesamtzahlen nach den einzelnen Verbänden auf, so zeigt sich, dass die Verbände unterschiedlich groß sind.

Verband	Stand jeweils	Mitarbeiter	Einrichtungen
AWO	1.1.2000	140.000	10.000
DCV	1.1.2000	476.000	26.000
DW	1.1.2000	über 400.000	26.000
Paritätischer	1.1.2000		9.000
DRK	1.1.2000	75.000	

Tabelle: Anzahl der Mitarbeiter und Einrichtungen der einzelnen Spitzenverbände, eigene Darstellung nach den Zahlen der BAGFW, 2001, 54-55, Stand 1.1.2000.[6]

Auch wenn man berücksichtigt, dass für die einzelnen Verbänden abweichende Zahlen existieren, die auch ihre Mitarbeiterstatistiken mit geringen Unterschieden führen, so kann man doch erkennen, dass die konfessionellen Verbände mit Abstand die größten Wohlfahrtsverbände darstellen: Sie beschäftigen die meisten Mitarbeiterinnen und umfassen die meisten Einrichtungen. Darauf folgen das Deutsche Rote Kreuz und die Arbeiterwohlfahrt. Die Zentrale Wohlfahrtsstelle der Juden stellt bei weitem den kleinsten Verband dar. Er ist hier nicht gesondert ausgewiesen, da er sich dem DPWV angeschlossen hat.

Der Paritätische Wohlfahrtsverband verzeichnete in den 70er Jahren unter den Verbänden das stärkste Wachstum, da sich ihm Selbsthilfegruppen anschlossen; in den 90er Jahren wuchs jedoch der jüdische Wohlfahrtsverband auf Grund der Zuwanderung russischer Juden sehr stark an.

Bedeutung der Größe

Die Anzahl der Beschäftigten rückt die einzelnen Verbände in die Nähe von Großunternehmen, die konfessionellen Verbände sogar in die Nähe von Siemens oder Bayer. Allerdings unterscheiden sich die Verbände von ihnen eklatant darin, dass die Beschäftigten nicht „beim Verband" angestellt sind; dies gilt nur für einen kleineren Teil, die z.B. in der Verwaltung der Geschäftsstellen arbeiten. Die meisten Mitarbeiter sind

6 Auf Grund von neu geführten Statistiken lassen sich hierzu gegenwärtig keine aktuelleren Vergleichszahlen finden.

in den Einrichtungen beschäftigt, die den Verbänden angeschlossen sind. Ihre Arbeitgeber sind somit die rechtlich selbständigen Einrichtungen, denen gegenüber der Verband keine Eingriffsrechte hat.

Der Sonderfall der verbandseigenen Einrichtungen

Dies ist bei verbandseigenen Einrichtungen anders, die bei den größeren Verbänden öfter anzutreffen sind. Faktisch springen die Verbände als Träger einer Einrichtung ein, wenn der bisherige Verein, der dem Verband angeschlossen war, die Einrichtung nicht mehr unterhalten kann und der Verband diese Einrichtung erhalten möchte. Diese Einrichtungen werden vom Verband selbst als Einrichtungsträger betrieben. Die Vorgesetzten der Mitarbeiter sind keine Vereinsvorstände, sondern vom Verband Beauftragte.

6.3.2 Der Aufbau der Verbände

Aufbau mit Landesverbänden

Die Verbände zeichnen sich weiterhin dadurch aus, dass sie analog zu den föderalistischen Entscheidungs- und Verwaltungsebenen aufgebaut sind: Es gibt die bekannten Spitzenverbände, daneben existieren Landesverbände (lediglich der Caritasverband und das Diakonische Werk sind hier entsprechend der kirchlichen Bezirke in Diözesanverbände bzw. Landeskirchenverbände gegliedert) sowie Kreis- oder Bezirksverbände und Ortsvereine. Diese Verbände sind nach ihrem jeweiligen politischen Ansprechpartner organisiert und unterteilt: Die Kreis- und Ortsverbände sind Ansprechpartner auf kommunaler Ebene, die Landesverbände arbeiten gegenüber der Landesregierung, dem Landesjugendamt oder der Landesheimaufsicht und beschäftigen sich beispielsweise mit Landesverordnungen; die Bundesverbände agieren bundesweit und beschäftigen sich mit Bundesgesetzen.

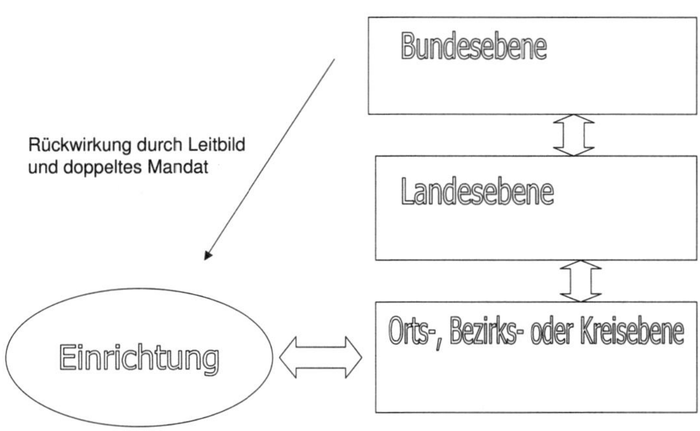

Abbildung 28: Einrichtung und Verbandsebenen

Europäische Ebene

Auf der europäischen Ebene arbeiten die Verbände ähnlich wie im nationalen Bereich. So findet man vor Ort in Brüssel Vertretungen von einzelnen nationalen Wohlfahrtsverbänden, vor allem aber von deren nationalen Zusammenschlüsse. Sie sollen gegenüber der Kommission die Anliegen der angeschlossenen Verbände bei der Vorbereitung von Richtlinien und Gesetzen deutlich machen und die europäische Ebene mit ihren Anforderungen und Entwicklungen für die Mitglieder transparent machen. Dabei stoßen die Verbände auf ein ausdrückliches Entgegenkommen und Interesse der Europäischen Union, über solche Wege Interessen und Anliegen aus den Mitgliedsstaaten zu erfahren. Sie berücksichtigt deshalb vor allem transnational auftretende Verbände, die als Non-Governmental-Organizations eine zivilgesellschaftliche Stellung einnehmen und bestimmte Anliegen vertreten. Als ein solch anerkannter Ansprechpartner der EU gilt z.B. die Platform of European Social NGO´s (www.socialplatform.org), in der sich mehrere nationale Dachorganisationen zusammengeschlossen haben.

Fachverbände

Neben dieser an die politischen Zuständigkeiten angelehnten Unterteilung sind die Spitzenverbände noch mit so genannten Fachverbänden, korporativen oder überregionalen Mitgliedern untergliedert, die wiederum ähnlich mit Landes- und Bundesebenen unterteilt sind. Die meisten Fachverbände weist das Diakonische Werk (90) auf, ebenfalls viele haben der DPWV und der Caritasverband. Der Arbeiterwohlfahrt und dem Roten Kreuz sind weniger angeschlossen. Einige der Fachverbände sind sehr bekannt:

Tabelle: Beispiele für Fachverbände

Paritätischer	DCV	Diakonie
terre des hommes Deutschland Verband allein erziehender Mütter und Väter Arbeiter-Samariter-Bund Bundesverband Stotterer-Selbsthilfe Arbeitslosenverband	Raphaelswerk Dienst am Menschen unterwegs Malteserhilfsdienst Katholischer Krankenhausverband Behindertenhilfe und Psychiatrie	Ev. Bahnhofsmission Dt. Seemannsmission Johanniterorden Ev. Konferenz für Telefonseelsorge und offene Tür Johanniterunfallhilfe CVJM Gesamtverband

Die Fachverbände resultieren genauso wie die bekannten Spitzenverbände aus einem Zusammenschluss von Vereinen und Einrichtungen, die sich durch eine gemeinsame Gründungsidee auszeichnen. Ihr Zusammenschluss orientiert sich jedoch an gemeinsamen Arbeitsfeldern und Zielgruppen der Arbeit der Einrichtungen. Es findet ein stärker fachlich fokussierter Austausch statt.

Durch die Untergliederungen in Fach- und Landesverbände ergibt sich folgendes Bild für die Struktur der Verbände:

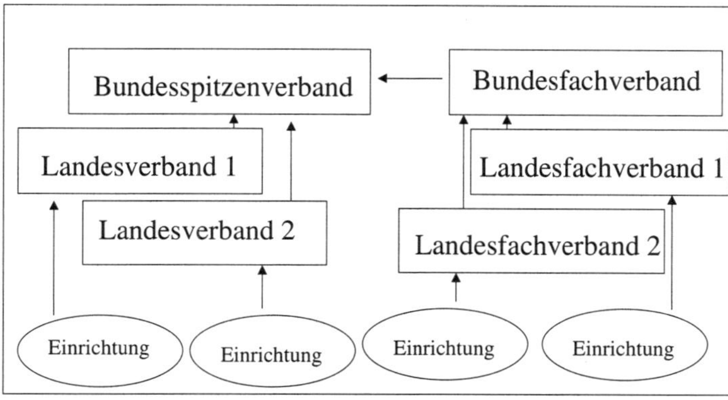

Abbildung 29: Ebenen der Verbände

Die Einrichtungen können entweder Mitglied in den Regional- oder Kreisverbänden des Dachverbandes oder des Fachverbandes sein, über diese gehören sie zu einem Landesverband, der wiederum für die Vertretung innerhalb des Bundesverbandes verantwortlich ist. Die Einrichtungen werden somit entweder über die Fachverbände oder über die regionale Gliederung der Dachverbände im Spitzenverband vertreten.

Aus dieser Strukturierung und den unterschiedlichen Ausrichtungen der Fachverbände und der Spitzenverbände ergibt sich eine Verflechtung zwischen den Fach- und den Dachverbänden, die man durchaus auf Regional-, Landes- und Bundesebenen finden kann. Sie ermöglicht Synergieeffekte, schafft aber auch Abstimmungsprobleme.

Fachverbände - Spitzenverbände

Die Spitzenverbände vertreten zwar alle Einrichtungen. Die einzelnen Einrichtungen sind jedoch häufig nur als Angehörige eines Fachverbandes vertreten.

Die inhaltlichen Anliegen von Zielgruppen können ebenfalls sehr gut von Fachverbänden vertreten werden, denn sie sind die Spezialisten auf dem Gebiet der Wohnungslosenhilfe, der Jugendhilfe, der Mädchenpädagogik der Krankenhauspflege oder der Suchtkranken usw.

Die Spitzenverbände erreichen allerdings öfter eine wirkungsvollere Öffentlichkeitsarbeit; in diesem Bereich sind die Fachverbände zurückhaltender oder bringen ihr Anliegen mit Hilfe des Spitzenverbandes in die Öffentlichkeit.

Wie die Aufgabenteilung zwischen Fach- und Spitzenverbänden geschieht und in welcher Weise die gemeinsame Arbeit läuft, ist eine elementare Frage der Organisation. Sie wird beeinflusst von den Zielen, die verfolgt werden, den Stellen, die bestimmte Aufgaben verfolgen, und den Mitteln, die man zur Verfügung hat.

Aus der Strukturierung und den unterschiedlichen Ausrichtungen der Fachverbände und der Spitzenverbände ergibt sich eine Verflechtung zwischen den Fach- und den Dachverbänden, die man auch auf Regional-, Landes- und Bundesebenen finden kann. Sie ermöglicht die Synergieeffekte und schafft aber auch Abstimmungsprobleme.

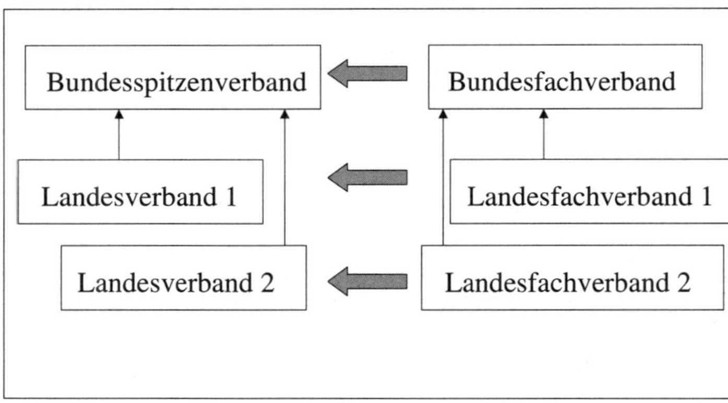

Abbildung 30: Verflechtung der Verbände

Zudem muss man bei den konfessionellen Verbänden die große Zahl von Fachverbänden berücksichtigen.

Die Fachverbände sind wiederum den Bundesverbänden angeschlossen, die eine Dachorganisation bilden. Nur die Bundesverbände sind als Spitzenverbände der freien Wohlfahrtspflege anerkannt.

6.4 Selbstverständnisse und Leitbilder

Leitbilder

Die Verbände zeichnen sich nicht nur durch ihren Aufbau aus. Wesentlich für sie sind ihre Selbstverständnisse und ihre Leitbilder. Diese sind ein Maßstab für die weitere Entwicklung der Verbände und der ihnen angeschlossenen Einrichtungen. Damit versucht man, unabhängig von den Aufgaben, die einem von außen zugeschrieben werden, eigene Ziele festzulegen und sich selbst Aufgaben zu setzen. Alle Verbände haben in den 90er Jahren neue Leitbilder erarbeitet. In ihnen finden sich, bei aller Orientierung auf die Zukunft hin, die Gründungsgeschichten wieder.

Beispiel

„Der PARITÄTISCHE ist ein Wohlfahrtsverband von eigenständigen Organisationen, Einrichtungen und Gruppierungen der Wohlfahrtspflege, die soziale Arbeit für andere oder als Selbsthilfe leisten. Getragen von der Idee der Parität, das heißt der Gleichheit aller in ihrem Ansehen und ihren Möglichkeiten, getragen von Prinzipien der Toleranz, Offenheit und Vielfalt, will der PARITÄTISCHE Mittler sein zwischen Generationen und zwischen Weltanschauungen, zwischen Ansätzen und Methoden sozialer Arbeit, auch zwischen seinen Mitgliedsorganisationen. ...“ “(Grundsätze der Verbandspolitik verabschiedet von der Mitgliederversammlung des Gesamtverbandes am 27. Oktober 1989, www.paritaet.org.)

Diesem Leitbild hört man die Entstehungsgeschichte und bis heute verpflichtende Tradition des DPWV an: „Eigenständige Organisationen“ erinnern an die Krankenhäuser, die sich gegen Übergriffe zusammengeschlossen hatten, „Selbsthilfe“ verweist auf den großen Anteil an Selbsthilfegruppen und das bewusst wenig direktive Vorgehen des Verbandes gegenüber Einrichtungen, „Toleranz“ und „Mittler sein zwischen ... Weltanschauungen“ greifen die konfessionelle und parteipolitischen Unabhängigkeit auf.

In einem folgenden Abschnitt werden dann die Ziele für die Arbeit allgemein formuliert:

„Der PARITÄTISCHE ist der Idee sozialer Gerechtigkeit verpflichtet, verstanden als der Recht eines jeden Menschen auf gleiche Chancen zur Verwirklichung seines Lebens in Würde und der Entfaltung seiner Persönlichkeit. Der PARITÄTISCHE fördert das soziale Engagement für den anderen und den Einsatz für die eigenen sozialen Belange. Er hilft den Betroffenen, ihre Interessen zu formulieren, vorzutragen und durchzusetzen. Der PARITÄTISCHE vertritt mit seinen Mitgliedsorganisationen insbesondere die Belange der sozial Benachteiligten und der von Ungleichheit und Ausgrenzung Betroffenen oder Bedrohten. Der PARITÄTISCHE wirkt auf eine Sozial- und Gesellschaftspolitik hin, die die Ursachen von Benachteiligung beseitigen, ein selbstbestimmendes Leben ermöglichen und sachgerechte Rahmenbedingungen für eine zeitgemäße soziale Arbeit schaffen“ (Grundsätze der Verbandspolitik verabschiedet von der Mitgliederversammlung des Gesamtverbandes am

27. Oktober 1989, www.paritaet.org.)

Das Leitbild des Caritasverbandes beginnt wie folgt:

„1. Ziele

Den Menschen in seiner Würde schützen

Jeder Mensch ist einmalig als Person und besitzt eine ihm von Gott gegebene unverfügbare Würde.

Daraus ergibt sich die Verpflichtung, menschliches Leben von Anfang bis Ende, von der Empfängnis bis zum Tod, zu achten, zu schützen und, wo Not ist, helfend zu begleiten.

Vornehmstes und ureigenstes Ziel aller Caritasarbeit ist es, Menschen, insbesondere benachteiligte und schwache, vor Ausnutzung, vor Ausgrenzung und zugleich vor Vereinnahmung zu schützen und ihre Selbsthilfekräfte anzuregen.

Solidarisch miteinander leben in einer pluralen Welt

Menschsein verwirklicht sich in vielfältigen zwischenmenschlichen Beziehungen in der Familie, im Beruf, in der Nachbarschaft, in der politischen Gemeinschaft, im Zusammenleben unterschiedlicher Meinungs- und Interessengruppen, Kulturen und Religionen.

Der Deutsche Caritasverband bejaht diese Vielfalt. Er erstrebt mit allen Menschen guten Willens ein solidarisches Miteinander, in dem Vorurteile keinen Platz haben und Minderheiten geschützt werden, in dem alle am Gemeinwohl teilhaben und ihren Beitrag dazu leisten.“

Auch aus diesem Leitbild hört man die Geschichte und den Grund des Zusammenschlusses heraus: Der religiöse und christliche Bezug ist durch die frühe Nennung von „Gott“ hergestellt. Die Stellung der christlichen Kirchen zum Umgang mit dem ungeborenen Leben und zum Schwangerschaftsabbruch wirkt sich bei der Formulierung: „menschliches Leben von Anfang bis Ende, von der Empfängnis bis zum Tod“ aus.

Im zweiten Abschnitt finden sich dann bei beiden Leitbildern das Ziel des sozialen, verträglichen und besseren Zusammenlebens und die Offenheit für die Vielfalt bzw. die Toleranz.

Die genannten Verbandsleitlinien sind schriftliche Leitbilder, die zwei Dinge nicht wiedergeben können. Zum einen erfassen sie nicht die gelebte Unternehmenskultur, die es in jeder Einrichtung und in jedem Verband gibt und die ebenfalls die Entscheidungen und das Bild des Verbandes prägt. Zum anderen sind es Leitbilder von Dachverbänden, die für viele Gruppierungen gelten sollen, und von daher bei den Aussagen auf einer allgemeine Ebene bleiben; Leitbilder von konkreten Einrichtungen können konkreter und präziser sein.

Leitbilder dienen allgemein der Legitimation nach innen und nach außen: Mit ihnen vermittelt man die Ziele des Verbandes an eine neue Generation nach außen und wählt dafür auch eine neue Sprache. Nach innen leisten die Leitbilder eine Selbstvergewisserung. Sie setzen Ziele für die Arbeit der Organisation und sind Leitlinien für überzeugte und motivierte Mitarbeiterinnen.

Bedeutung des Selbstverständnisses

Die Leitbilder haben bei den Wohlfahrtsverbänden ein besonderes Gewicht, da sie aus einer ideellen Motivation heraus gegründet wurden, die sich hierin besser wiedergeben lässt als in rechtlichen Formen.

Die Bedeutung des Selbstverständnisses der Verbände tritt noch klarer hervor, wenn man es mit dem Sozialstaat und seinen rechtlichen Regelungen vergleicht. Diese sind vorgegeben und für alle, die sich in Feldern der sozialen Arbeit bewegen, gleichermaßen verbindlich. Sie sind Ausdruck der staatlichen Ziele und der Regierungsentscheidungen.

Wollten die freien Träger sie lediglich durchführen, würden sie ein Teil der staatlichen Verwaltung – und man würde dies freiwillig und ohne staatliche Vollfinanzierung tun.

Insofern ist ein Leitbild für die Verbände und die freien Einrichtungen unverzichtbar. Welche eigenen Ziele man mit der Arbeit verbindet, inwieweit man sich über staatliche Mindestvorgaben hinaus engagiert oder welche Arbeitsbereiche man wegen der staatlichen Vorgaben nicht bearbeitet, sind zentrale Fragen für freie Träger. Sie können zufällig, pragmatisch oder auf der Grundlage eines bewussten Maßstabes, eines Leitbildes, entschieden werden.

Diese Konsequenz für die Verbände nach innen und vor allem die ihnen angeschlossenen Einrichtungen wird ergänzt um eine weitere Wirkung nach außen: Mit dem Verweis auf die Geschichte, auf die Leistungen des Verbandes und die aktuell verfolgten Ziele und Motivationen, wie sie im Leitbild festgehalten sind, legitimiert man sich auch nach außen, vor allem in der Öffentlichkeit, gegenüber den öffentlichen Trägern und der Politik. Die öffentlichen Träger sollen z.B. die freien Einrichtungen in ihrer Eigenständigkeit achten und ihre freien, durchaus auch weltanschaulich geprägten Angebote in einem pluralistischen Staat anerkennen. Gegenüber einem politischen Rahmen, der andere Kräfte neben sich existieren und an seiner Arbeit beteiligen will, wie es im deutschen Sozialstaat (und auch unter europäischen Bedingungen) der Fall ist, macht ein Leitbild, das sich von anderen Selbstverständnissen unterscheidet, deutlich, warum dieser Verband und die ihm angehörenden Einrichtungen notwendig sind und weiterhin Beachtung ver-

Wirkung des Leitbildes nach außen

dienen. Dabei werden sich im Selbstverständnis neben den Eigentümlichkeiten und dem eigenen Profil immer auch Anknüpfungspunkte für eine Zusammenarbeit mit außerverbandlichen Organisationen und ein Dienst oder Service für die Allgemeinheit finden.

Probleme an Leitbildern

Eine Schwierigkeit für Leitbilder kann dann vorliegen, wenn es sich sozusagen um ein „falsches Bewusstsein" handelt, d. h. wenn sie eine Ideensammlung enthalten, die mit der Realität in den Einrichtungen und Organisationen wenig gemein hat. Sie wären dann wie Werbung, die ebenfalls mit schönen Formulierungen arbeitet und die Erfüllung persönlicher Wünsche verspricht, bei der man aber nicht weiß, welche davon tatsächlich erfüllt werden.

Dieser Konflikt bzw. diese Spannung zwischen Soll-Zustand und Ist-Zustand ist bei Leitbildern zum Teil gewollt und produktiv, um Ziele vorzugeben und die Realität daraufhin zu überprüfen und zu verändern. Wenn jedoch die Abweichungen zu stark sind, wirkt es unzuverlässig und provoziert eventuell Skepsis und Misstrauen bei Kunden und Mitarbeitern.

Wegen dieser Bezüge handelt es sich bei der Entwicklung und Pflege von Leitbildern um eine wesentliche Aufgabe der Verbände.

6.5 Das doppelte Mandat: Interessenvertreter für Klienten und Einrichtungen

Anwalt, Lobbyist

Eine der großen Besonderheiten der Wohlfahrtsverbände ist die doppelte Rolle als Einrichtungsträger und gleichzeitig als Fürsprecher, als „Anwalt" oder „Lobbyist" der jeweiligen sozialen Zielgruppen. Diese doppelte Rolle findet sich in allen Leitbildern und ist auch heute noch Lebenselixier der Vereine und Verbände: Man erkennt soziale Probleme und setzt sich sowohl politisch als auch praktisch für deren Lösung bzw. Beseitigung ein.

Die Einrichtungsträgerschaft steht bei den lokalen Gliederungen und Vereinen stärker im Vordergrund, während bei den überregionalen Verbänden, die meist nur in geringerem Umfang über eigene (angegliederte) Einrichtungen verfügen, die Vertretung von Anliegen vermehrt in das Zentrum der Aufgaben rückt.

Im politischen Betrieb

Die Vereine und vor allem die Verbände thematisieren die Belange der Klienten in ihren Einrichtungen in der Öffentlichkeitsarbeit. Kritik an der Änderung der Sozialhilfesätze, Berechnungen, inwieweit Familienleistungen ausreichen, oder auch beispielsweise die ersten Armutsberichte werden häufig kenntnisreich und schnell von den Verbänden in die Gesellschaft getragen. Sie sind neben der Opposition im Parlament im politischen Gefüge des Sozialstaates ein anerkanntes Kritikrohr und

Element des grundlegenden Pluralismus – genauso wie der Verband der Arbeitgeber und die Gewerkschaften oder der Bund der Steuerzahler e.V.

Die Vertretung dieser Anliegen ist allerdings eine anwaltschaftliche oder advokatorische Vertretung. Bei ihr bringen sich die Klienten nicht selbst ein, wie es sonst in einem pluralistischen System üblich wäre, sondern andere tragen die Anliegen wie ein Anwalt vor. Die Klienten sind nicht regelmäßig Vereinsmitglieder, sondern besuchen Einrichtungen und nutzen deren Dienste.

Besondere Form der anwaltschaftlichen Vertretung

In § 63 SGB IX (Rehabilitation und Teilhabe behinderter Menschen) ist eine besondere rechtliche Form der anwaltschaftlichen Vertretung festgehalten: ein Klagerecht der Verbände. An Stelle und mit Einverständnis der Behinderten können Verbände vor Gericht Klage erheben, sobald Behinderte in ihren Rechten nach dem SGB IX verletzt werden und wenn die Verbände in ihrer Satzung die Vertretung von Behinderten auf Bundes- oder Landesebene enthalten haben. Ein solches juristisches Verfahren gilt dann als Verfahren stellvertretend für den behinderten Menschen; seine Rechtsansprüche sind Grundlage dieses Verfahrens.

Interessenvertretung für Menschen oder Einrichtungen?

Nicht immer lässt sich die Interessenvertretung der Zielgruppe trennen von dem Lobbyismus für Einrichtungen. Es stellt sich die Frage, ob die Interessen der Zielgruppe immer authentisch eingebracht oder in Richtung der eigenen Interessenslage verzerrt werden.

„Es wird ihnen [den Wohlfahrtsverbänden] vorgeworfen, die Bedürfnisse der Betroffenen zu filtern und so zu interpretieren, dass sie in ihr eigenes Angebotsschema passen. Bei der Definition der Probleme und der Gestaltung der Dienste würden Betroffene nicht beteiligt, vielmehr seien hierfür allein die Selbstinteressen der Verbände maßgeblich." (Klug 1997, 42)

Dieses würde dem anwaltschaftlichen Anliegen konträr widersprechen.

Weiterhin kann man der Interessenvertretung der Zielgruppe auch in gewisser Hinsicht eine sozialpolitische Legitimationsfunktion vorwerfen:

„Da sie [die Wohlfahrtsverbände] in weitem Maße auf den Zufluss von staatlichen Mitteln und auf die öffentliche Anerkennung als legitime und kompetente Sachwalter sozialpolitische Bedarfslagen angewiesen sind, stellt die Politisierung von Notlagen ein notwendiges Element ihrer Strategie der Bestandssicherung dar." (Winter 1997, 156)

Alternativen?

Bei dieser Kritik ist allerdings zu bedenken, welche Alternative für die Interessensvertretung bei den Verbänden besteht. Wie könnte man die Vertretung der Zielgruppen anders organisieren ohne gleichzeitig die Vertretung der Einrichtungen abzumildern. Daher existieren immer wieder Überlegungen, den ideellen Teil der Wohlfahrtsverbände (und dort auch die anwaltschaftliche Funktion) von der konkreten Dienstleistungsfunktion (mit den Einrichtungen) rechtlich, organisatorisch und eventuell auch im öffentlichen Erscheinungsbild klar zu trennen.

6.6 Rechtliche Grundlagen

Geschichte, Leitbild und organisatorischer Aufbau sind die eine Seite der freien Wohlfahrtspflege. Die andere Seite bildet der rechtliche Rahmen, in dem sich die Verbände bewegen. Dieser ist nicht nur als unbedeutende rechtliche Hülle zu sehen, sondern sie haben in manchen Verbänden durchaus auch einen programmatischen Charakter – Vereine als freie, demokratische Einrichtungen im Gegensatz zu GmbHs oder Ämtern.

Eine detaillierte Darstellung der Rechtsformen soll hierauf spezialisierten Publikationen vorbehalten bleiben (Schick 2003).

6.6.1 Vereine und Verbände

Verein als klassische Organisationsform

Der eingetragene Verein, der „e.V." ist die klassische Organisationsform der freien Wohlfahrtspflege. Die meisten Wohlfahrtsverbände sind auf Ebene der Bundesverbände, aber auch der Landes- und Ortsverbände als Verein organisiert:

Beispiel

1. „Diakonisches Werk der Evangelischen Kirche in Deutschland e.V.,
2. Deutscher Caritasverband e.V.,
3. Deutscher Paritätischer Wohlfahrtsverband e.V.,
4. Deutsches Rotes Kreuz e.V.,

...

8. Bund der Kriegsblinden Deutschlands e.V.,
9. Verband Deutscher Wohltätigkeitsstiftungen e.V."

(Buchna 2008, 252)

Alle anerkannten Wohlfahrtsverbände sind ein „e.V.", d.h. ein eingetragener Verein. Allerdings haben auch viele Einrichtungen die rechtliche Form eines Vereins gewählt.

Die Ursache für dieses Phänomen liegt darin, dass die rechtliche Form des Vereins schon seit dem 19. Jahrhundert die Möglichkeit bot, dass sich Privatpersonen für ein gemeinsames Ziel zusammenschließen konnten. Damit konnten sie im sozialen Bereich Hilfen organisieren, die ihrer Meinung nach wichtig und hilfreich waren und zugleich sicherstellten, dass das gemeinsame Anliegen auch weiter verfolgt wurde, wenn eine Person ihre Zeit nicht mehr investieren konnte oder Mitglieder wechselten.

Gründe für die gewählte Rechtsform

Mit dieser Form war man zugleich unabhängig von staatlicher oder anderer obrigkeitlicher Autorität: Solange man nicht gegen Gesetze verstieß, war man nicht darauf angewiesen, dass der Staat, Unternehmer oder Kirchenführer das konkrete Vorhaben unterstützten, sondern man konnte sich auch bei Gleichgültigkeit, staatlicher Passivität oder mangelnder anderer Unterstützung für seine Ziele einsetzen.

Im Grundgesetz ist das Recht, einen Verein zu gründen, mit der Einschränkung verbürgt, dass sich ein Verein nicht gegen die verfassungsgemäße Ordnung wenden und keine strafrechtlich relevanten Ziele verfolgen darf.

Rechtliche Regelung - Definition

In den rechtlichen Anforderungen an einen Verein (§§ 21-79 BGB (Palandt 2009, 26-54) und im Vereinsförderungsgesetz) ist ein Verein als ein Zusammenschluss von mehreren Personen zur Verfolgung eines bestimmten, gemeinsamen Zweckes definiert. Wegen dieser offenen Formulierung findet er sich in allen Bereichen der Gesellschaft und zu allen möglichen Aufgaben wieder: vom Verein zur Förderung der Sozialwirtschaft über den Verband der Automobilindustrie e.V. bis hin zur den anerkannten Wohlfahrtsverbänden. Entscheidend für den Verein ist das gemeinsame Ziel, welches sich die Mitglieder selbstständig geben. Ihr Wille, es zu verfolgen, begründet überhaupt erst die Existenz des Vereins. Aus diesem Grund nehmen der Vereinszweck und das Leitbild eine besonders wichtige Stellung ein.

Mitgliederversammlung als höchstes Organ

Die allgemeinen rechtlichen Regelungen fordern weiterhin, dass alle Angelegenheiten des Vereins in der Mitgliederversammlung nach dem Mehrheitsprinzip entschieden werden, damit der Zusammenschluss als Verein gilt. Die Mitgliederversammlung ist das höchste Organ des Vereins. Sie entscheidet mit Diskussion und Abstimmung, welche konkreteren Aufgaben in der nächsten Zeit wahrgenommen werden sollen, sie stimmt über die Satzung ab, sie wählt einen Vorstand, der den Verein in rechtlichen Belangen vertritt, und entlastet ihn, indem sie den Personen bescheinigt, dass sie nicht gegen die Vereinszwecke verstoßen hat.

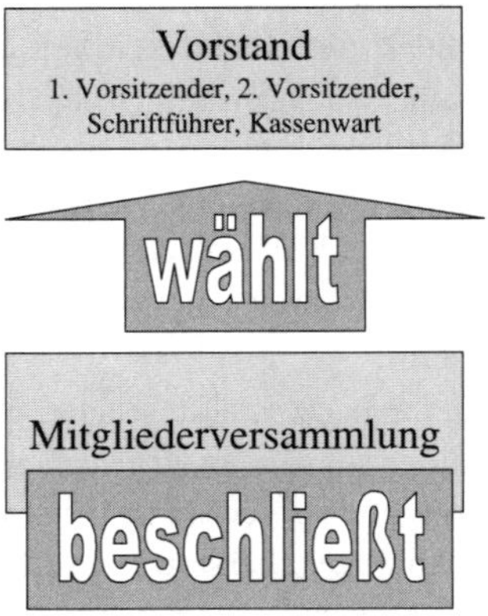

Abbildung 31: Entscheidungsstruktur im Verein

Gründung und Rechtsfähigkeit

Für die Gründung eines eingetragenen Vereins müssen wenigstens sieben Mitglieder zusammenkommen und sich auf eine Satzung und einen Gründungsvertrag einigen. Jene Satzung wird dann beim Amtsgericht hinterlegt und im Vereinsregister eingetragen. Durch diesen Eintrag, der sich im Namen als „e.V." niederschlägt, ist der Verein als rechtsfähige juristische Person anerkannt.

Satzung als interne Regelung

Die weiteren Regelungen gibt sich der Verein selbst in seiner Satzung. Die Satzung muss neben der Nennung des Zwecks die Aufnahme und das Ausscheiden von Mitgliedern regeln, den Mitgliedsbeitrag enthalten, die Ämter (z.B. erster und zweiter Vorsitzender, Schriftführer, Kassenwart) benennen, welche innerhalb des Vereines existieren sollen, und die Aufgaben des Vorsitzenden beschreiben, soweit ihm bestimmte Aufgaben regelmäßig übertragen sein sollen.

Ehrenamtlichkeit

Alle Mitglieder investieren Zeit, Ideen und ihre Fähigkeiten in den Verein und arbeiten an den Aufgaben mit. Sie engagieren sich ehrenamtlich, ohne dass dadurch eine Erwerbstätigkeit begründet würde. Auch die Ämter innerhalb eines Vereins sind mit Mitgliedern ehrenamtlich zu besetzen.

Der Verein kann hingegen Angestellte und Arbeiter beschäftigen oder auch einen Geschäftsführer einstellen, die diese Tätigkeiten beruflich und zum Lebensunterhalt ausüben.

Auswirkungen der Form auf die Arbeit

Durch die Organisationsform eines Vereines hat man einen Kreis von Unterstützern für ein Anliegen: Sie tragen das Anliegen mit und unterstützen mit ihren Mitgliedsbeiträgen den Verein auch finanziell.

Diese Unterstützer besitzen zugleich über die Mitgliederversammlung echte Mitbestimmungsrechte. Diese Mitbestimmungsrechte reichen weiter als in demokratischen Verfahren, in denen man Personen wählt, die mit bestimmten Programmen verbunden sind, und in denen Entscheidung über Sachfragen im Regelfall nicht per Mehrheit in einer Versammlung abgestimmt werden. In einem Verein werden inhaltliche Fragen im Prinzip durch die Mitgliederversammlung entschieden, der als weiteres Recht auch die Wahl des Vorstandes zusteht.

Der Vereinsvorsitzende kann nur die laufenden Geschäfte im Auftrag des Vereins führen. Für Entscheidungen benötigt er immer ein Votum der Mitgliederversammlung. Dies ist ein Weg, der einerseits auf die gemeinsame Überzeugung setzt, aber andererseits mühsam ist.

Macht der Funktionäre?

Die Macht eines Vereinsvorstandes oder Vereinsvorsitzenden liegt allerdings in den Informationen, über die sie eventuell eher verfügen als andere Vereinsmitglieder. Sie erhalten die Post an den Verein, beschäftigen sich mit den Einnahmen und Ausgaben, führen die Geschäfte oder stehen in engem Kontakt mit der Geschäftsführung und erfahren dadurch viel vom Umfeld des Vereins. Auf Grund dieser Informationen, die sie an die Mitglieder weitergeben und zur Begründung ihrer Entscheidungen benötigen, können sie die Geschicke des Vereins lenken. Der Informationsvorsprung bietet aber auch Machtspielräume, welche zum eigenen Vorteil genutzt werden können.

Verband

Die Verbände besitzen als ein Zusammenschluss von Vereinen, Stiftungen und Einrichtungen ebenfalls die Rechtsform eines Vereins. Insofern gelten die Aussagen zu den Rechtsformen auch für sie. Sie sind in gleicher Weise ein Zusammenschluss zur Verfolgung eines gemeinsamen Zieles, das sie sich selbst setzen. Auch ihr oberstes Organ ist die Mitgliederversammlung, zum Teil Delegiertenversammlung, genannt.

Abbildung 32: Entscheidungsstruktur in einem Verband

6.6.2 Die rechtlichen Anforderungen an die Anerkennung der Gemeinnützigkeit

Steuerliche Regelung

Die Anerkennung der Gemeinnützigkeit gilt weit verbreitet als ein Merkmal sozialer Organisationen. Es handelt sich dabei aber juristisch nicht um ein Kennzeichen, das sich schon allein aus der Beschäftigung mit sozialen Anliegen heraus ergibt. Rechtlich findet sich die Anerkennung in der Abgabenordnung des Steuerrechtes geregelt (Abgabenordnung §§ 51-68; Buchna 2008), die eine Befreiung von zahlreichen Steuern, unter anderem der Körperschafts-, Vermögens- und Erbschaftssteuer unter zwei zentralen Bedingungen vorsieht, nämlich sofern die Organisation gemeinnützige oder mildtätige Zwecke verfolgt und selbstlos wirtschaftet (keine Gewinnausschüttung, keine zweckfremde Rücklagenbildung).

Dieses rechtliche Konstrukt prägt weitgehend das Verständnis vieler Vereine der freien Wohlfahrtspflege, wonach die Gemeinnützigkeit gewissermaßen eine Anerkennung ihrer besonderen Stellung, nicht nur in steuerrechtlicher Hinsicht, darstellt. Durch soziale Arbeit solle demnach keine persönliche Bereicherung stattfinden, indem alle Erträge einer sozialen Einrichtung in das persönliche Vermögen derjenigen fließen, die in dieser Einrichtung arbeiten oder sie tragen. Eventuell erklären sich hieraus auch einige Vorbehalte in der Öffentlichkeit gegenüber privat-wirtschaftlichen, gewerblichen Trägern, die mit dem Anbieten von Sozialleistungen Geld verdienen können, Gewinne erzielen möchten und nicht nur ihre Kosten decken sollen.

Spenden

Für die Organisationen, deren Gemeinnützigkeit anerkannt ist, stellt sich damit der Vorteil ein, dass sie Steuererleichterungen erhalten, indem sie von der Mehrwertsteuer und der Körperschaftssteuer befreit sind.[7] Wichtiger ist aber, dass sie Spenden einwerben und auf jene als zusätzliche finanzielle Mittel zurückgreifen können. Diese Spenden erhalten sie von Privatpersonen, da sie für Zuwendungen Bescheinigungen ausstellen können, dass sie eben einer gemeinnützigen Einrichtung zugeflossen ist. Dies führt für die Spender zu einer günstigeren steuerlichen Behandlung des Betrages. Bei privatwirtschaftlichen Unternehmen hingegen – und dies gilt auch für die gewerblichen Anbieter sozialer Dienste – würden solche Zuwendungen letztlich in den Unternehmensgewinn und das persönliche Eigentum der Inhaber fließen.

7 Gewerbliche Träger können für ihre Leistungen die Befreiung von der Mehrwert- und Körperschaftssteuer erreichen, wenn sie den Betrieb als so genannten Zweckbetrieb führen und die entsprechenden gesetzlichen Anforderungen (insbesondere § 68 Abgabenordnung) einhalten. Dann haben die Leistungsentgelte für sie die gleichen Auswirkungen wie für die freien Einrichtungen. (Buchna 2008). Dies gilt für Leistungen, die gemeinnützige oder mildtätige Zwecke verfolgen. Gerade im Zuge der Verlagerung von Leistungen an private Anbieter bietet sich das an.

Der mögliche Rückgriff auf Spenden ist aber mit bestimmten Nachteilen verbunden: Sie müssen eingeworben werden, d.h. sie sind mit der speziellen Arbeit des Fundraisings verbunden. Zudem fließen Spenden unregelmäßig und unsicher, und die Spender selbst sehen sich von einer Konkurrenz von Umwelt-, Kunst- und Kulturvereinen, sportlich oder sozial engagierten Gruppen umworben, denen sie ihre Gelder zufließen lassen können und zwischen denen sie auswählen müssen.

Vorteile für die Gesellschaft

Von staatlicher Seite ist diese Steuererleichterung bewusst gesetzt: Es werden Aufgaben erledigt, die das Leben der Allgemeinheit fördern, ohne dass der Staat dafür finanzielle oder personelle Verpflichtungen übernehmen und neben den allgemeinen formalen Anforderungen an die Gruppierungen weitere inhaltliche Vorgaben machen müsste. Dafür verzichtet er allerdings auf eine genauere inhaltliche Ausgestaltung. Die Ausfüllung des vorhandenen Spielraumes überlässt er den einzelnen als gemeinnützig anerkannten Vereinigungen.

6.6.3 Die rechtlichen Auswirkungen der Anerkennung als Tendenzbetriebe

Tendenzbetriebe

Die freien Träger, sowohl die Vereine als auch die Verbände, sind als Tendenzbetriebe anerkannt (Falterbaum, 2000, 65-91; Runggaldier/Ors 2007, 299-321). Als Tendenzbetriebe gelten generell Organisationen, die konfessionellen, politischen, karitativen, erzieherischen, wissenschaftlichen oder künstlerischen Bestimmungen dienen. Als klassische Tendenzbetriebe sind Parteien oder Gewerkschaften, aber auch Vereine und Verbände anerkannt, die sich letztlich aus ihrem ideellen Gründungsanliegen heraus rekrutieren.

Sie müssen nicht jeden einstellen, der fachliche Fähigkeiten besitzt, sondern können auf die Zustimmung zu und den aktiven Einsatz für die Ziele setzen. Sie können auch bestimmte Hilfesuchende ablehnen, wenn ein solches Anliegen nicht mit den eigenen Zielen übereinstimmt.

Dies ist ähnlich wie bei Unternehmen, deren Mitarbeiter die Ziele des Unternehmens teilen, vertreten und durch ihre Arbeit erreichen müssen. Weigert sich ein Angestellter und schädigt er damit grundsätzlich das Unternehmen, kann er entlassen werden.

Arbeitsrechtliche Anforderungen

Der ausschlaggebende Unterschied zu „normalen" Unternehmen liegt im Personalvertretungsbereich. Das Betriebsverfassungsgesetz, das für jedes Unternehmen Gültigkeit besitzt, findet bei Tendenzbetrieben, d.h. den Einrichtungen und Verbänden, keine Anwendung. Man setzt bei ihnen voraus, dass der grundsätzliche Interessenkonflikt zwischen Arbeitnehmern und Arbeitgebern und die Ausrichtung des Unternehmens auf Gewinnmaximierung fehlen. Konkret bedeutet es, dass es keine Vertretung der Angestellten gegenüber ihren Arbeitgebern geben muss.

Zum Teil gibt es jedoch eigene Rechte der Vertretung der Angestellten, wie das Personalvertretungsgesetz im öffentlichen Dienst oder z.B. die Mitarbeitervertretungsordnung im Bereich des Caritasverbandes. In Vereinen, die eine Einrichtung betreiben, gelten jeweils die Regeln des Verbandes, dem diese angeschlossen ist.

Konsensmodell statt Betriebsverfassung

Die Regelungen, die in den Verbänden und Einrichtungen gelten, gewähren den Angestellten auf der einen Seite im Allgemeinen weniger Rechte als das Betriebsverfassungsgesetz. Auf der anderen Seite gehen sie davon aus, dass die Mitglieder und Angestellten die gemeinsamen Ziele verfolgen und keine Gewinninteressen von Arbeitgeberseite vorliegen. Sie favorisieren stärker Gespräche und den Austausch von Informationen als Machtkämpfe und setzen auf die ideelle Motivation aller. Damit unterstellt man ein Konsensmodell, welches aber trotzdem bestimmte einzelne Mitwirkungs- und Einspruchsrechte kennt.

6.6.4 Die Organisation der Entscheidungsfindung bei den Verbänden

Aus der Rechtsform des Vereins ergibt sich ein bestimmter Ablauf der Entscheidungsfindung bei den Vereinen, die Einrichtungen tragen, aber auch bei den bundesweit agierenden Spitzenverbänden.

Entscheidungsfindung bei Vereinen

Bei Vereinen, die lokal agieren, ist es offensichtlich: Hier trifft die Mitgliederversammlung die inhaltlichen Entscheidungen und rechtskräftigen Beschlüsse. Der Vorstand eines Vereins kann nur die Geschäfte in diesem Sinn führen und ist den Mitgliedern für seine Geschäftsführung rechenschaftspflichtig und verantwortlich. Darüber hinaus kann die Mitgliederversammlung dem Vorstand bestimmte inhaltliche Entscheidungen übertragen. Hierfür ist aber unbedingt ein Beschluss der Mitgliederversammlung erforderlich, mit dem der Vorstand in dieser Weise ermächtigt wird.

Entscheidungsfindung bei Spitzenverbänden

Die Spitzenverbände sind als Vereine an dasselbe rechtliche Konstrukt zur Entscheidungsfindung gebunden wie die Vereine. Die Verbandsspitze kann inhaltliche Entscheidungen nicht selbst treffen, sondern benötigt dafür prinzipiell das Votum der Mitgliederversammlung, also der bundesweit angeschlossenen Einrichtungen, durch die sie auch gewählt worden ist.

Die Struktur der Entscheidungsfindung ist aber wegen der Größe bei den meisten Verbänden anders geregelt. Um arbeitsfähig zu bleiben, hat sich bei allen Verbänden eine bestimmte Form und Organisation von Gremien herauskristallisiert:

- Man nutzt die Möglichkeit, dass die Mitgliederversammlung per Beschluss inhaltliche Entscheidungen delegieren kann.
- Man hat neben der Ebene aller Einrichtungen und dem Vorstand Zwischenebenen eingeschaltet, die weniger Teilnehmer umfassen, sich öfter treffen und bestimmte Entscheidungen vorbereiten.

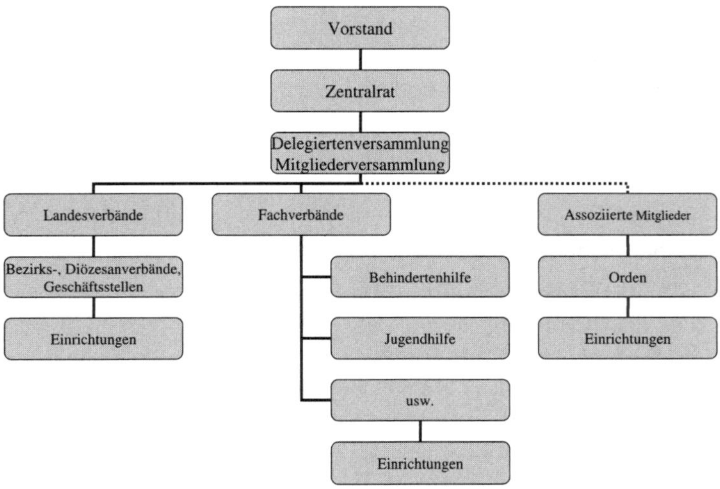

Abbildung 33: Die Organisation des Deutschen Caritasverbandes

Verbands- und Zentralräte

Das äußert sich wie folgt:

Die Mitgliederversammlung oder Delegiertenversammlung findet maximal einmal pro Jahr statt, in vielen Verbänden alle zwei oder drei Jahre. Auf ihr sind alle Verbandsmitglieder, also die angeschlossenen Landes- und Fachverbände sowie assoziierte Mitglieder, durch ihre jeweiligen rechtlichen Vertreter repräsentiert.

Zwischen der Delegiertenversammlung und dem Vorstand steht noch ein Gremium wie der „Verbandsrat" oder „Zentralrat", dessen Mitglieder von der Mitgliederversammlung gewählt werden und der häufiger als sie tagt und mit dem Vorstand zusammenarbeitet.

Im Prinzip kann man dies bei allen Verbänden vorfinden, wobei sich leichte Variationen finden, so gibt es beispielsweise beim DCV noch ein weiteres Zwischengremium, das wöchentlich tagt und das direkt mit der Führung der Verwaltung des Verbandes kooperiert.

Legitimationsprobleme?

Der Vereinfachung der Entscheidungsfindung als Vorteil dieser Struktur stehen auch besondere Aufgaben gegenüber, die sich daraus ergeben. Im Prinzip bleiben die Verbände als Vereine nur durch die ihnen angeschlossenen Einrichtungen legitimiert. Durch eine solche Organisation ist allerdings die Entscheidung innerhalb des Verbandes nicht mehr an jede einzelne Einrichtung rückgekoppelt, sondern wird zum Teil fern getroffen und nur durch eine abgeleitete Beteiligung möglich. Die Entscheidungen innerhalb des Verbandes können dadurch von unten nach oben getroffen werden, was dem Grundanliegen eines Verbandes widersprechen kann. Man kann versuchen das Dilemma durch Transparenz zu lösen.

Durchführung von Beschlüssen

Die Geschäftsstellen der Spitzen- oder Landesverbände dienen der Durchführung von Beschlüssen, die in den zuständigen Gremien getroffen wurden. Sie erledigen die daraus oder aus der Satzung folgenden Aufgaben und informieren den Verband zugleich rückwirkend über bestimmte Entwicklungen in diesem Bereich.

6.7 Die Finanzierung der Wohlfahrtsverbände

Die Wohlfahrtsverbände arbeiten finanziell unabhängig von den staatlichen Trägern und auf eigenes wirtschaftliches Risiko. Für die Durchführung der Aufgaben aus den Sozialgesetzen erzielen die Wohlfahrtsverbände allerdings den Großteil der Erträge aus Mitteln der öffentlichen Hand. Diese Mittel sind stets auf konkrete Sozialleistungen, Projekte oder Maßnahmen bezogen; sie sind keine Unterstützung, die unabhängig davon pauschal der Arbeit oder der Existenz der Wohlfahrtsverbände dienen würde.

Um die Finanzierung der Wohlfahrtsverbände zu verstehen, ist es sinnvoll, zuerst die Einrichtungen bzw. die Erbringer von Sozialleistungen und danach die Verbänden bzw. deren Geschäftsstellen zu betrachten.

6.7.1 Kapitalausstattung der Einrichtungen

Einrichtungen benötigen in unterschiedlichem Umfang Investitionen, Gebäuden, Anlagen, Fahrzeugen usw. Im stationären Bereich sind die Investitionen durchaus eine zentrale Position, im ambulanten Bereich eher nachrangig. Diese Investitionen müssen von den Einrichtungen grundsätzlich vorfinanziert und dann über Entgelte des laufenden Betriebs „refinanziert" werden. Insofern funktionieren soziale Einrichtungen wie alle anderen Unternehmen.

Investitionszuschüsse

Eine Sonderform stellen die Investitionszuschüsse dar. Die Investitionszuschüsse werden von der öffentlichen Hand für den Erwerb oder Bau von Anlagen oder Gebäuden an die Einrichtung gezahlt. Die Anlagen oder Gebäude müssen für die Erbringung der Sozialleistungen (also z.B. den Betrieb einer Wohneinrichtung) erforderlich sein, und sie werden in der Regel mit einer Zweckbindung für einen bestimmten

Zeitraum versehen, d.h. wird das Gebäude in dem Zeitraum anderweitig genutzt, sind die Zuschüsse zurück zu zahlen.

Die Investitionsförderung war in der Vergangenheit eine deutliche Erleichterung der Finanzierung von Investitionen und wurde in der Regel nur Einrichtungen von Wohlfahrtsverbänden gezahlt. In den letzten Jahren haben sich fast alle öffentlichen Sozialleistungsträger aus der Investitionsförderung verabschiedet und zahlen Investitionszuschüsse als Teil der jährlichen Zuschüsse oder der Leistungsentgelte (Investitionspauschalen, Investitionskostensätze). Die Einrichtungen müssen also die Investitionen vorfinanzieren.

Finanzierung über den Kapitalmarkt

Damit bekommt die Frage der Finanzierung von Investitionen und der Kapitalausstattung von Einrichtungen der Wohlfahrtspflege höhere Bedeutung. Auch bisher bediente sich die Wohlfahrtspflege der auch in anderen Wirtschaftszweigen üblichen Finanzierungsformen über Eigenkapital und Fremdkapital. Nun jedoch werden deutlich höhere Anteile über Kredite finanziert. Einzelne Banken haben sich auch speziell auf die Kreditvergabe an Wohlfahrtseinrichtungen spezialisiert, etwa die Bank für Sozialwirtschaft oder einzelne Kirchenbanken. Die Kreditvergabe erfolgt dabei nach den üblichen Regeln – Kredite sind zurück zu zahlen und zu verzinsen. Vorteil der spezialisierten Institute ist die bessere Marktkenntnis des Sozialmarkts.

Sozialunternehmen suchen allerdings auch verstärkt nach neuen Finanzierungsalternativen, etwa die Abgabe des Gebäudeeigentums an Immobiliengesellschaften und das Anmieten der Gebäude oder die Beteiligung von Privatpersonen, etwa über Genossenschaftsmodelle.

Eigenkapitalbasis

In sozialen Einrichtungen wird oft von dem „Träger" gesprochen. In finanzieller Hinsicht ist der „Träger" einer Einrichtung der Eigentümer, der auch als Eigentümer des Eigenkapitals der Einrichtung gekennzeichnet ist. Manche Einrichtungen sind Tochtereinrichtungen übergeordneter Einrichtungen oder Verbände. In den meisten Fällen wird jedoch ein Verein „Träger" sein.

Die Einrichtungen der Wohlfahrtsverbände verfügen über sehr unterschiedliche Eigenkapitalgrundlagen. Ältere Einrichtungen, insbesondere solche, die aus alten Stiftungen, Ordenseinrichtungen oder kirchlichen Einrichtungen hervorgingen, verfügen oft über eine gute Eigenkapitalbasis, häufig in Form der selbst genutzten Gebäude und Grundstücke, seltener in Form von frei verfügbaren Mitteln. Überschüsse aus dem Betrieb einer Einrichtung können generell als Rücklage in begrenztem Umfang (soweit das Gemeinnützigkeitsrecht dies zulässt) angespart werden und stehen dann auch als Eigenkapital zur Verfügung.

6.7.2 Die Finanzierung des Leistungsprozesses

Die Finanzierung des Leistungsprozesses bezeichnet die Finanzierung des laufenden Betriebs. Im Sinne der Betriebswirtschaft würde dies als der Umsatzprozess bezeichnet. Da soziale Einrichtungen jedoch nicht immer nur dort tätig werden, wo auch tatsächlich Umsatz entsteht, ist die „Finanzierung" der Arbeit ein eigener Handlungsbereich.

Finanzielle Mittel für Leistungen im Rahmen der Sozialgesetze

Die Einrichtungen, die konkrete soziale Dienstleistungen erbringen, finanzieren ihre Arbeit zu einem großen Teil aus Leistungsentgelten oder Zuschüssen der öffentlichen Sozialleistungsträger (siehe Zusammenarbeit zwischen öffentlichen und freien Trägern, Abschnitt 4). Diese Leistungsentgelte oder Zuschüsse werden allerdings nur für den Teil der Arbeit gezahlt, mit dem Sozialleistungen im Rahmen der Sozialgesetze erbracht werden, und dort auch nur in der Höhe, in der sie vereinbart sind. Wird etwa mehr Personal als vereinbart eingesetzt, werden höhere Gehälter als vereinbart gezahlt oder ähnliches, muss die Differenz von der Einrichtung aufgebracht werden. Aufgaben, die außerhalb der Sozialgesetze liegen oder über den vom öffentlichen Sozialleistungsträger vereinbarten Umfang hinaus gehen, müssen ebenfalls von der Einrichtung anderweitig finanziert werden.

Institutionelle Zuschüsse

Zwei Sonderformen der Finanzierung durch öffentliche Träger sind die institutionellen Zuschüsse und die Investitionszuschüsse. Bei institutionellen Zuschüssen wird der Betrieb einer Einrichtung pauschal mit einer bestimmten Höhe oder einem bestimmten Prozentsatz bezuschusst, unabhängig vom konkreten Leistungsumfang. Diese Form der Finanzierung dient in der Regel dazu, Infrastruktur aufzubauen (etwa flächendeckend Beratungsstellen vorzuhalten). Sie wird allerdings zunehmen durch Projektzuschüsse oder Leistungsentgelte abgelöst.

„Eigenmittel"

Einer der schillernden Begriffe in der Finanzierung von Einrichtungen der Wohlfahrtspflege sind die „Eigenmittel", die nicht mit dem Eigenkapital verwechselt werden dürfen. Als Eigenmittel werden die finanziellen Mittel bezeichnet, die die Einrichtung oder der Träger zur Deckung eines laufenden Defizits einsetzt. Diese Mittel können aus Eigenkapital stammen, aber auch aus Erträgen anderer Einrichtungen (Quersubventionierung), aus Spenden oder Mitgliedsbeiträgen. Speziell im kirchlichen Bereich findet teilweise auch noch eine Bezuschussung von sozialen Einrichtungen aus den Mitteln der einzelnen Kirchengemeinden statt. In manchen Fällen werden auch die übergeordneten Verbände den Einrichtungen Zuschüsse geben.

Selbstzahler und wirtschaftliche Nebenbetriebe

Wie ein Wirtschaftsunternehmen arbeiten soziale Einrichtungen bei Selbstzahlern. Hier werden Sozialleistungen als Dienstleistungen direkt von den Leistungsempfängern oder deren Familien bezahlt. Oft sind die Sätze an die Höhe der Sätze der öffentlichen Sozialleistungsträger gekoppelt. Einrichtungen, die sich auf Selbstzahler spezialisieren, können hiervon jedoch auch abweichen.

Ähnlich funktionieren die wirtschaftlichen Nebenbetriebe. Hier werden wirtschaftliche Leistungen innerhalb oder außerhalb des sozialen Dienstleistungsbereichs erbracht (von Zusatzleistungen über Kioske bis hin zu Gärtnereien oder Werkstätten). Diese werden unter Marktbedingungen, ohne Beteiligung öffentlicher Träger, angeboten. Eine Sonderform sind hierbei die Werkstätten für Menschen mit Behinderung oder die Integrationsfirmen, die den wirtschaftlichen Betrieb mehr oder minder als Hauptfinanzierungsform sehen.

Spenden und Sponsoring

Spenden sind einseitige Zuwendungen von Privatpersonen oder Unternehmen an soziale Einrichtungen, die ohne Gegenleistung erfolgen. Diese Einnahmeform ist in der Regel keine zentrale Finanzierungsform von sozialen Einrichtungen; mit ihr werden jedoch oft Bereiche abgedeckt, die von den öffentlichen Sozialleistungsträgern eher vernachlässigt werden. Eine besondere Rolle spielen hierbei die Organisationen, die gesammelte Spenden als Projektzuschüsse weitergeben, etwa die Aktion Mensch oder die Glücksspirale.

Als Sponsoring wird bezeichnet, wenn Unternehmen eine soziale Einrichtung unterstützen, hierfür jedoch eine gewisse Form der Werbung als Gegenleistung erwarten (z.B. die Aufkleber auf dem gesponserten Fahrzeug). Diese Form der Finanzierung ist im Sport sehr weit verbreitet. Sie hat im Sozialbereich nicht dieselbe Verbreitung gefunden, wohl weil es bisher noch nicht gelungen ist, ein schlüssiges Kommunikationskonzept für das Sponsoring zu finden – anders als Fußballclubs verfügen die Wohlfahrtsverbände eben nicht über so gut besuchte Stadien.

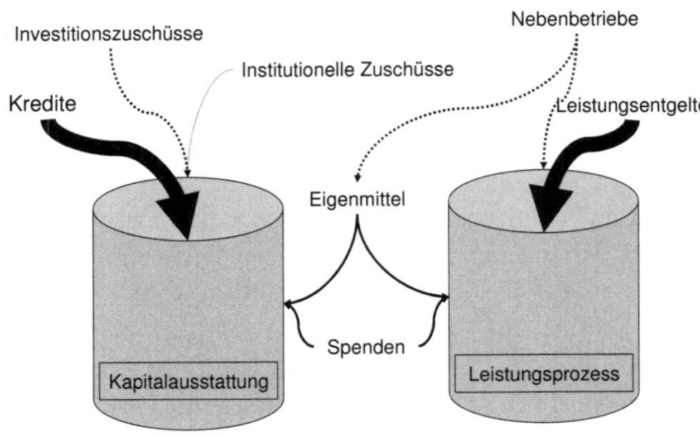

Abbildung 34: Die Finanzierungsquellen und ihre Zuordnung

6.7.3 Die Finanzierung der Verbände

Verbände mit wenigen originären Finanzquellen

Die Wohlfahrtsverbände an sich verfügen nur über geringe eigene Einnahmen. Dazu gehören z.B. direkte Spenden an die Verbände, die Einnahmen aus dem Verkauf von Wohlfahrtsbriefmarken und im kirchlichen Bereich einzelne Kollekten und Anteile an der Kirchensteuer. In der Regel werden die Verbände deswegen über Verbandsumlagen der angeschlossenen Einrichtungen finanziert. Soweit die Geschäftsstellen eigene Dienstleistungen für die Einrichtungen erbringen (Buchhaltung, Personalverwaltung o.ä.), werden hier auch Dienstleistungsverträge abgeschlossen.

Die Rolle der Verbände ist dabei sehr unterschiedlich: Manche Verbände sind tatsächlich nur Dachverbände mit politischer Funktion. Andere Verbände, speziell auf regionaler Ebene, halten ein durchaus bedeutendes Dienstleistungsangebot vor, betreiben möglicherweise eigene Einrichtungen, erhalten direkt kirchliche Zuschüsse und verfügen daher über eigene Finanzkraft.

6.8 Struktur und Arbeitsweise der Wohlfahrtsverbände

Verband, kein Konzern

Die Wohlfahrtsverbände sind geprägt von vielen kleinen Einrichtungen und Verbänden vor Ort, so z.B. dem Kindergarten einer Kirchengemeinde, dem Ortsverein der AWO oder der Selbsthilfeorganisation. Diese Einrichtungen sind in den meisten Fällen wirtschaftlich und organisatorisch selbständig. Anders als ein Konzern ist nicht die Konzernspitze Eigentümer des Standorts und der Filiale vor Ort, sondern die einzelnen regionalen Initiativen und Vereine bilden zusammen den Verband. Die Wohlfahrtsverbände sind eher „von unten nach oben" organisiert. Auch auf unterer Ebene finden sich ehrenamtliche Vorstände, die eigenständig entscheiden könn(t)en. Ein Durchgriffsrecht der oberen Ebene auf die Vereine existiert nur in sehr begrenztem Rahmen, indem bestimmte Punkte als zentral für die Verbandsmitgliedschaft angesehen werden. So wird z.B. die Akzeptanz der Arbeitsvertragsrichtlinien (AVR) der Caritas, gewissermaßen dem Tarifvertrag, als Grundbedingung für die Mitgliedschaft in der Caritas angesehen.

Ehrenamtliche Vorstände und Professionalitätsgefälle

Diesem fehlenden Durchgriffsrecht der oberen Ebene steht oft ein großes professionelles Gefälle zwischen „oben" und „unten" gegenüber. Auf unterer Ebene finden sich ehrenamtliche Mitarbeiter/-innen, auf höherer Ebene die hauptamtlichen Fachberater/innen, Abteilungsleiter/innen etc. Die höhere Professionalität und damit verbundene Autorität ist eine der Durchsetzungsmöglichkeiten der höheren Ebenen in Wohlfahrtsverbänden. Größere Einrichtungen oder Verbünde vor Ort mit entsprechend professioneller Organisation (häufig Ordenseinrichtungen oder Diakonische Werke) sind aufgrund ihrer eigenen professionellen Basis meist sehr unabhängig.

Einrichtungsebene und Verbandsebene

Grundsätzlich kann in der Struktur der Wohlfahrtsverbände zwischen der „Einrichtungsebene" vor Ort und der „Verbandsebene" unterschieden werden. Die Einrichtungsebene, meist lokal organisiert, manchmal auch als Anhang des Verbandes, erbringt soziale Dienstleistungen und betreibt Einrichtungen. Die Verbandsebene ist eher politisch tätig und in unterschiedlicher Qualität in der Fachberatung der Einrichtungen.

Zusammenwirken von Geschäftsstellen und Einrichtungen

Die Verbandsebene bildet außerdem häufig eigene regionale Ebenen mit unterschiedlicher Eigenständigkeit aus. Die regionale Ebene endet oft in einer örtlichen „Geschäftsstelle". Die Rolle der Geschäftsstellenleiter (manchmal Geschäftsführer) ist sehr unterschiedlich. Manche sind Träger eigener Einrichtungen (z.B. der Sozialstationen vor Ort), einige haben sich einen hohen Einfluss bei den Einrichtungen vor Ort (etwa durch die gemeinsame Vertretung gegenüber der Kommune) gesichert, andere wiederum bleiben ohne Einfluss auf die Einrichtungen. Insbesondere dort, wo Einrichtungen eigenständig mit Sozialleistungsträgern oder Kommunen verhandeln oder sich starke Einrichtungen befinden, hat die Geschäftsstelle eher den Charakter eines symbolischen Statthalters.

6.9 Die Tätigkeiten der Verbandsebene

Entsprechend der Grundform eines Vereins geben sich die Verbände ihre Aufgaben und ihre innere Struktur selbst. Dabei schlagen sich in den einzelnen Satzungen und deren Formulierungen die Selbstverständnisse und die Geschichte nieder: So steht beim Caritasverband der Begriff der Caritas im Vordergrund, beim Diakonischen Werk die Diakonie, die AWO kannte früher die Förderung des demokratischen Sozialismus und der Paritätische spricht von Förderung der Gleichheit und Gerechtigkeit gegenüber allen Menschen. Hier wirken sich in den Aufgabenbeschreibungen die Traditionen und Selbstverständnisse der einzelnen Verbände aus.

Selbst gestellte Aufgaben der Wohlfahrtsverbände

Faktisch leisten aber alle Wohlfahrtsverbände ähnliche Aufgaben:

- Fachberatungen für die Einrichtungen
- Informationen und Weiterbildung für die Beschäftigten
- Herausgabe von Fachzeitschriften
- Förderung der Arbeit, indem man bestimmte Methoden oder die Arbeit mit bestimmten Zielgruppen fördert und hierfür evtl. eine finanzielle Förderung in Aussicht stellt.
- Öffentlichkeitsarbeit für die Klienten
- Förderung der sozialen Arbeit aus den Traditionen

Verbände als Unterstützer der Vereine

Die Aufgaben der Verbände ergeben sich aus dem, was die Vereine nicht leisten können: Sie sind vermehrt überregional orientiert, während Vereine stärker lokal verankert sind. Verbände sind nicht so sehr direkt mit dem Betrieb einer Einrichtung oder der Bereitstellung eines konkreten Hilfsangebotes verbunden, sondern stellen verstärkt fachliche Informationen und Beratungen zur Verfügung, bieten Weiterbildungen an oder erledigen Öffentlichkeitsarbeit für die Einrichtungen und deren Klientel.

Sie übernehmen damit Aufgaben, die bei allen in ihnen zusammen- oder angeschlossenen Vereinen anfallen, die aber durch den Zusammenschluss und die Nutzung von Synergieeffekten besser erledigt werden können.

Tabelle: Vergleich Aufgaben Verein – Verband

Verbandsaufgaben und Vereinsaufgaben

	Verein, der eine Einrichtung betreibt	Verbände
Aktionsradius	Örtlich, lokal	Überregional: (Bundes- oder landesweit)
Schwerpunkte der Arbeit	Arbeit mit den Klienten, Anbindung von Ehrenamtlichen	Arbeit mit den Einrichtungen und mit der Öffentlichkeit (politische Lobbyarbeit)
Weitergabe von	Sozialleistungen	Fortbildungen, übergreifende Forschungsprojekte, Leitbilder

An der Art der Abstimmung der Aufgaben zwischen Verband und Verbandsmitgliedern liegt es, inwieweit dies eher reibungslos und effektiv oder konfliktreich geschieht und es eine Vertretung der Anliegen der Einrichtungen gibt. Es ist durchaus nicht selbstverständlich, dass sich ein Wohlfahrtsverband als Interessensvertreter der Einrichtungen versteht, oft genug steht nur die politische Interessensvertretung (Anwaltschaft) für die Zielgruppe im Vordergrund. Aus dieser Diskrepanz ergibt sich auch die manchmal anzutreffende Distanz von Einrichtungen zum Verband.

6.10 Die Organisation der Aufgabendurchführung

Geschäftsstellen und Zentralverwaltungen

Damit die Verbände die Aufgaben leisten können, sind ihre Geschäftsstellen oder Zentralverwaltungen entsprechend organisiert: Stellen- und Aufgabenbeschreibungen für die einzelnen Aufgaben liegen vor, und diese Stellen werden mit hauptberuflich tätigen, fachlich kompetenten und entsprechend ausgebildeten Personen besetzt. Je nach Ausrichtung des Verbandes gibt es auch jemanden, der für die Ziele besonders zuständig ist, eine Grundsatzabteilung.

Damit arbeiten sie im Prinzip wie eine Verwaltung der öffentlichen Träger und lassen sich mit organisatorischen Mitteln darstellen: Es gibt Aufgaben, Stellenbeschreibungen, Vorgesetzte, Weisungsbeziehungen, Personalvertretungen, Arbeitsteilung, Schnittstellen als diejenigen Punkte, an denen die arbeitsteiligen Prozesse zusammentreffen und die positiv oder negativ wirken können.

Organisationsplan des DCV

Festgelegt ist dies grob in den Geschäftsverteilungsplänen und den Organigrammen der Verbandszentralen, hier beispielsweise das des Caritasverbandes:

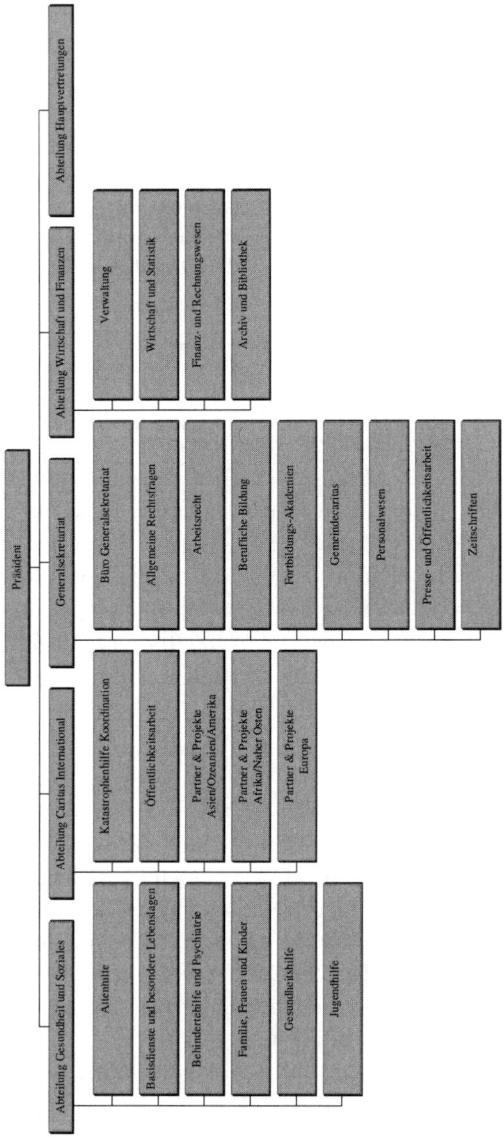

Abbildung 35: Die Zentrale des Deutschen Caritasverbandes

Man sieht in der einen Spalte die Aufteilung nach Zielgruppen und Arbeitsfeldern. Die Referenten, die dort arbeiten, beschäftigen sich mit der sozialpolitischen Debatte. Hier werden auch inhaltliche Fragen der Fortbildung, der Weiterentwicklung der Caritas oder der Sozialarbeit behandelt.

Man erkennt in den anderen Spalten außerdem Abteilungen, die sich mit der Verwaltung der finanziellen und rechtlichen Fragen beschäftigen und die Öffentlichkeitsarbeit betreiben.

Das doppelte Mandat findet man zum einen organisatorisch in der Öffentlichkeitsabteilung und in den Büros, die sich an den politischen Entscheidungsstellen orientieren, beim Caritasverband beispielsweise bei den Hauptvertretungen in Berlin, Bonn, Brüssel und München. Verantwortet wird diese letztlich von den Gremien, die das Beschlussrecht haben. Die Wahlämter innerhalb des Verbandes sind weiterhin ehrenamtlich besetzt.

6.11 Zusammenschlüsse in Arbeitsgemeinschaften

Bundesarbeitsgemeinschaft und Landesarbeitsgemeinschaften

Die Wohlfahrtsverbände haben sich auf Bundesebene zur „Bundesarbeitsgemeinschaft der freien Wohlfahrtspflege" und auf Landes- sowie teilweise auch kommunaler Ebene zu regionalen Arbeitsgemeinschaften zusammengeschlossen. Diese bezeichnen sich meist selbst als „Liga" der Wohlfahrtsverbände.

Organisation der Landesarbeitsgemeinschaften

Die Arbeit der Arbeitsgemeinschaften geschieht in Ausschüssen, die teilweise nach sozialen Arbeitsfeldern gegliedert sind, teilweise aber auch Querschnittsaufgaben aller Wohlfahrtsverbände umfasst (z.B. Europa, Zivildienst).

Die Arbeitsgemeinschaften haben nur einen kleinen hauptamtlichen Mitarbeiterstab (Sekretariat, Verwaltung); getragen wird die Arbeit durch die Mitarbeiter der Wohlfahrtsverbände (in der Regel die Fachreferenten).

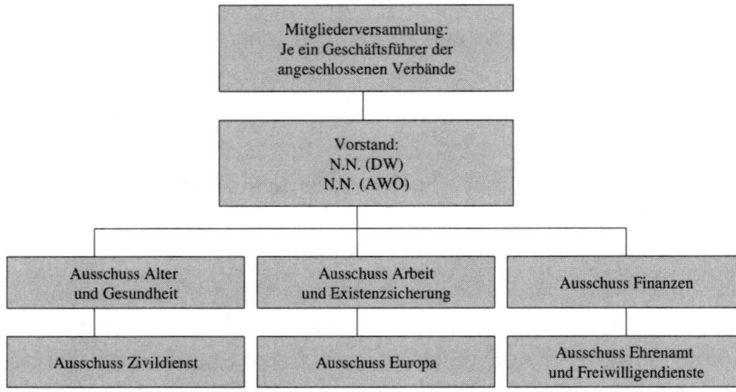

Abbildung 36: Aufbau einer Arbeitsgemeinschaft der Spitzenverbände der freien Wohlfahrtspflege (Beispiel, Ausschüsse nur in Auszügen)

Zusammenarbeit und Verhandlungspartner

Aufgaben der Arbeitsgemeinschaften sind zunächst die Zusammenarbeit der Wohlfahrtsverbände in gemeinsamen Anliegen, so z.B. bei der Konzeption von Förderprogrammen, in Fragen des Zivildienstes, bei Stellungnahmen zu Gesetzentwürfen etc. Die Liga bekommt meist eine hohe Bedeutung als Ansprechpartner in Fragen der Leistungsentgelte. Zwar werden Leistungsentgelte in der Regel mit den einzelnen Verbänden vereinbart. Mit der Liga werden jedoch die Grundlinien der Entgeltvereinbarungen oder der Förderung besprochen und auch vereinbart. Die Liga äußert sich aber auch grundsätzlich zu Sozialgesetzen und deren Umsetzung.

Wirkung der Arbeitsgemeinschaften

Die Ligen dienen zunächst als eine Plattform des Austausches und der Abstimmung zwischen den Verbänden der Wohlfahrtspflege. Mit den Ligen vereinfacht sich die Kommunikation und Kooperation zwischen öffentlicher Hand und Wohlfahrtsverbänden. Die öffentliche Hand hat nur einen Ansprechpartner, der in seinen Reihen meist bereits eine Meinungsbildung durchgeführt hat. Dies führt einerseits zu einer Stärkung der Position der Wohlfahrtsverbände, die nicht so leicht „auseinanderdividiert" werden können. Andererseits erschwert sich damit die Meinungsbildung der Wohlfahrtspflege, Pluralität und Profil einzelner Verbände gehen damit in gewisser Hinsicht verloren.

6.12 Reformlinien der Wohlfahrtsverbände

Seit der Mitte der 90er Jahre waren die Verbände mit internen organisatorischen Problemen konfrontiert, die die Reformdiskussion der letzten Jahre geprägt haben und mit bestimmten Stichworten verbunden sind. (Boeßenecker 2005, 279-306; Merchel 2008, 123-142; Flierl 1992, 323-328; Klug 1997, 41-57; Moos/Klug 2009, 85-117).

- Die Größe der Verbände hat zur Folge, dass sie und ihre Einrichtungen relativ viele Angestellte beschäftigen. Diese Beschäftigten professionell zu führen und ihre Aufgabenzuordnung und erforderliche Zusammenarbeit zielgerichtet zu koordinieren, ist für die Arbeit der Verbände eine entscheidende Erfolgs- und Effizienzbedingung. Bei kleineren, ehrenamtlich geführten Vereinen werden dieses Wissen und die Ressourcen häufig fehlen. Für die Verbände stellt sich hier in der Zusammenarbeit mit den angeschlossenen Einrichtungen die Aufgabe der Organisation und Beratung. Professionelle Führung der Vereine und Verbände
- Der effiziente Personaleinsatz legt sich nicht nur aus allgemeinen Effizienzbedingungen nahe, sondern auch wegen der Veränderung der Finanzierungslage. Umstellung der Finanzierung
- Finanziell waren die Einrichtungen stark von staatlichen Finanzmitteln bei Investitionen und Erbringung der einzelnen Leistungen abhängig. Deswegen wirken sich die Folgen der staatlichen Finanzknappheit bei den Steuern und die Finanzlage bei den Sozialversicherungen auf Grund der Beitragsentwicklung unmittelbar bei ihnen aus. Eigenmittel, Beiträge und Spenden müssten diese Ausfälle ausgleichen, wenn keine Einschnitte da sein sollen. Umstellung der Finanzierung
- Zudem erhielten die Einrichtungen bis in die Mitte der 90er Jahre hinein eine staatliche Finanzierung, bis sie kostendeckend arbeiteten, da sie ein Angebot vorhielten, das sonst die öffentliche Hand erbringen musste. Hierdurch wurden jedoch auch die Eigeninitiative der Einrichtungen zu Einsparungen und der Wettbewerb mit privaten Einrichtungen verhindert. Aus diesem Grund wurde die Finanzierung inzwischen (weitgehend) auf Leistungsentgelte umgestellt, die sich an den erstellten Leistungen und nicht mehr dem Finanzbedarf der Einrichtung orientieren. Umstellung der Finanzierung
- Diese marktdienliche Regelung führt in den Einrichtungen dazu, dass sie gezwungen sind, strikt kostendeckend zu arbeiten, um auf dem Markt der sozialen Dienstleistungen zu bestehen. Da Personalkosten einen unterschiedlich hohen Kostenfaktor darstellen, drängt sich ein kostengünstiger und effizienter Einsatz auf. Dieser kostengünstige und effektive Einsatz muss aber auch insgesamt bei allen anderen Ausgaben und Aufwendungen geschehen. Sozialmarkt
- Der Imperativ des effizienten und effektiven Arbeitens greift damit auf die Arbeitsabläufe in den Einrichtungen und den Verbänden zu. Die Verbände und Einrichtungen, die ihre Arbeit gegenüber öffentlichen Stellen darstellen, begründen und abrechnen müssen, Effizienz und Effektivität der Leistungen

sind in ihren internen Verwaltungsabläufen stark an die behördlichen Verwaltungsabläufe angelehnt. Die Verwaltungsreform, der Bürokratieabbau und die „Verschlankung" von Verwaltungsteilen wirken sich durch die Zusammenarbeit mit staatlichen Stellen und durch den Zwang zum sparsamen Wirtschaften bei ihnen aus.

Konkurrenz durch Private Träger

- Alle Anbieter sind in gleicher Weise davon betroffen, dass die Refinanzierung der Leistungen von kostendeckenden Zuschüssen auf Leistungsentgelte umgestellt wurde. Die Anbieter sind daher selber für ihre Kostensituation und ihren wirtschaftlichen Erfolg verantwortlich. Durch die Umstellung der bisherigen Investitionsfinanzierung auf Pauschalen oder gar Subjektförderung stellt sich die Frage analog bei allen Neu- oder Ersatzbeschaffungen. Die Kostenträger wiederum müssen aber das günstigste der vergleichbaren Angebote wählen; sie dürfen nur auf eine teurere Alternative zurückgreifen, wenn dort gemäß eines entsprechenden Qualitätsnachweises besser gearbeitet wird als in der kostengünstigeren Einrichtung.

Emanzipation der Hilfsbedürftigen, s. Selbsthilfebewegung

- Zu diesen Veränderungen, die sich vor allem auf die internen Verwaltungsabläufe auswirkten, gesellte sich eine gesellschaftliche Entwicklung, die zu einer Veränderung bei den Hilfebedürftigen führte. Die Einstellung derjenigen, die bislang als „Betroffene", „Bedürftige", Leistungsempfänger, „Klienten" und ähnliches tituliert wurden, änderte sich. Denn diese Betroffenen wollten zunehmend nicht mehr nur mit Leistungen als Klienten standardmäßig versorgt sein, sondern in ihrer Person wahrgenommen werden und individuell zugeschnittene Leistungen erhalten. Sie störten sich an einer bestimmten Art der Behandlung und monierten, dass bei Verbänden und ihren Einrichtungen zu wenig Unterschiede zur staatlichen Durchführung und zu einer Behandlung in einem Amt wahrzunehmen seien. Bei den Hilfeempfängern stellte sich ein höheres Selbstbewusstsein ein, das sich auch in der Selbsthilfebewegung niederschlug.

In den genannten Bereichen haben die Verbände gegenüber den Einrichtungen eine beratende und unterstützende Aufgabe: bei der Personalentwicklung, dem Bestehen am Markt, der Verwaltungsreform, dem Bürokratieabbau, dem Qualitätsmanagement und dem Umgang mit dem größeren Selbstbewusstsein der bisher so genannten Klienten.

6.13 Managementaufgaben in Wohlfahrtsverbänden

Sucht man nun nach den aktuellen Anforderungen und Managementaufgaben in Wohlfahrtsverbänden, so lassen sich als Trendlinien die

Neupositionierung der Wohlfahrtsverbände sowie die Frage des Verbandsmarketings nennen.

Verbände sind bislang meist ein Thema der politikwissenschaftlichen oder soziologischen Forschung gewesen. An dieser Stelle soll die politikwissenschaftliche Betrachtung bewusst in den Hintergrund treten, um den Blick frei zu machen für die Managementaufgaben des Verbandes.

6.13.1 Neupositionierung der Wohlfahrtsverbände

Nichtregierungsorganisationen politisch gewünscht

Die Verbände in ihrer Rolle als politischer Interessenvertreter und Akteur sind weitgehend unbestritten. Sie gehören zur Eigenart des deutschen, konservativen Wohlfahrtsstaatstyps und der Willensbildung in modernen demokratischen Gesellschaften (Kevenhörster 1997, 281-340). Im Gegenteil dürften die Wohlfahrtsverbände vom Niedergang der Arbeiterbewegung und der Lösung sozialer Probleme von der Zugehörigkeit zur Arbeiterschicht (Schmid 2002, 428 f.) als verbleibende Akteure eher profitieren. Auch werden „Nichtregierungsorganisationen" derzeit in verschiedenen Bereichen und unter verschiedenen Aspekten als vorteilhaft im Gegensatz zu staatlichem Handeln gesehen. Dies dürfte der Stellung der Wohlfahrtsverbände – zumindest wenn sie sich eher staatsfern geben – ebenso nützen.

Vereinbarkeit von politischer Aktivität und Dienstleistungsanbieter?

Anfragen an die Wohlfahrtsverbände erfolgen eher wegen ihrer zweifachen Rolle als Anbieter von Dienstleistungen und politischer Akteur. Die Kritik lässt sich pointiert dahingehend zusammenfassen, dass es zu einer unberechtigten Privilegierung der Sozialunternehmen der Wohlfahrtsverbände im Rahmen der besonderen Zusammenarbeit zwischen öffentlichen und freien Trägern kommt. Dies wurde insbesondere als Kartellbildung im Sinne des (deutschen und europäischen) Wettbewerbsrechts gesehen (Meyer 1999).

Europarechtliche Diskussion

Die Diskussion um die wettbewerbliche Stellung der Wohlfahrtsverbände wird auch auf europäischer Ebene geführt. Hier geht es um die Frage einer Sonderstellung einzelner Anbietergruppen (Wohlfahrtsverbände), die eine Wettbewerbsverzerrung im Sinne des europäischen Wettbewerbsrechts darstellt. Sofern man auf den Sozialbereich das Wettbewerbsrecht anwenden würde, müsste die EU sehr schnell auf einen Abbau der Privilegien der Wohlfahrtsverbände, zumindest in ihrer Rolle als Dienstleistungsanbieter, drängen. Dem steht das Konzept der Wohlfahrtsverbände als besondere Bestandteile einer gesellschaftlichen „Daseinsvorsorge" gegenüber, wodurch man eine Ausnahme aus dem Wettbewerbsrecht und damit eine Beibehaltung der Stellung der Wohlfahrtsverbände ableiten könnte (Schulte 2001, EU-Kommission KOM (2000) 580, KOM (2003) 270, Schellberg 2002).

Ökonomische Probleme der Einrichtungen von Wohlfahrtsverbänden

Die finanziellen Probleme der Einrichtungen werden die Verbände zu Grundsatzentscheidungen zwingen. Sie stehen dabei unter spezifischen ökonomischen Handlungsbedingungen: die besonderen Tarifverträge, die mehrfache und damit häufig wenig eindeutige Zielausrichtung oder die fehlende Bereitschaft, auf Grund geringer ökonomischer Attraktivität aus dem Markt auszuscheiden – konkret: eine Einrichtung zu schließen, wenn sie wirtschaftlich nicht mehr rentabel ist, und dadurch die Zielgruppe nicht mehr zu versorgen. Man kann hier zahlreiche weitere Probleme nennen (Wiemeyer 2001, Schellberg 2004, 5 f.).

Optionen der Neupositionierung

Hier finden sich die Wohlfahrtsverbände in der Phase einer Neupositionierung, die im Prinzip mit den Leitbilddiskussionen der 90er Jahre begann. Es geht hier im Wesentlichen um verschiedene Optionen:

- Der Fortführung des Status quo als Wohlfahrtsverband mit doppeltem Mandat und damit der Rolle eines politischen Interessenvertreters und gleichzeitig ethisch verantwortlichen Sozialunternehmers.
- Der Konzentration der Wohlfahrtsverbände auf die wirklich Bedürftigen in der Gesellschaft. Hierzu gehören diejenigen, die nicht durch staatliche Sozialpolitik versorgt werden. Die Wohlfahrtsverbände würden dementsprechend sich aus zahlreichen, vergüteten Feldern zurückziehen und sich tatsächlich in der Rolle des Barmherzigen Samariters (und nicht des Wirtes) wieder finden.
- Der Teilung in einen unternehmerischen Zweig der „Wohlfahrtsproduktion“ und einen ideellen Zweig, der sich als politischer Interessenvertreter und Akteur in einer Bürgergesellschaft sieht.
- Die Konzentration der Wohlfahrtsverbände auf die Einrichtungen und die Produktion von Wohlfahrt unter (weitgehendem) Rückzug aus dem „politischen Geschäft“. Hierdurch würden der wirklich erfolgreiche Bereich, der Betrieb von Sozialunternehmen, weitergeführt. Durch die gute Führung dieser Unternehmen könnte dann die (so gesehene) qualitativ schlechtere private Konkurrenz zurückgedrängt werden.

Je nach Ausgang dieser Positionsbestimmung werden die Verbände sich strategisch neu ordnen müssen – als „Bürgerbewegung“ oder als „Wohlfahrtskonzern“ oder „neu erfundener Wohlfahrtsverband“ etc.

6.13.2 Verbandsmarketing

Positionsbestimmung zu Mitgliedern

Eine zweite Baustelle der Wohlfahrtsverbände ist die interne Positionsbestimmung zu den Mitgliedern. Dies ist letztlich die Aufgabe des Verbandsmarketings gegenüber den eigenen Mitgliedern. Von den Wohlfahrtsverbänden ist keine hohe Neigung der Abwanderung zu hören, wie man es immer wieder bei anderen Verbänden – etwa den Arbeitgeberverbänden oder den Industrie- und Handelskammern – feststellen kann. Allerdings werden die Verbände in ihrer Funktion immer wieder hinterfragt.

Angebotsausweitung

Die Verbände boten schon immer den Einrichtungen Fort- und Weiterbildungsangebote sowie „Fachberatung“ an, d.h. ein Beratungsangebot zu fachlichen und teilweise auch organisatorischen Fragen der Anregungen durch hauptamtliche Mitarbeiter, den „Fachreferenten“. Diese Dienstleistungen wurden in vielen Verbänden erweitert, etwa zu Einkaufsgemeinschaften, gemeinsamen Qualitätsmanagement, Angebot von zentralen EDV-Dienstleistungen etc. Diese Dienstleistungen werden jedoch auch zunehmend direkt vergütet und nicht mehr mit pauschalen Umlagen abgegolten.

Franchising?

Eine Weiterführung dieser Angebotsausweitung führt dann zu Franchising-Konzepten. Der Verband bietet Einrichtungen die Nutzung des Markenzeichens sowie verschiedener zentraler Dienstleistungen im Rahmen eines Franchising-Vertrages. Die Einrichtung, der Franchise-Nehmer, verpflichtet sich im Gegenzug dazu, Qualitätsstandards, Leitbilder etc. einzuhalten. Franchising ist ein in der Privatwirtschaft durchaus gängiges Konzept, bei dem z.B. Fast-Food-Restaurants von Einzelnen auf eigene Rechnung betrieben werden, jedoch als Franchise-Nehmer für größere Ketten. Sie profitieren so vom gemeinsamen Marketing, der gemeinsamen Beschaffung von tiefgefrorenen Hamburgern, dem Wissen etc.

Diese Überlegung stößt dann natürlich schnell zu der Frage vor, ob und inwieweit die Wohlfahrtsverbände auch zu einer Markenbildung führen können, also etwa „Caritas“ beworben und dann auf die verschiedenen Dienste übertragen werden könnte. Diese Überlegungen sollen weitergehenden Publikationen zum Marketing überlassen bleiben.

6.13.3 Verbändeeinfluss – Korporatismus – Dritter Sektor

„Verbändestaat“?

Aus politischer Sicht werden auch immer wieder der „Verbändestaat“ und die Einflussnahme von Verbänden auf die politische Willensbildung thematisiert. Diese Debatte greift aus einer anderen Perspektive das doppelte Mandat (Kap. 6.5) auf.

Variationsbreite der Verbände

Neben den Parteien, die der politischen Willensbildung dienen, sind noch jene Verbände zu nennen, die bestimmte Themen besetzen und fachkundig vertreten, angefangen von den Wirtschaftsverbänden (Gewerkschaften und Arbeitgebervertreter) über Greenpeace oder den BUND, die für das Aufkommen und die Vertretung von Umweltthemen entscheidend sind, bis hin zu Freizeitverbänden wie Skatclubs oder

Sportvereinen wie Billard-Clubs, die für andere Arten des Zusammenlebens werben.

Die Sozialverbände gehören in diese Reihe, insofern sie soziale Themen wie Fähigkeit zum Mitleiden und Achtung von Randgruppen, Kritik am Sozialstaat oder Armutsberichte in der Gesellschaft thematisieren. Außerdem sind sie nicht nur eine Interessenvertretung der Einrichtung, sondern auch der Klienten und geben in großem Maße in den angehörenden Einrichtungen Sozialleistungen des Staates weiter.

Einfluss der Verbände

Alle Verbände beeinflussen zum einen das Meinungsbild der Bevölkerung und zum anderen die Gesetzgebung. Sie werden von Bundestag und Bundesrat angehört, bevor Entscheidungen auf den Gremienweg verabschiedet werden, und schon für den Referentenentwurf werden sie von den Ministerien befragt. Genauso wie Umweltverbände zu Expertenanhörungen vor neuen Umweltgesetzen geladen werden, erscheinen Vertreter der Wohlfahrts- und Sozialverbände als Experten auf Anhörungen zu gesetzlichen Reformvorhaben im Sozialbereich. Aus diesem Grund pflegen die Verbände auch informelle Kontakte zu den Behörden und Ministerien (Winter 1997).

Beispiel

Deutlich wurde dieser Einfluss z.B. bei der Debatte der Rentenreform im Dezember 2000. Zu der Expertenanhörung waren Fachleute und Vertreter der Sozialverbände geladen. Gerade die Vertreter der Wohlfahrtsverbände intervenierten dagegen, dass die gegenwärtigen Rentner nicht belastet werden, spätere Rentner allerdings umso stärkere Einbußen hinnehmen sollten. „Elf Kinder braucht die Frau“, brachte die Konsequenzen insbesondere für Frauen auf den Punkt. Die Anhörung führte dazu, dass der Gesetzesentwurf mit der Berücksichtigung der Kritik als Antrag in den Bundestag eingebracht wurde.

Es gilt zwar nicht für alle Argumente bei Expertenanhörungen, dass sie direkt als Änderungen in die Gesetze einfließen. Es kann aber ebenso wenig behauptet werden, dass diese Anhörungen und die Interventionen der Verbände keinerlei Auswirkungen hätten.

Beispiel

Ein anderes Beispiel für die politischen Aktivitäten der Verbände sind die Armutsberichte. Caritas und Diakonie haben zu Anfang der 90er Jahre in eigenem Auftrag Studien zur Verbreitung der Armut in der Bundesrepublik erstellt und diese Ende der 90er Jahre überarbeitet. Erst im Jahr 2001 wurde der erste Armutsbericht im Auftrag einer Bundesregierung erstellt.

Dieser wiederum ist von einer Arbeitsgruppe erstellt worden. Als Berater in dem Prozess der Erstellung waren allerdings die Arbeiterwohlfahrt, die Caritas, die Nationale Armutskonferenz u.a. eingebunden, so dass hier z. B. eine informelle Kooperation bei der Bereitstellung von Informationen vorliegt.

Kritik an den Verbänden

Darüber hinaus gibt es an dem Vorhandensein von Verbänden auch starke Kritik, die z.B. in der These vom Verbändestaat oder der „Herrschaft der Verbände" gipfelt. Das Verbändesystem bietet neben dem Mehrheitssystem und der Hierarchie der Herrschaft ein Referenzsystem, in dem bei Entscheidungen Bezug auf mehrere Gruppen hergestellt und soweit wie möglich eine einvernehmliche Regelung getroffen werden muss. Dieses System bleibt auch unabhängig von wechselnden Mehrheiten bestehen und sichert so nicht nur die Artikulation, sondern auch die Vermittlung von Interessen und die Aushandlung unter mehreren Partnern. Damit haben jene, für die sich die Wohlfahrtsverbände als Anwalt aussprechen, insgesamt eine einflussreichere Position als im reinen Wahlsystem, indem die Mehrheit den Ausschlag gibt. Insgesamt kann man sagen, dass

„es ... eher miteinander abgestimmte Sozialinteressen als Mehrheitsentscheidungen [gibt]" (Kevenhörster 1997, 329, vgl. die weitere Einordnung ders., 3. Aufl. 2008, 265-316).

Zwei Gesichter der Verbände

Die Verbände haben hierin eine besondere Stellung, die für sie mit einem Janusgesicht verbunden ist: Sie können ihre Anliegen relativ stark vertreten. Gleichzeitig sind sie aber auch stark in den Staat und die staatliche Verwaltung und Leistungserstellung eingebunden („inkorporiert"), so dass sich seine Gesetze, Änderungen in der Art der Finanzierung oder Kostenrechnung und in einer Wahlperiode gesetzte Akzente, in hohem Maß bei ihnen auswirken.

Wirkungen des Korporatismus

Dieses System hat allerdings gegenüber dem Modell der Mehrheitswahl bestimmte Nachteile; so neigt es stärker zu statischer statt dynamischer Politik. Durch die einvernehmlichen Regelungen ist es für Insider und die Bevölkerung schwer, eindeutig die Verantwortung zuzuordnen. Durch die Einbindung der Vorhandenen wird insbesondere neuen Mitgliedern der Marktzutritt erschwert. Die bekannten Führer können teilweise einen autoritären Politikstil gegenüber ihrer Partei oder ihres Verbandes durchsetzen, der sich letztlich immer aus Abstimmungsnotwendigkeiten mit der Umwelt des Verbandes ergibt. Es ist umstritten, ob damit gesamtgesellschaftlich die Handlungs- und Erneuerungsfähigkeit der Demokratie gefährdet ist.

Die korporatistische Politikvariante wird durch eine zunehmende, politisch-administrative Regulierung gefördert, wie sie insbesondere für die Arbeitsmarkt- und Sozialpolitik typisch ist. Die Verbände haben in der korporatistischen Politikvariante eine schwächere Position, da die finanziellen Vorgaben und inhaltlichen Maßstäbe durch den Staat oder die öffentlichen Träger festgesetzt werden.

Dritter Sektor – Debatte

Eine Weiterführung erfuhr diese grundsätzliche Debatte in der Diskussion um den Dritten Sektor, das Sozialkapital und die Zivilgesellschaft (Zimmer 2007; Schuppert 1995). Als erster und zweiter Sektor werden dabei der Markt mit Unternehmen und der Staat mit seinen Verwaltungsorganen angesehen. Der Dritte Sektor wäre der Bereich, der weder dem Markt noch dem Staat zuzuordnen wäre. Deswegen werden sie international auch als Non-Governmental-Organizations oder Non-Profit-Organizations bezeichnet. Dieser Dritte Sektor zeichnet sich in besonderer Weise dadurch aus, dass das Handeln der Akteure hier weder nach puren Markt- noch nach reinen Verwaltungsregeln funktioniert und dass weiterhin andere Mitglieder und Gruppen der Gesellschaft in ihm ein Zusammenleben praktizieren und Leistungen für die Gesellschaft erbringen. Hier werden auch jenseits von Mehrheiten aus demokratischen Wahlen und den dabei wirksamen Selektionsmechanismen und den beherrschenden Marktpositionen gesellschaftliche Kräfte für das Zusammenleben in der Gesellschaft vermutet.[8]

Zu diesem Sektor kann man alle unterschiedlichen Verbände und Organisationen zählen. Die Freien Träger lassen sich insbesondere wegen ihrer Gründungsgeschichte, ihres besonderen Leitbildes und ihres anwaltschaftlichen Auftretens im Zuge des doppelten Mandats dieser Gruppe zuordnen; allerdings würden sie eher der Gruppe der Quasi-NGO („QUANGOS“) angehören, da sie Aufgaben für den Staat wahrnehmen und sich überwiegend über Leistungsentgelte finanzieren

Mit dieser Einordnung ist eine positivere Bewertung des Einflusses gegenüber dem Neokorporatismus-Ansatz verbunden. Weiterhin kommt es zu einer stärkeren Würdigung lokaler Initiativen und Politik und nicht nur des Einflusses auf die Ebene der Bundes- oder Europapolitik.

Nutzen für den Staat

Der Nutzen für den Staat liegt darin, dass er Zugang zu unterschiedlichen gesellschaftlichen Gruppen erhält, eventuell auch zu Minderhei-

8 Im Vergleich zu den Positionierungsaufgaben der Wohlfahrtsverbände (6.11.1) betont dieser Ansatz eher die Notwendigkeit, die Optionen der Neupositionierung nicht als sich gegenseitig ausschließende Alternativen zu sehen, sondern als Synergieeffekte.

ten, mit denen er Gespräche führen und ihre Informationen und Einschätzungen für eine genauere Steuerung nutzen kann. Das Vorgehen wäre hier stärker deliberativ, also überlegend, da diese Gruppen über kein Veto-Recht und damit über keine Verhinderungsmacht verfügen.

Auch eine gewisse finanzielle Beteiligung ist möglich. Wenn Aufgaben, die vorher vom Staat wahrgenommen wurden, an Private delegiert werden, ergibt sich eine public private partnership.

Anerkennung durch Internationale Organisationen

Die NGO oder NPO erfahren von internationalen Organisationen in den letzten 20 Jahren zunehmend neue Aufmerksamkeit. Im Zuge einer stärker kooperativ vorgehenden Verwaltung bemüht man sich, nicht nur bisher anerkannte und bekannte Vertreter von Interessengruppen, sondern auch neue advokatorische Gruppen schon bei der Formulierung von Gesetzesinitiativen oder Entwicklung von Projekten mit einzubeziehen. Dies hat sich aus unterschiedlichen Faktoren als Neuerung gegenüber einer nur durchsetzenden, autoritativhandelnden Verwaltung ergeben.

Arbeitsaufgaben

30. Warum ist in Wohlfahrtsverbänden die Kenntnis der Gründungsgeschichten bedeutsam?
31. In vielen Wirtschaftszweigen wurden in den letzten Jahren Unternehmen von anderen Unternehmen aufgekauft. Überlegen Sie, ob der eingetragene Verein eine Rechtsform ist, die eine solche Unternehmensübernahme eher erschwert oder eher erleichtert!
32. Sie beginnen Ihre Tätigkeit in der Kreisgeschäftsstelle eines Wohlfahrtsverbandes. Welche Aufgaben dürften Sie dort erwarten?
33. Viele Einrichtungen von Wohlfahrtsverbänden klagen darüber, dass die vom staatlichen Kostenträger gewährten Leistungsentgelte oder Zuschüsse nicht ausreichen, um die Kosten zu decken. Diskutieren Sie, ob sich die Zugehörigkeit zu einem Wohlfahrtsverband im Hinblick auf dieses Problem eher positiv oder eher negativ auswirkt.
34. In immer mehr Sozialmärkten findet man private Wettbewerber der Wohlfahrtsverbände. Dies ist auch durchaus politisch gewollt; die besondere gesetzliche Stellung der Wohlfahrtsverbände wird abgebaut. Welche Bedeutung kommt in diesem Zusammenhang einer Diskussion der Organisationsziele zu?

7 Selbsthilfegruppen, Ehrenamt und Bürgerengagement

7.1 Einführung

Neben den öffentlichen Trägern, den Verbänden und Einrichtungen existieren mit den Selbsthilfegruppen, dem Ehrenamt und dem freiwilligen bürgerschaftlichen Engagement noch andere Formen, in denen Hilfe geleistet wird. Ihnen ist gemeinsam, dass sie keine staatlich finanzierten Sozialleistungen weitergeben und deswegen nicht im staatlichen Auftrag agieren; sie lassen sich aber auch nicht auf familiäre Bezüge reduzieren. In Deutschland und anderen liberalen Wohlfahrtsstaaten gehören sie ebenso wie die freien und privaten Träger zum offiziellen, staatlich moderierten Wohlfahrtsmix, so dass sie bei der Erbringung der Leistungen im Prinzip als eine gesellschaftliche vorhandene Hilfe berücksichtigt werden können. In sozialdemokratischen Wohlfahrtsstaaten können sie auf keine lange Tradition zurückgreifen.

Ein weiteres Merkmal ist, dass sie keine für jedermann einklagbaren Sozialleistungen oder Dienste, sondern eigenständige, komplementäre Hilfen anbieten. Es kommt damit zu einer eigenständigen Wohlfahrtsproduktion.

Lernziele

In diesem Abschnitt sollen Sie

- das Wesen der Selbsthilfegruppen verstehen ,
- ihre organisatorischen Besonderheiten benennen sowie
- die Bedeutung und den Wandel des Ehrenamts erkennen können.

Literatur

Bäcker, Gerhard; Bispinck, Reinhard; Hofemann, Klaus; Naegele, Gerhard; Neubauer, Jennifer: Sozialpolitik und soziale Lage in Deutschland, 2 Bde., 4. Aufl., Opladen, 2008, Bd. II, 576-592.

Badelt, Christoph; Hollerweger, Eva: Ehrenamtliche Arbeit im Nonprofit-Sektor, in: Ders. (Hrsg.), Handbuch der Nonprofit Organisation. Strukturen und Management, 4. Aufl., Stuttgart, 2007, 503-531.

Bürgerschaftliches Engagement: Auf dem Weg in eine zukunftsfähige Bürgergesellschaft. Bericht der Enquete-Kommission (= BT-Drucksache 14/8900 vom 3.6. 2002), Opladen, 2002.

Zimmer, Annette, Vereine – Zivilgesellschaft konkret, 2. Aufl., Wiesbaden, 2007.

7.2 Selbsthilfegruppen

Beispiel

Die Geschichte der Gemeinschaft der Anonymen Alkoholiker

„AA (Anonyme Alkoholiker, die Verf.) entstand 1935 in Akron, Ohio, aus einem Zusammentreffen von Bill W., einem Börsenmakler, mit Dr. Bob S., einem Chirurgen aus Akron. Beide waren hoffnungslose Trinker.

Als sich Dr. Bob und Bill trafen, wirkte das bei dem Arzt sofort. Diesmal fand er sich einem Menschen gegenüber, der genauso wie er gelitten hatte, dem es jetzt aber gut ging. ... Durch Bills überzeugend vorgetragene Gedanken wurde Dr. Bob sehr bald trocken und trank nie mehr. Der Funke war übergesprungen, der Grundstein für AA war gelegt.

Was ist AA?

... Kürzer kann man sagen: Die Anonymen Alkoholiker sind Frauen und Männer, die entdeckt und eingestanden haben, dass der Alkohol ein Problem für sie geworden ist. Sie bilden eine weltweite Gemeinschaft, in der sie einander helfen, nüchtern zu bleiben. Jeder, der den Wunsch hat, mit dem Trinken aufzuhören, ist den AA willkommen.

Da alle Mitglieder selbst Alkoholiker sind, haben sie ein besonderes Verständnis füreinander. Sie haben diese Krankheit – den Alkoholismus – am eigenen Leibe verspürt und in der Gemeinschaft gelernt, sie zum Stillstand zu bringen, indem sie Tag für Tag ganz ohne Alkohol leben.

So werden sie bei den AA "genesende Alkoholiker".

Wie helfen die AA?

Die Anonymen Alkoholiker treffen sich regelmäßig, um ihre Erfahrungen und Erkenntnisse auszutauschen. Durch den ständigen Kontakt mit den genesenden AA-Freunden, das Gefühl der Gemeinschaft und der Freundschaft kann der Zwang zum Trinken durchbrochen werden.

Der "Neuling" lernt, den Alkohol nur für den heutigen Tag stehen zu lassen. Anstatt dem Alkohol für alle Zeiten abzuschwören oder sich Sorgen zu machen, ob er morgen trocken bleiben kann, konzentriert sich der Alkoholiker darauf, jetzt und heute nicht zu trinken.

Sobald er keinen Alkohol mehr trinkt, bekommt er einen Teil seiner Krankheit in den Griff – sein Körper erhält die Möglichkeit, sich zu erholen. Wenn er nüchtern bleiben will, braucht er aber auch einen gesunden Verstand und ein gesundes Gefühlsleben...

Dem "Neuling" wird auch empfohlen, regelmäßig in AA-Meetings zu gehen, um mit anderen Alkoholikern in Verbindung zu bleiben und aus dem Genesungsprogramm zu lernen.

Wer gehört zu den AA?

Der Definition nach sind die AA eine Gemeinschaft, die nur Alkoholikern offen steht. Wir bestimmen nicht, ob jemand Alkoholiker ist. Wenn jemand ein Trinkproblem hat, kann er jederzeit zu uns kommen, um sich darüber auszusprechen. Er selbst mag dann bestimmen, ob auch er ein Alkoholiker ist (beachte: das hängt nicht von der Menge Alkohol ab, die jemand zuweilen oder oft zu sich nimmt!)."

(http://www.anonyme-alkoholiker.de/content/03info)[9]

7.2.1 Kennzeichen der Selbsthilfegruppen

Bedeutung des Ursprungsereignisses

Die Bedeutung des Ursprungsereignisses ist bei dem Beispiel der Anonymen Alkoholiker gut zu erkennen. Bill und Bob, die beide als hoffnungslose, therapieresistente Trinker gelten, schaffen es selbst, mit dem Trinken aufzuhören. Solche Phänomene bilden die Ausgangspunkte von Selbsthilfegruppen und darin liegt ihr Antrieb zum Handeln: Sie setzen sich von den etablierten Hilfen von Seiten des Staates oder von Seiten der Einrichtungen ab. Sie wehren sich gegen die Übermacht der Experten, die bestimmen, was behandlungsnotwendige Probleme sind, und die für ihre Existenzberechtigung hilfsbedürftige Menschen benötigen und deshalb verstärkt Probleme suchen, um weiterarbeiten zu können, und die Menschen zur Klientel machen. Dies schlägt sich in den Selbstverständnissen von Selbsthilfegruppen nieder.

7.2.1.1 Autonomie der Hilfsbedürftigen

Autonomie der Hilfsbedürftigen

Stattdessen setzen die Selbsthilfegruppen auf die Autonomie der Hilfsbedürftigen. Sie definieren selbst, was sie als Problem empfinden, und suchen, was sie eigenständig dagegen tun können. Dafür nehmen sie in diesen Gruppen vor allem die Hilfe von Menschen in derselben Situation an. Diese Hilfebeziehung hat einen wesentlichen Unterschied zu anderen Hilfebeziehungen: Die Helfenden sind gleichberechtigt, sie befinden sich in der gleichen Situation und benötigen ebenfalls Hilfe, vielleicht in anderen, vielleicht in denselben Bereichen. Diese Kennzeichen finden sich in der Selbstcharakterisierung der Anonymen Alkoholiker, aber auch bei anderen Selbsthilfegruppen deutlich wieder.

Kein Verbandsanschluss

Der Protest gegen die Klientelisierung zeichnet sich auch darin ab, dass die großen Wohlfahrtsverbände für die Selbsthilfegruppen in der Regel nicht zum verbandlichen Ansprechpartner wurden – bis auf den Deutschen Paritätischen Wohlfahrtsverband, der selbst zur Abwehr staat-

9 Die Seite liegt im Netz nicht mehr vor. Sie wurde hier trotzdem gewählt, da ihre Schilderungen für den Einstieg in das Thema sehr geeignet sind.

licher Eingriffe in freie Krankenhäuser entstanden war und durch die Aufnahme von Selbsthilfegruppen in den 70er Jahren stark angewachsen ist.

Diese konsequente Haltung führte beispielsweise auch dazu, dass zahlreiche Einrichtungen von Selbsthilfebewegungen sehr frühzeitig den Begriff des „Kunden" statt des „Klienten" verwendet haben, um damit die gleichberechtigte Stellung deutlich zu machen.

7.2.1.2 Spezifische Leistungen von Selbsthilfegruppen in der Gesellschaft

Innovationen

Die gesellschaftliche Aufgabe und Funktion, die die Selbsthilfegruppen übernehmen, kann man im Vergleich zu den öffentlichen und freien Trägern in spezifischer Weise verdeutlichen: Während das Zusammenspiel von freien und öffentlichen Trägern relativ eingefahren ist und beide außerdem voneinander abhängig sind, besitzen die Selbsthilfegruppen die Chance, tatsächlich eine Innovation in der Gesellschaft zu ermöglichen: So können sie unabhängig von politischen Mehrheitsbeschlüssen und Gesetzestexten agieren. Zudem üben sie Kritik an den herrschenden Routinen der Sozialen Dienste: Ihr Ziel ist es, die Hilfe durch sich selbst oder gleich Betroffene zu ermöglichen und nicht durch Experten. Die Teilnehmer wollen sich gegenseitig stärken, die Verantwortung für das eigene Leben zu übernehmen.

7.2.1.3 Vor- und Nachteile der weitgehenden Unabhängigkeit

Selbstbestimmung

Diese Möglichkeit liegt wesentlich darin begründet, dass die Selbsthilfegruppen in die enge Zusammenarbeit zwischen öffentlichen und freien Trägern nicht eingebunden sind. Nur durch diese Unabhängigkeit können sie ihre Ziele selbst setzen und ihr Vorgehen selbst bestimmen, unbeeinflusst von öffentlichen Trägern.

Unregelmäßige Finanzierung

Der Preis für diese Unabhängigkeit besteht allerdings in unregelmäßigen Zuschüssen von Seiten der Kommunen, so dass die Einnahmen bei Selbsthilfegruppen immer prekär sind und Einschränkungen in der Arbeit oder der Ausstattung der Räume auferlegen. So gibt es wesentlich mehr Selbsthilfegruppen als die Anonymen Alkoholiker oder den Verband allein erziehender Mütter und Väter, die quasi die Vorzeigeexemplare dieser Hilfsformen sind und mittlerweile als anerkannte Partner der großen Hilfeträger gelten; die meisten fristen in Privatwohnungen oder angemieteten Räumen ihr Dasein und sind nur für Insider zu erkennen. Sie verfügen über wenig andere Ressourcen als über die der Gruppenmitglieder.

Schwache Stellung

Dadurch haben die meisten Selbsthilfegruppen gegenüber den anerkannten Verbänden, Einrichtungen und öffentlichen Trägern eine schwache Stellung, so dass ihre Vorstellungen vom Umgang mit Krankheiten, zu Hilfeleistungen oder zur Umgestaltung der Krankenversicherungen z.B. von den öffentlichen Trägern nicht automatisch gleich gewichtet werden, wie Vorschläge von Verbandsvertretern.

Thematischer Schwerpunkt

Auch wenn die Zahl und die Themen der Selbsthilfegruppen unendlich offen sind, so lässt sich feststellen, dass sich viele um psychosoziale Themen oder um Bereiche des Gesundheitswesens bilden und sich die Gruppenmitglieder in diesen Feldern Hilfe gewähren (www.nakos.de). Solche Gruppen können zum Teil auch eine Förderung durch Krankenkassen erhalten.

7.2.2 Rechtsformen

Für Selbsthilfegruppen gibt es keine eigenständige Rechtsform. Selbstverständlich können sie sich als Verein organisieren. In der Praxis weisen Selbsthilfegruppen aber den geringsten rechtlichen Organisationsgrad auf. Auf den Rahmen des Vereins wird sogar teilweise bewusst verzichtet.

7.2.3 Organisationsformen

Genauso wie die rechtliche Form steht häufig auch die bewusste Ausgestaltung der Zusammenarbeit im Hintergrund. Die interne Arbeitsteilung, die effektive Erledigung bestimmter Aufgaben und die Öffentlichkeitsarbeit und insbesondere deren Formalisierung, die die Abläufe anderer Einrichtungen und Träger bestimmen, sind keine vorrangigen Anliegen von Selbsthilfegruppen.

Wollte man es in einem Organigramm darstellen, könnte es am ehesten so gestaltet sein:

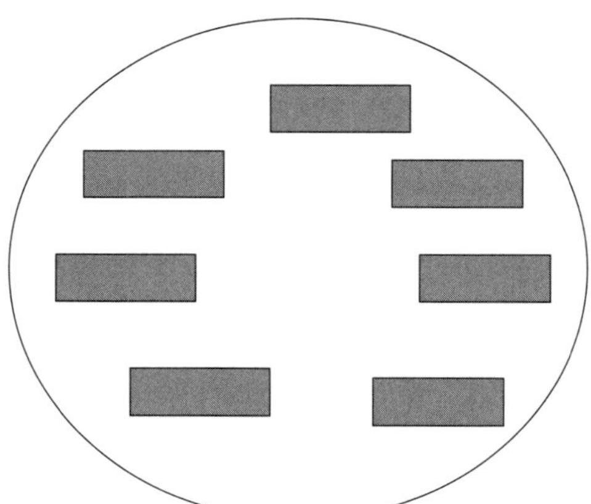

Abbildung 37: Organisation der Selbsthilfegruppen

Selbsthilfegruppen leben von einer anderen Organisationsform, die auf den ersten Blick als uneffektiv, sehr emotional und wenig zielgerichtet erscheint. Im Vordergrund stehen insbesondere das gegenseitige Verstehen und die gegenseitige Hilfe. Von daher werden die Beziehungen untereinander betont und die Tatsache, dass jedes Gruppenmitglied die gleichen Aufgaben wahrnehmen soll und kann. Insofern sind Selbsthilfegruppen instruktive Beispiele für Formen informaler Organisationsformen und die Bedeutung einer Organisationskultur.

Informale Organisation

Selbsthilfegruppen greifen zum Teil auf professionelle Helfer im Bereich der Beratung oder der Hintergrundorganisation zurück. Deren Einsatz und Aufgabenbereiche sind allerdings begrenzt, da die berufsmäßigen Helfer die Mitglieder der Selbsthilfegruppe nicht erneut hilflos machen oder ersetzen sollen.

Rolle der Professionellen

Allerdings kann man fragen, inwieweit die Gründungsfiguren wie beispielsweise Bill und Bob bei den Anonymen Alkoholikern nicht in gewisser Weise Experten für die Gruppen sind: Sie sind Vorbilder, sie haben es geschafft, sie zeigen den Weg, wie man selbst mit dem Problem umgehen kann, und haben auch vorgeführt, wie diese Gruppen und die Menschen in ihnen sich helfen sollen. Insofern sind sie zwar nicht berufsmäßige Experten, sondern eher Experten eines Lebensstils oder einer Lebensweise für die Gruppen.

Informale Experten

7.3 Ehrenamt und neues Bürgerschaftliches Engagement

7.3.1 Kennzeichen von Ehrenamt und neuem Bürgerschaftlichem Engagement

7.3.1.1 Ehrenamt

Das Ehrenamt ist eine alte Einrichtung und greift auf Elemente aus der Geschichte des Sozialstaates sowie der Entstehung der Vereine zurück. Das Ehrenamt ist eine Arbeit, die sich nicht auf den privaten Freundeskreis bezieht, sondern in der und für die Gesellschaft geschieht und die nicht als Erwerbsarbeit gilt. Sie wird im Regelfall unentgeltlich geleistet, eventuell wird eine geringe Aufwandsentschädigung gezahlt, die aber nicht den Gegenwert der Leistung abdeckt.

Zu solchen Ehrenämtern zählen die Tätigkeit als Wahlhelfer bei Kommunal-, Landtags- oder Bundestagswahlen, die Tätigkeit als Schöffe bei Gericht, die Mitarbeit in Sportvereinen oder in der Geschichte der Sozialen Arbeit die Tätigkeit als Bezirkshelfer im Elberfelder System.

Ursprünge des Sozialsystems

7.3.1.2 Freie Träger und Ehrenamtliche

Für die Freien Träger von Einrichtungen, insbesondere für die Vereine, ist die Tätigkeit und Mitarbeit von Ehrenamtlichen zwingend notwen-

Ehrenamtliche als Träger der Vereine

dig: Zum einen existiert der Verein rechtlich-institutionell als ein Zusammenschluss von Bürgern für einen selbst gewählten Zweck und man benötigt sowohl für die Mitgliederversammlungen als auch für die Besetzung der Vorstandsposten Personen, die diese Ämter ehrenamtlich ausfüllen. Zum anderen basiert die tatsächliche Arbeit der Vereine – im Gegensatz zu den Ämtern der öffentlichen Träger – auf der Einbindung und konkreten Mitarbeit von Ehrenamtlichen.

Krise des Ehrenamtes

So existentiell notwendig wie das Ehrenamt für die Vereine ist, so sehr sind sie von Ehrenamtlichen abhängig. Seit den 80er Jahren stellten die Vereine fest, dass sie zunehmend nur noch schwer neue Personen für diese Ämter oder die Arbeit gewinnen können.

Letztlich stellte sich bei der Suche nach den Ursachen heraus, dass Organisationen von dem Schwund der Ehrenamtlichen umso eher betroffen waren, je mehr die ehrenamtliche Arbeit mit der Übernahme von Aufgaben und Ämtern einen verpflichtenden und verbindlichen Charakter annahm und mit einer über längere Zeit bindenden Dauer des Engagements verbunden war. Eine weitere Kritik setzte daran an, dass solche ehrenamtliche Tätigkeit, wie sie die Vereine benötigen, mit einer vollen Erwerbstätigkeit eigentlich kaum vereinbar sei und dass sich in diesen Ämtern vor allem Personen finden, die nicht zu den Randgruppen in der Bevölkerung zählen und gleichzeitig nicht voll im Erwerbsleben stehen: Rentner, Frauen in oder nach der Familienphase und Jugendliche vor ihrem Berufsleben.

Neues bürgerschaftliches Engagement

Für andere Tätigkeiten hingegen zeigten sich die Menschen aufgeschlossener und waren an einer Aufgabe neben der Erwerbsarbeit ausdrücklich interessiert: Sie sollte freiwillig sein und man sollte zwischen Tätigkeiten oder Bereichen (Soziales, Sport, Gericht, Umwelt, Kunst) wechseln können. Sie sollte nicht nur Pflichten mit sich bringen, sondern wenigstens in gleicher Weise Spaß machen oder die eigene Person weiterbringen. Bei der Tätigkeit auch mitbestimmen oder eigene Ideen umsetzen zu können, wurde sehr begrüßt. Mit diesen Kennzeichen wird allgemein die sich gegenüber früher veränderte, gegenwärtige Motivation zum unentgeltlichen Einsatz für die Gesellschaft beschrieben und in einem neuen Begriff zusammengefasst: neues bürgerschaftliches Engagement.

Das bürgerschaftliche Engagement steht nicht nur für sich, sondern erfährt von zwei Seiten Auftrieb:

Erwerbsgesellschaft – Tätigkeitsgesellschaft

1. Der Club of Rome hat eine Studie vorgelegt, die auf Grund der weltweiten Konkurrenz und dem Erstarken der bisherigen Entwicklungsländer für die Zukunft ein Ende der Erwerbsgesellschaft prognostiziert (Giarini/Liedtke 1998). Nach deren Aussage ist

nicht für alle Menschen auf der Erde eine Vollzeiterwerbstätigkeit bei der Dynamik der technischen Entwicklung möglich, stattdessen wird weniger zur Verfügung stehen. Wenn bislang die Biographien jedes Menschen und die gesellschaftlichen Regelungen auf die Erwerbsarbeit ausgerichtet waren, dann stellt sich die Frage, was die Menschen dann mit ihrer Zeit machen und wie man die Gesellschaft in eine „Tätigkeitsgesellschaft" umstrukturiert, in der nicht nur Erwerbsarbeit der oberste Maßstab ist.

2. Ist dies noch eine eher akademische Studie, so erfährt interessanterweise das bürgerschaftliche Engagement seit 1998 eine vermehrt regierungsamtliche Förderung, insofern es Teil der Zivilgesellschaft ist. Es gab ein internationales Jahr der Freiwilligen und eine Enquete-Kommission für bürgerschaftliches Engagement.[10] Dass nicht nur der Staat gesellschaftliches Handeln regeln kann, sondern schon in der Gesellschaft Regelungsmechanismen vorhanden sind, die man nicht zerstören sollte, sondern eventuell sogar nutzen kann, ist ein Kernelement der Überlegungen zur Zivilgesellschaft und fördert soziale Formen neben staatlichen Organisationen wie das Ehrenamt.

Zivilgesellschaft

Bürgerschaftliches Engagement

Das bürgerschaftliche Engagement soll eine neue Form darstellen. Es ist aber auch deutlich, dass es dabei viele alte Elemente aufgreift. Denn das Helfen war früher jedem kulturell aufgegeben und zur Pflicht gemacht. Neu sind die Rahmenbedingungen, unter denen es praktiziert wird: Die Motivationslage für ein Engagement in der Freizeit hat sich verändert. Man kann feststellen, dass sich mehr Personen auf diese Weise engagieren möchten, als sie gegenwärtig an Möglichkeiten finden, und man kann unabhängig von direkter staatlicher Anordnung ein Hilfepotenzial gutheißen.

Andererseits gelten bei aller Wichtigkeit solcher Aktivitäten die Nachteile des Ehrenamtes auch weiterhin: Insbesondere jene, die Geld und Zeit haben oder von sich aus sehr aktiv sind, sind überproportional hier vertreten, nicht so sehr Menschen, die zu den Randgruppen der Gesellschaft gezählt werden.

7.3.2 Organisationsformen

Als Organisationsformen, an denen das freiwillige Engagement anknüpft, sind drei hervorzuheben: Vereine, Freiwilligenagenturen und Stiftungen.

10 Ideengeschichtlich fließen mehrer Strömungen zusammen: Forschungen zum Sozialkapital, die kommunitaristische Kritik, die Wiederentdeckung des Subsidiaritätsprinzips in der Europäischen Union sowie die Differenz von Staat und Gesellschaft.

Einbindung der Ehrenamtlichen

Das ehrenamtliche Engagement ist bis heute stark an die etablierten Vereine und Wohlfahrtsverbände gebunden. Dabei lässt sich eine Art ehrenamtlichen Engagements erkennen, das sich auf die Mitgliedschaft in Vereins- oder Stiftungsvorständen konzentriert. Hier werden zum einen Kontroll- und Aufsichtsfunktionen übernommen, teilweise aber auch geschäftsführende Aufgaben. Diese Ehrenamtlichen ersetzen zum Teil auch hauptamtliche Geschäftsführer.

Der zweite große Zweig des ehrenamtlichen Engagements ist die Mitarbeit im operativen Bereich, in der Arbeit mit den Klienten. In manchen Fällen übernehmen die Ehrenamtlichen Aufgaben, die ansonsten von Hauptamtlichen ausgeführt werden müssten (z.B. die Mitarbeit ehrenamtlicher Helfer im Rettungsdienst oder in Bahnhofsmissionen). Hier sind die Ehrenamtlichen meist eingegliedert in die regulären Organisationseinheiten der Organisation. Manchmal übernehmen die ehrenamtlichen Mitarbeiter zusätzliche Aufgaben, die nicht typischerweise von Hauptamtlichen übernommen werden (z.B. die Mitarbeit im Katastrophenschutz oder Begleitdienste im Krankenhaus). Diese Ehrenamtlichen werden meist in gesonderten Organisationseinheiten geführt.

Freiwilligenagenturen

In den letzten Jahren ist die Vermittlung ehrenamtlichen Engagements durch „Ehrenamtlichenbörsen“ oder „Freiwilligenagenturen“ (www.bagfa.de; www.engagement-macht-stark.de) aufgekommen, die nicht auf eine dauerhafte Eingliederung in Organisationen setzt, sondern auf zeitlich oder projektmäßig begrenzte Mitarbeit.

Hier melden sich Menschen (manchmal auch als Sponsoringaktivitäten von Firmen), die an einem freiwilligen, kurzfristigen Einsatz interessiert sind. Die Agenturen wissen über Einsatzmöglichkeiten, die Art der Projekte und den Bedarf an Mitarbeitern Bescheid.

In mehreren Städten sind solche Agenturen eingerichtet worden, entweder in der Trägerschaft von Vereinen oder in öffentlicher, kommunaler Trägerschaft. Inzwischen haben auch zahlreiche Verbände Freiwilligenagenturen eingerichtet, die sich jedoch auf die Gewinnung von Ehrenamtlichen für die eigene Organisation (und nicht als „Maklerbüro“ wie die „echten“ Freiwilligenagenturen) konzentrieren.

Die Erfolge der Freiwilligenagenturen sind bislang kurzfristig untersucht worden. Eine Hauptschwierigkeit für diese Agenturen liegt darin, dass sie für kurze Momente ihr Angebot vorhalten, dass fraglich ist, ob sie mit Stellen versehen sein müssen oder per Internet funktionieren würden, und dass sie einen Marktmechanismus koordinieren, der eventuell durch Betonung der Zivilgesellschaft und des Sozialkapitals in der Gesellschaft auch ohne diese Agenturen selbst funktionieren würde. Warum soll man sich an die Agentur wenden, wenn man ein solches Angebot schneller und unkomplizierter über andere Wege finden kann?

Stiftungen

Eine weitere Form des Bürgerengagements findet sich in Stiftungen. Sie haben in den letzten zehn Jahren u.a. durch die Erleichterung von Bürgerstiftungen zugenommen.

Rechtliche Organisationsform

Eine Stiftung kommt durch ein Stiftungsgeschäft zustande, das in einer Stiftungsurkunde festgehalten wird. Mit dieser Gründung wird der Stiftungszweck, d.h. die Aufgabe, die die Stiftung wahrnehmen soll, festgelegt. Weiterhin wird gleichzeitig eine bestimmte Vermögensmasse, das Stiftungskapital, dem Stiftungszweck überführt (BGB §§ 80-88, Palandt 2009, 55-61).

Im Gegensatz zum Verein ist eine Stiftung an eine finanzielle Gründung gebunden. Ihre Aufgaben finanziert sie aus eigenen Geldern und zwar genauer aus den Zinserträgen des Kapitals, das die Stiftung begründet. Damit ist bei einer Stiftung eine dauerhafte Finanzierung relativ sicher.

Mit der Erleichterung von Zustiftungen und Bürgerstiftungen hat die Zahl der Stiftungen in jüngster Zeit zugenommen. Weiterhin stellen die Bürgerstiftungen so etwas wie Sammelstiftungen dar, die sich häufig an lokalen Fragen und Möglichkeiten orientieren.

Über die Verfolgung der Ziele wacht der Stiftungsvorstand oder das Kuratorium der Stiftung. Sie haben im Rahmen der vorgegebenen und damit für immer feststehenden Ziele die Aufgabe, die Richtlinien für die Umsetzung zu erlassen.

Einordnung

Mit den Stiftungen ist ein Engagement für die Gesellschaft möglich, das nicht so sehr über das Einbringen eigener Zeit funktioniert wie beim traditionellen Ehrenamt, sondern durch ein finanzielles Engagement.

Durch die selbständige Finanzierung aus dem eigenen Stiftungskapital ist die Stiftung in ihrem Vorgehen von öffentlichen Mitteln oder Konditionen für die Vergabe von Mitteln recht unabhängig. Sie können auch selbst zu Finanzierern von Projekten werden und als solche auftreten.

Die ehrenamtliche Arbeit geschieht hier zum einen durch den Geldgeber, also den oder die Stifter, sowie durch die Vorstandsmitglieder, die die laufenden Stiftungsgeschäfte bestimmen. In einzelnen Projekten können Personen ehrenamtlich mitarbeiten, ihr Einfluss ist aber nicht so essentiell wie bei Vereinen oder Selbsthilfegruppen. Handlungsmacht hat der individuelle Stifter mit dem Stiftungsgeschäft selbst; danach ist die Stiftung seinem Einflussbereich rechtlich entzogen.

Generell können Stiftungen evtl. eine gewisse konservative, bewahrende Tendenz haben, da der Stiftungszweck, der einmal festgelegt wurde, und die Rechte des Stiftungsvorstandes, für immer den Stiftungszweck bilden. Die der jeweiligen Zeit und den Umständen angemessene Auslegung des Stiftungszweckes ist Aufgabe des Vorstandes. Dies kann sowohl im guten wie im schlechten Sinn eine bewahrende, dauernde und verlässliche Funktion sein.

Eine Änderung des Stiftungszweckes ist nur sehr begrenzt möglich, wenn der Zweck unmöglich erfüllt werden kann oder wenn dadurch das Gemeinwohl gefährdet würde.

Bei Bürgerstiftungen und durch die möglichen Zustiftungen ist ferner eine breitere gesellschaftliche Beteiligung möglich. (www.aktive-buergerschaft.de).

Gedankengut im Hintergrund

Durch diese Aktivitäten nehmen einzelne Mitglieder Einfluss auf die Gesellschaft. Sie fußen auf den Bewegungen des bürgerschaftlichen Engagements und der Zivilgesellschaft.

Pflege der Ehrenamtlichen

Bei den Ehrenamtlichen steht nicht so sehr die Wirtschaftlichkeit dieser Mitarbeit im Vordergrund. Aktiv zu gestalten ist vor allem die Personenorientierung und die Berücksichtigung der Human Ressourcen der ehrenamtlichen Mitarbeiter.

Die persönlichen Kompetenzen der Ehrenamtlichen und ihr Engagement in der Freizeit sind in die Ablauforganisation einzubeziehen. Sie können bevorzugt Arbeiten übernehmen, die bei ihnen ein positives Selbstwertgefühl hinterlassen oder eine starke persönliche Befriedigung auslösen. Insbesondere eignen sich dafür persönliche, zeitintensive Begegnungen wie z.B. Gespräche oder Spaziergänge, handwerkliche Arbeiten oder auch Mitgliedschaften in Vorständen. Geschieht dies allerdings, ergibt sich tendenziell das Dilemma, dass man mit der Tätigkeit der Ehrenamtlichen in der Institution fest rechnet, d.h. jeder einzelne Ehrenamtliche muss seine Mitarbeit zuverlässig ausführen, sie muss kontinuierlich geschehen und sie muss von der Institution und den Klienten erwartet werden können.

Bei den Stiftern ist der Einsatz des Geldes für den Stiftungszweck zu beachten. Hier ist durchaus auf Wirtschaftlichkeit und Einsatz der Spenden im Sinn der Stifter zu achten.

7.4 Entwicklungslinien

Ausweg aus Finanzknappheit?

Selbsthilfegruppen und das freiwillige bürgerschaftliche Engagement erfahren von Seiten der Gesellschaft eine neue Anerkennung durch Sozialpreise oder Auszeichnungen. Die Selbsthilfebewegung, das Ehrenamt und die unterschiedlichen Formen des bürgerschaftlichen Engagements geben keine staatlich finanzierten Dienstleistungen weiter. Es kann aber zu einer eigenen Wohlfahrtsproduktion kommen, die nicht zwingend notwendig, aber häufig eine stärkere Partizipation und Einflussnahme in eigenen Angelegenheiten ermöglichen. Diese können innovativ für staatliche Angebote sein oder auch eine gesellschaftliche Gegenbewegung darstellen.

Sie erhalten aber wegen der Finanzknappheit und der Reform des Sozialstaates auch neue staatliche und politische Aufmerksamkeit. Denn die Unterscheidung zwischen den Hilfen, die nur von den öffentlichen Trägern zu leisten sind, und den Angeboten, die auch von anderen bereitgestellt werden können, kann Einsparungen ermöglichen. Dazu muss man die schon vorhandenen Netzwerke und Hilfen, die sich von „unten", eigenständig gebildet haben, in das Geflecht von Hilfen einbinden. So kann der Staat bei der Dimensionierung seiner Angebote auf die schon vorhandenen und funktionierenden Angebote achten.

Politische Einbindung problematisch?

Dies entspricht der Tradition einer Mischung unterschiedlicher Träger von Einrichtungen. Für die Selbsthilfegruppen und das freiwillige Engagement können jedoch Konflikte aus der politischen Einbindung entstehen, da sie organisatorisch nur bestimmte Dinge leisten können: Sie sind örtlich gebunden und in ihrer Arbeit zeitlich begrenzt, und ihre Gründung kann nicht vorgeschrieben werden. Durch eine Einbindung würden sie ihre staatliche Unabhängigkeit gefährden.

Arbeitsaufgaben

35. Was besagt die Idee von der »Autonomie« der Hilfebedürftigen?
36. Ist die Gründungsgeschichte der Selbsthilfebewegung mit der Gründungsgeschichte der Wohlfahrtsverbände vergleichbar?
37. Kann man von der »Krise des Ehrenamts« sprechen oder sollte man besser von einem »Wandel des Ehrenamts« sprechen?
38. Immer wieder wird über »soziale Pflichtjahre« oder »verpflichtende Sozialzeit« diskutiert. Diskutieren Sie, welche Konsequenzen für soziale Organisationen eine Verpflichtung aller Bürger zu drei Stunden »ehrenamtlicher Sozialzeit« hätte!

8 Die Organisation von sozialen Dienstleistungsunternehmen

8.1 Einführung

In diesem Abschnitt wollen wir uns den sozialen Dienstleistungsunternehmen, den „Einrichtungen“, widmen, unabhängig von ihrer öffentlichen oder freien Trägerschaft. Hierunter sollen die Organisationen und Einrichtungen verstanden werden, die in erster Linie die Dienstleistungsfunktion (siehe Funktionsmodell Kapitel 4.3.) wahrnehmen. Hier geschieht die direkte, unmittelbare sozialarbeiterische Arbeit am Kunden. Diese Dienstleistungsunternehmen sind am stärksten mit dem „Betrieb“ in der Betriebswirtschaft vergleichbar.

Lernziele

Die Lernziele dieses Abschnitts sind

- ein Grundverständnis für die Begriffe „Träger“ und „Einrichtung“ zu erhalten und
- die Beziehungen zwischen beiden beschreiben und kategorisieren können;
- die Rechtsform der sozialen Dienstleistungsunternehmen sowie
- die interne Steuerungs- und Organisationsstruktur beschreiben können.

Literatur

Steinmann, Horst; Schreyögg, Georg: Management. Grundlagen der Unternehmensführung. Konzepte – Funktionen – Fallstudien, 5. Aufl., Wiesbaden, 2000, 373-428.

8.2 Soziale Dienstleistungsunternehmen und Träger

Die bisherige Darstellung der „Träger“ der Sozialen Arbeit stellt vorrangig auf die äußere, rechtliche und politische Einbettung der Organisationen ab. Insbesondere im Abschnitt zu den freien Trägern und den Wohlfahrtsverbänden wurde jedoch schnell deutlich, dass noch auf den Teil der Organisationen eingegangen werden muss, der direkt die sozialen Dienstleistungen am Kunden erbringt. Diese sollen im Folgenden als Soziale Dienstleistungsunternehmen bezeichnet werden; sie können in öffentlicher oder freier Trägerschaft sein.

Beispiel

Das Senioren-Service-Zentrum (SSZ) bietet stationäre und ambulante Pflege, einen Mahlzeitendienst, Hausnotruf und betreutes Wohnen an. Der Geschäftsführer des Zentrums ist für die Arbeit, Umsatz, Personal und Finanzen verantwortlich. Träger des Senioren-Service-Zentrums ist ein Verein, der dem Caritasverband angehört. Das Zentrum hat sich dem Leitbild des Caritasverbandes verpflichtet und übernimmt die Ergebnisse der Entgeltverhandlungen sowie die Arbeitsvertragsrichtlinien (den „Tarifvertrag").

In diesem Fall finden wir drei Einheiten: Das Dienstleistungsunternehmen SSZ erbringt unmittelbar die Dienstleistung an den Senioren. Träger des SSZ ist ein Verein. Dieser Verein ist dem Caritasverband angeschlossen. Mit der Beschreibung des Vereins oder des Caritasverbandes allein erhält man nur wenige Erkenntnisse über die Organisation und Arbeitsweise des SSZ.

Träger in Eigentümerfunktion

Der „Träger" eines Dienstleistungsunternehmens hat eine Rolle, die eher einem Eigentümer (Gesellschafter, Aktionär) eines Unternehmens vergleichbar ist. In manchen Fällen hat er auch tatsächlich diese Funktion. Der Träger stellt das Stammkapital zur Verfügung, er hat die Verfügungsrechte (Eigentümerrechte) am Unternehmen (kann also z.B. das Unternehmen verkaufen oder schließen), er bestellt den Geschäftsführer und er übernimmt die Haftung (Deckung von Defiziten). Wie der Eigentümer kann der Träger auch selbst die Geschäftsführung übernehmen. Anders als der Eigentümer eines Unternehmens hat der Träger jedoch meist auch eigene Anliegen, die sich insbesondere in der politischen oder philanthropischen Funktion wieder finden.

Einrichtung auf die Dienstleistungserbringung ausgerichtet

Die Einrichtung, übernimmt dagegen die Dienstleistungsfunktion und ist insofern ein Dienstleistungsunternehmen. Es erbringt Leistungen für die Kunden (den Klienten oder den öffentlichen Kostenträger) und erhält hierfür eine Vergütung. Diese Vergütung kann neben den Leistungsentgelten auch in Form eines Zuschusses oder einer garantierten Übernahme des Defizits durch den Träger erfolgen. Das Dienstleistungsunternehmen arbeitet sachrational und zielgerichtet auf die Dienstleistung – und es arbeitet mit einer spezifischen Wirtschaftlichkeit: Die angestrebten Leistungen (und deren Qualität) müssen mit einem möglichst geringen Mitteleinsatz erfolgen. Diese Arbeitsweise und Funktion sind grundsätzlich relativ unabhängig von der Art des Trägers oder auch von der Verbandszugehörigkeit. Die im Prinzip doch ähnliche Arbeitsweise auf operativer Ebene war eine der frühen Erkenntnisse des Sozialmanagements (Frank 1994).

Die Dienstleistungsorientierung kann gut an folgendem Beispiel deutlich gemacht werden:

Beispiel

Eine Diakoniestation leistet ambulante Pflege nach dem SGB V und XI. Um den diakonischen Charakter der Station herauszuarbeiten, gleichzeitig aber eine klare betriebswirtschaftliche Ausrichtung zu haben, bietet der Träger (die Diakonievereine) die Möglichkeit „diakonische Leistungen" mit ihnen abzurechnen. Diakonische Leistungen sind z.B. Gespräche, Begleitung zu Aktivitäten, Seelsorge. Zuschüsse zum allgemeinen Betrieb der Diakoniestation gibt es aber nicht. Die Diakoniestation ist klar dienstleistungsorientiert, sogar das diakonische Profil wurde über diakonische Leistungen als Dienstleistung eingebracht.

Letztlich folgt auch die Idee des neuen Steuerungsmodells mit den Elementen des Kontraktmanagements zwischen Verwaltung und Politik und der Beschreibung von Produkten der Idee einer Verwaltung als Dienstleistungsunternehmen.

8.3 Die Beziehungen zwischen Träger und Dienstleistungsunternehmen

Vielfältige Konstellationen

Die Trennung der Rollen als Träger und als Dienstleistungsunternehmen folgt nicht immer dem im vorhergehenden Abschnitt angedeuteten Idealtypus. Insofern ist die skizzierte Trennung zwar punktgenau, jedoch nicht randscharf.

Vielmehr finden sich vielfältige Konstellationen der Beziehungen zwischen Träger und Einrichtungen. Diese variieren nicht nur von Träger zu Träger, sondern selbst innerhalb der Träger gibt es unterschiedliche Varianten.

Sie sind in diesem Zusammenhang sicher nicht in den verschiedenen Ausprägungen beschreibbar. Es sollen daher im Folgenden einige Idealtypen beschrieben werden, die wohl einen Großteil der Ausprägungen abdecken.

Beispiel

Die ambulanten Pflegedienste der Caritas, die Sozialstationen, sind in manchen Diözesanverbänden als Abteilung des Diözesanverbandes geführt, in anderen Diözesen sind die Sozialstationen in Trägerschaft der Ortscaritasverbände, in anderen wiederum in Trägerschaft der Kirchengemeinden, dann aber dem Caritasverband angeschlossen. Es finden sich auch Mischformen, bei denen die Trägerschaft zwar bei den Kirchengemeinden liegt, die Mitarbeiter jedoch beim Diözesancaritasverband beschäftigt sind.

Die Gründe für die unterschiedlichen Träger-Einrichtungs-Konstellationen lassen sich vermutlich hauptsächlich auf historische und politische Gründe zurückführen. Mit der Diskussion der Vor- und Nachteile im Folgenden soll nicht der Versuch einer Begründung der Konstellationen unternommen werden.

8.3.1 Einheit von Träger und Einrichtung

Einheit von Träger und Einrichtung

Der einfachste und klarste Fall liegt vor, wenn es eine operative Einheit von Träger und Einrichtung gibt. Dies ist z.B. im Folgenden gegeben:

Beispiel

Der Verein betreibt eine Jugendbegegnungsstätte. Der Vereinsvorstand übernimmt die Geschäftsführungsaufgaben; er unterzeichnet Verträge und Rechnungen und hat sich zahlreiche Entscheidungen über Vorgänge in der Einrichtung vorbehalten. Es gibt keine finanzielle Abgrenzung zwischen Verein und Jugendbegegnungsstätte. Zwar wurde ein Einrichtungsleiter berufen, der jedoch nicht die Geschäftsführungsaufgabe für den Verein hat. Alle finanziellen Vorgänge der Einrichtung sind unmittelbar Vorgänge des Vereins. Kennzeichnend ist, dass Vereinsbuchhaltung und Buchhaltung der Einrichtung nicht getrennt werden.

Abbildung 38: Einheit von Träger und Einrichtung

Kleinere Einrichtungen

Solche Konstellationen findet man heutzutage nur in kleineren Einrichtungen, die mit wenig finanziellem Aufwand arbeiten oder die wenigen äußeren rechtlichen und verwaltungstechnischen Anforderungen unterliegen.

Identität

Vorteile einer solchen Organisationsform sind ihre Übersichtlichkeit und die geringen Schnittstellen. Der Vorstand ist unmittelbar für die Arbeit der Einrichtung zuständig; es gibt keine Übersetzungs- oder Kommunikationsprobleme. Der Verwaltungsaufwand ist gering. Durch die direkte Einbindung des Vorstandes in den Verein wird eine hohe Identifikation erreicht.

Fehlende Komplexität

Eine solche Organisationsform ist ungeeignet für größere Einrichtungen. Sie zeichnen sich durch zunehmende Komplexität aus, die nicht mehr von einem (womöglich ehrenamtlichen) Vorstand überschaut werden kann. Es besteht auch die Gefahr der Vermischung von Vereins- und Einrichtungsinteressen, die insbesondere von öffentlichen Kostenträgern kritisch kontrolliert wird. Sie befürchten die Subventionierung des Vereins auf Kosten der Finanzmittel, die der Einrichtung zugedacht sind. Eine Risikotrennung zwischen Verein und Einrichtung ist nicht möglich; Defizite oder Fehler der Einrichtung schlagen unmittelbar auf den Verein durch. Kritisiert wird auch oft, dass Mitarbeiter der Einrichtung gleichzeitig Mitglied des ehrenamtlichen Vereinsvorstandes sind und hierdurch eine Rollenkonfusion als Vorgesetzter des Einrichtungsleiters (Vereinsvorstand) und Mitarbeiter des Einrichtungsleiters vorprogrammiert ist. Nachteilig wirken sich meist auch die eher langwierigen, oft eher politischen Entscheidungsprozesse im Vereinsvorstand oder der Mitgliederversammlung aus.

8.3.2 Träger als „Eigentümer"

Träger als Eigentümer

In manchen Fällen wird sich der Träger aus dem laufenden, operativen Geschäft heraushalten und die unternehmerischen Aufgaben einem Geschäftsführer übergeben. Idealtypisch findet man auch eine rechtliche Trennung zwischen Träger und Einrichtung (meist als GmbH organisiert, im Falle öffentlicher Unternehmen auch als Kommunalunternehmen oder Zweckverband). Der Träger ist im Fall freier Träger dann meist als Verein organisiert, die Einrichtung als GmbH. Ist der Träger eine öffentliche Verwaltung, so kommen hier auch die verschiedenen Rechtsformen öffentlicher Unternehmen (Kommunalunternehmen, Zweckverband) in Betracht.

Geschäftsführer

Der Träger beschränkt seine Aufgabe gegenüber der Einrichtung meist auf grundsätzliche Entscheidungen, die Wahrnehmung seiner Kontrollaufgaben und eine Förder- und Unterstützungsfunktion. Die Einrichtung wird dann von einem Geschäftsführer geleitet, der über eine eigene Personal- und Finanzverantwortung verfügt.

Beispiel

Der Behindertenhilfe-Verein verfügt über einen „politischen Arm“ (politische Stellungnahmen, Stadtteilaktivitäten, „Rolli-Demos“) und einen Dienstleistungsbereich (Behindertenassistenz, Altenpflege, Schulprojekt). Der Dienstleistungsbereich wird in der Rechtsform einer GmbH geführt. Er wird durch einen Geschäftsführer geleitet, der z.B. auch Arbeitsverträge und Leistungsvereinbarungen schließt, für die Positionierung des Dienstleistungsangebotes am Markt und beim öffentlichen Kostenträger sorgt sowie die Verantwortung dafür trägt, dass die GmbH mindestens kostendeckend geführt wird. Einziger Gesellschafter der GmbH ist der Behindertenhilfe e.V. Der Vorstand des Vereins ist Gesellschaftervertreter.

Im Falle von Verlusten der Dienstleistungs-GmbH tritt der Behindertenhilfe e.V. nur bis zur Höhe des in der GmbH eingesetzten Kapitals ein. Eine darüber hinaus gehende Verlustdeckung ist freiwillig.

Eigenständigkeit

Ein Vorteil einer solchen Organisationsform ist die relative Eigenständigkeit der GmbH (die aber durch die Geschäftsordnung oder Satzung der GmbH durchaus auch beschränkt werden kann), wodurch in der Regel schnell und unmittelbar an den Bedürfnissen der Dienstleistungs-GmbH ausgerichtet entschieden werden kann. Die Gefahr des „Überschwappens“ der politischen Interessen in die GmbH wird verringert; umgekehrt wird eine unbemerkte Quersubventionierung durch den Verein („der Griff in die Keksdose“) verhindert. Die Risiken werden klar getrennt – der Bestand des Vereins ist bei einer Auflösung der GmbH nicht gefährdet.

Die Dienstleistungs-GmbH ist Vertragspartner am Markt; was bei öffentlichen Kostenträgern oder Marktpartnern meist leichter vermittelbar ist.

Auch in der öffentlichen Verwaltung wird eine solche Ausgliederung vorgenommen, um das relativ enge Korsett der Haushalts- und Stellenplanung oder der Tarifverträge des öffentlichen Dienstes zu verlassen.

Höherer Verwaltungsaufwand und geringere Identifikation

Nachteile dieser Konstellation sind zunächst der höhere Verwaltungsaufwand (es müssen zwei Jahresabschlüsse erstellt werden, es gibt mehr Gremien etc.) und der „weitere“ Kommunikationsweg zwischen Verein und Dienstleister. Unter Umständen nimmt die gegenseitige Identifikation des Vereins mit dem Dienstleister und umgekehrt ab. So sieht der Verein irgendwann nicht mehr die Probleme oder gar den ursprünglichen Zweck, der mit dem Dienstleister verbunden war. Die Dienstleister umgekehrt identifizieren sich unter Umständen weniger mit den Zielen des Vereins.

Beispiel

Der Behindertenhilfe e.V. hatte ursprünglich den Dienstleistungsbereich als unmittelbare Hilfe für Behinderte gegründet. Angesichts anhaltender Defizite der GmbH beginnt jedoch die Diskussion, ob ein ideeller Verein überhaupt einen solchen Dienstleistungszweig unterhalten solle. Mit dem Geld, das man für Defizite ausgebe, könne man ja gut jeden Behindertenhilfe-Dienstleister unterstützen. Dies sei ja vielleicht sogar wirtschaftlicher als eine eigene GmbH.

Besonderheit kirchlicher Einrichtungen

Eine besondere Konstellation findet sich bei den kirchlichen Wohlfahrtsverbänden. Hier wird zwischen privaten Vereinigungen, die von den Gläubigen gegründet wurden, und öffentlichen Vereinigungen (im Sinne des Kirchenrechts), die von der Kirche eingerichtet wurden, unterschieden. Caritas und Diakonie sind private Vereine, die ihr Vermögen auch frei verwalten, jedoch haben die Kirchengremien besondere Aufsichts- und Entscheidungsrechte (Falterbaum 2000, 29 ff.). So ist vor Ort in der Regel der Gemeindepfarrer Mitglied im Vorstand des jeweiligen Ortsverbandes bzw. der Einrichtung. Faktisch haben die Einrichtungen vor Ort jedoch eine unterschiedlich große Abhängigkeit von der jeweiligen Kirchengliederung entwickelt.

8.3.3 Konzernstruktur

Konzernstruktur

Verwandt mit dem gerade dargestellten Typus ist die Konzern-Struktur. Der Verein wächst und unterhält mehrere Dienstleistungs-Gesellschaften. An diesen Gesellschaften ist der Verein – wie im vorstehenden Beispiel – beteiligt und lässt den Dienstleistungsgesellschaften, den „Tochtergesellschaften", relativ große Unabhängigkeit. Der Verein übernimmt die Rolle einer „Muttergesellschaft", auch oft „Holding" genannt, im Konzern. Die Steuerung der Tochtergesellschaften nimmt bei der Muttergesellschaft (dem Verein) eine große Rolle ein und erfordert einen eigenen hauptamtlichen Apparat. Der Vorstand und ein Verwaltungsbereich im Verein sind nur mit der Steuerung der Dienstleistungsgesellschaften befasst. Die Steuerung erfolgt meist über Zielvereinbarungen und Budgets.

Beispiel

Der Deutsche Malteser-Ritterorden ist auf Bundesebene als Orden organisiert. Dem Ritterorden ist ein Verein über die Satzung verbunden, der Malteser Hilfsdienst e.V. Er bündelt die ehrenamtlichen Aktivitäten. Der Orden hält weiterhin eine Kapitalbeteiligung an der Deutschen Malteser gGmbH. Diese ist Holding für drei weitere Gesellschaften, den Malteser Hilfsdienst gGmbH, die Malteser Trägergesellschaft gGmbH sowie die Malteser Werke gGmbH.

Die Malteser Hilfsdienst gGmbH ist der hauptamtliche Zweig der Malteser Hilfsdienst e.V. mit dem Arbeitsschwerpunkt Rettungsdienst und Katastrophenschutz. Malteser Hilfsdienst e.V. und gGmbH arbeiten vor Ort zusammen. Die gGmbH ist in Bezirksgeschäftsstellen gegliedert.

Die Malteser Trägergesellschaft ist Träger der stationären Einrichtungen (Krankenhäuser, Hospize, Altenheime). Die Malteser Werke betrieben andere, auch nicht-stationäre Angebote insbesondere Jugend- und Suchthilfe sowie Migrationsdienste. Die Trägergesellschaft und die Malteser Werke sind nach Einrichtungen gegliedert.

Auf der Ebene der Deutschen Malteser gGmbH ist eine Controllingabteilung angesiedelt, die die Aktivitäten der Teilgesellschaften beobachtet und steuert (www.malteser.de vom 10.04.2004, Malteser Hilfsdienste 1998).

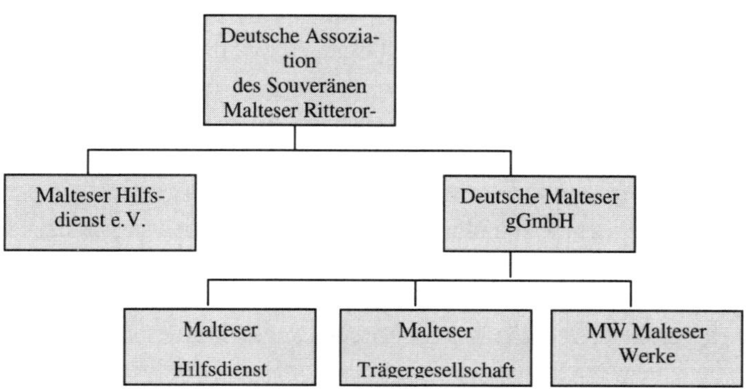

Abbildung 39: Struktur des deutschen Malteser Ritterordens

Der Vorteil einer Holding-Struktur ist die Möglichkeit, vielfältige Einrichtungen in einer Organisation zusammenzuführen. Hierdurch ent- Größenvorteile und Synergien stehen unter Umständen Größenvorteile und Synergieeffekte zwischen den angeschlossenen Einrichtungen. Auf Grund der klaren Zuordnung können diese Potenziale besser genutzt werden, z.B. durch zentrale Vorgaben, Weitergabe von Know-How, einheitliche Ausbildung von Personal, einheitliche Infrastruktur, gemeinsames Beschaffungswesen etc. Große Organisationen haben allerdings in der Regel den Nachteil der hohen Unüberschaubarkeit, Schwerfälligkeit und Komplexität. Durch die rechtliche und organisatorische Trennung zwischen den Tochtergesellschaften bei gleichzeitiger Zusammenbindung in der Mutterorganisation wird oft der goldene Mittelweg zwischen „Groß" und „Klein" gefunden.

Gefahr der Auseinanderentwicklung

Der Nachteil einer solchen Organisationsstruktur besteht in der Gefahr, dass sich die Tochtergesellschaften auseinander entwickeln und sogar Konkurrenz zwischen den Töchtern entsteht. Die Beziehungen zwischen Muttergesellschaft und Töchtern reduzieren sich zunehmend auf finanzielle Beziehungen; die unter Umständen gewünschten ideellen Aspekte geraten manchmal in den Hintergrund.

Versäumt die Muttergesellschaft ihre Controllingaufgaben, so entsteht auf Seiten der Tochtergesellschaft ein Macht- und Kontrollvakuum. Managementfehler bleiben so oft unentdeckt und im schlimmsten Fall kann es missbräuchlich genutzt werden, etwa für persönliche Ziele der Manager.

8.3.4 Verbandsstruktur

Verband, kein Konzern

Immer wieder findet man den Vergleich eines Verbandes mit einem Konzern. Wesen des Verbandes ist – wie im Abschnitt Wohlfahrtsverbände gezeigt wurde – jedoch eine Organisation, die sich von den Verbandsmitgliedern her aufbaut. Der Verband ist nicht wie bei einem Konzern „von oben nach unten" aufgebaut, sondern „von unten nach oben". Die Mitglieder des Verbandes schließen sich zusammen und steuern den Verband über ihre Beschlüsse.

Faktische Einflussmöglichkeiten

Diese idealtypische Darstellung trifft jedoch die Realität der deutschen Wohlfahrtsverbände im Allgemeinen und die Situation des einzelnen Verbandsmitglieds nur zum Teil. Zum einen sind zumindest die kirchlichen Verbände an die jeweiligen Kirchen angeschlossen. Die jeweilige Kirchengliederung hat in der Regel eine formale (z.B. durch eine Festlegung auf bestimmte Vorsitzende) oder informale (z.B. „das ist auch im Interesse des Generalvikars") Steuerungsmöglichkeit – unabhängig vom Willen der Verbände.

Zum anderen entfaltet der Verband ein Eigenleben. Gerade kleinere Einrichtungen, Einrichtungen mit Finanzproblemen, die auf Zuschüsse des Verbandes hoffen, oder wenig professionalisierte Einrichtungen erleben den Verband eher als „vorgesetzte Stelle“ denn als demokratische Veranstaltung.

Innerhalb der Verbandsstruktur gibt es insofern zwischen und innerhalb der Träger, von regionaler Gliederung zu regionaler Gliederung und von Arbeitsfeld zu Arbeitsfeld große Unterschiede.

Vielfältige Verbandsstrukturen

Beispiel

Eine typische Konstellation ist folgende: Ein Verein ist Gesellschafter einer Dienstleistungs-GmbH. Der Vereinsvorstand besteht aus Ehrenamtlichen, die jedoch über wenig fachliche Erfahrung und Kenntnisse im Arbeitsfeld des Dienstleisters verfügen. Der Verein ist Mitglied eines Wohlfahrtsverbandes. Dieser Wohlfahrtsverband hält Serviceleistungen für die Einrichtung bereit (z.B. Fort- und Weiterbildung, Fachberatung, Vertretung in Rechtsfragen und bei Entgeltverhandlungen). Da die Einrichtung sehr klein ist, verfügt sie über wenig eigene Kompetenz in den Serviceleistungen des Verbandes und ist von diesen in hohem Maße abhängig. Die Dienstleistungs-GmbH sieht sich nun einer doppelten Weisungsstruktur gegenüber: Formal „gehört“ die Dienstleistungs-GmbH dem Verein. Faktisch hat jedoch der Verband den größten steuernden Einfluss.

Die Rolle des Verbandes nimmt üblicherweise mit der zunehmenden Professionalisierung und Größe der Einrichtung ab. Große Einrichtungen gehen unter Umständen so weit, dass sie neben ihren Verbandsvertretungen eigene Vertretungen in Brüssel aufbauen (www.bruesseler-kreis.de).

Schwindende Rolle der Verbände

Auf Grund der Vielfalt der Verbandskonstellationen muss die allgemeine Bewertung an dieser Stelle kleiner ausfallen. Grundsätzlich trägt die Verbandsstruktur der ehrenamtlichen Ausrichtung der Wohlfahrtsverbände Rechnung und ermöglicht prinzipiell eine hohe Eigenständigkeit der Einrichtungen vor Ort. Nachteilig sind in jedem Fall die oft nur schwer zu durchschauenden Zuständigkeitsstrukturen und die daraus resultierende Gefahr eines Steuerungsvakuums.

8.3.5 Interne Abteilung

Eine letzte grundsätzliche Organisationsform ist die der „internen Abteilung“. Die Einrichtung ist keine eigenständige Organisation oder gar ein eigenes Rechtsgebilde, sondern wird als interne Abteilung einer größeren Organisation geführt.

Interne Abteilung

Beispiele

Der Caritasverband übernimmt die Sozialstationen „in eigene Trägerschaft". Die Sozialstationen werden dann als Abteilung des Verbandes geführt; die Mitarbeiter unterstehen direkt dem jeweiligen Abteilungsleiter ambulante Altenhilfe.

Die Stadt führt das Jugendzentrum in eigener Regie. Der Leiter des Jugendzentrums ist ein Sachgebietsleiter im Jugendamt. Die Steuerung erfolgt direkt über die Haushalts- und Stellenpläne der Kommunalverwaltung.

Spezifische Begriffe bei öffentlichen Unternehmen

Speziell für die Kommune haben sich hier spezielle Muster und Begriffe herausgebildet:

Regiebetriebe der öffentlichen Hand sind unmittelbar an die Verwaltung angegliedert; sie werden jedoch zu einem eigenen Dienstleistungsunternehmen zusammengefasst und so geführt. Die Möglichkeit der Verwaltung, in die Regiebetriebe einzugreifen, ist trotz eigenen Managements des Regiebetriebs hoch. Haushalts- und Stellenplan sind unmittelbarer Bestandteil des Kommunalen Haushalts- und Stellenplans. Das typische Beispiel des Regiebetriebs ist das Jugendzentrum in städtischer Trägerschaft, das unmittelbar im Haushalt des Jugendamtes geführt wird.

Eigenbetriebe sind von der Verwaltung ausgegliederte Dienstleistungsunternehmen. Sie verfügen über ein eigenes Management, eigene Haushalts- und Stellenplanung, sind jedoch rechtlich immer noch Bestandteil der Verwaltung. Typisches Beispiel für einen Eigenbetrieb ist der städtische Kindergarten, für den üblicherweise ein Sonderhaushalt aufgestellt wird, der aber ansonsten noch stark mit der städtischen Verwaltung verwoben ist.

Steuerung einer internen Abteilung

Die Kernfrage der Steuerung einer internen Abteilung einer Organisation ist im Prinzip so alt wie die gesamte Managementlehre: Wie führe ich meine Mitarbeiter (auch die leitenden Mitarbeiter der Einrichtungen)?

Aktuell werden hierzu zwei zentrale Instrumente diskutiert:

Mit Hilfe der Budgetierung werden mengenmäßige Zielvorgaben für die Einrichtungen gemacht. Die Zielvorgaben bestehen meist nicht mehr in Kostenbudgets, sondern in Ergebnisbudgets (mindestens kostendeckend, höchstens x % Zuschussbedarf).

Ein zweites zentrales Instrument ist die Balanced Scorecard. Die Balanced Scorecard ist eine „ausbalancierte Kennzahlenkarte", mit der verschiedene inhaltliche und finanzielle Ziele der Organisation vereinbart werden.

In den Kommunalverwaltungen wird oft die Steuerung über „Produkthaushalte“, einer Art Budgetierung, angestrebt. Für die einzelnen Organisationseinheiten (Produktverantwortliche) werden Produktziele (Mengenziele) formuliert und entsprechende Mittel aus dem Haushalt zugewiesen.

Zentrale Steuerungsmöglichkeit

Die Vorteile der Führung als interne Abteilungen liegen in der maximalen Möglichkeit der zentralen Steuerung und damit der Realisierung von Größenvorteilen und Synergiepotenzialen. Weiterhin ist problemlos eine Quersubventionierung möglich. Es werden umständliche Verfahren der internen Verrechnungspreise („Produktpreise“ o.ä.) sowie unter Umständen steuerliche Probleme vermieden.

Komplexität einer großen Organisation

Nachteile sind eindeutig die höhere Komplexität und Inflexibilität einer großen Organisation und insbesondere die Gefahr, Verantwortung innerhalb einer großen Organisation abzuwälzen. Anders formuliert: Was passiert, wenn das Budget nicht eingehalten wird?

8.3.6 Steuerungsprobleme zwischen Träger und Einrichtung

Steuerung von Einrichtungen notwendig

Insgesamt deutet diese letzte Überlegung auch auf das Grundproblem der Beziehung zwischen Träger und Einrichtung hin: In der Sozialwirtschaft hat sich bislang keine Kultur der „Steuerung von Einrichtungen“, der Formulierung von Zielvorgaben, der klaren Zuschreibungen von Verantwortlichkeiten und letztlich auch des nüchternen Ziehens der Konsequenzen etabliert. Häufig wird dies mit ideellen Komponenten und der besonderen Organisationskultur eines sozialen Dienstleisters begründet.

Grundsätzlich entbindet dies jedoch nicht von folgenden Grundfragen der Steuerung:

- Wer definiert die Ziele der Dienstleistungseinrichtung und die Art und Weise der Verwirklichung (strategische Frage)?
- Wer stattet die Einrichtung mit Grundkapital aus (Finanzierungsfunktion)?
- Wer übernimmt eventuelle Defizite und Risiken (Haftung)?
- Wer darf in welcher Weise auf die Organisation Einfluss nehmen (Verfügungsrechte)?

Gefahren der Fehlsteuerung oder eines Steuerungsvakuums

Diese Fragen entstehen unabhängig vom Steuerungswillen durch den Träger, sie werden eben im Falle eines Steuerungsvakuums „irgendwie“ durch die informale Organisation gefüllt. Die Fragen haben dabei unter Umständen auch Rückwirkungen auf den Träger.

Beispiel

Der Rettungs- und Hilfsdienst Übungsstadt arbeitet sehr eigenständig vom Trägerverein (Kreisverband). Irgendwann beginnt der Geschäftsführer des Rettungs- und Hilfsdienst mit dem Aufbau eines eigenen Fortbildungshauses und Tagungshotels in einer attraktiven Ausflugsregion. Der Beschluss des Kreisverbandes hierzu fiel im Vertrauen darauf, dass der Geschäftsführer „schon die Sache durchdacht hat, schließlich hängt ja auch sein Arbeitsplatz davon ab." Kurz nach Fertigstellung des Gebäudes setzt bei den Rettungsdiensten jedoch das Umdenken ein; Fortbildungen werden nun in der Regel nicht mehr mit Übernachtung wahrgenommen. Die Auslastung des Gebäudes bleibt hinter den Erwartungen zurück. Der Rettungs- und Hilfsdienst kommt in finanzielle Schwierigkeiten; die aufgenommenen Kredite können nicht mehr bedient werden und der Rettungs- und Hilfsdienst – der als GmbH geführt wird – geht in die Insolvenz. Der Kreisverband ist zunächst nicht berührt. Bald jedoch schaltet sich die Politik ein, die mit Zuschüssen den Bau unterstützt hat und sich nun vom Kreisverband getäuscht fühlt. Das Finanzamt untersucht, inwieweit die Finanzierung des nicht gemeinnützigen Fortbildungs- und Tagungshauses der Gemeinnützigkeit widersprach. Die Vorstandschaft des Kreisverbandes tritt geschlossen zurück, und es ist niemand mehr bereit, die Aufgabe des Vorstandes zu übernehmen. Der Landesverband empfiehlt der Mitgliederversammlung den Zusammenschluss mit dem benachbarten Kreisverband.

8.4 Organisation des Dienstleistungsbereichs

Immer noch offen ist an dieser Stelle die Organisation des Dienstleistungsprozesses an sich. Hierzu sollen zunächst die Abläufe in einem Dienstleistungsunternehmen näher beleuchtet werden – anhand eines Betriebsmodells eines sozialen Dienstleisters. Die Verankerung dieser betrieblichen Funktionen sollen dann anhand verschiedener Formen der Aufbauorganisation aufgezeigt werden.

8.4.1 Betriebsmodell eines sozialen Dienstleisters

Betriebsbegriff

Ein Unternehmen ist eine Organisation, die fremden Bedarf gegen eine Vergütung deckt. Dabei unterliegen Unternehmen der finanziellen Überlebensbedingung, d.h. es müssen ihnen ausreichend Ressourcen zugeführt werden, damit sie ihre Aufgaben erfüllen können (Schellberg 2004, 28 f.).

Für die Grundfunktionen eines Betriebs bedeutet dies: Es gibt eine „wertschöpfende" Prozesskette, die unmittelbar zur Leistungsabgabe an die Umwelt führt. Diese Prozesskette lässt sich in vorbereitende Prozesse, Kernprozesse und nachbereitende Prozesse gliedern. Nur durch die Leistungsabgabe kommt es zu einer Vergütung der Leistungen. Dies ist die betriebliche Kernfunktion. Wertschöpfung

Die wertschöpfende Funktion wird unterstützt durch weitere betriebliche Funktionen (denen natürlich auch Prozesse hinterlegt werden können). Hier sind zunächst die organisatorischen Unterstützungsfunktionen zu nennen, etwa die Bereithaltung von Infrastruktur (Sachmittel, Gebäude etc.), die Bereitstellung von ausreichend qualifiziertem Personal, die Sicherstellung der Zahlungsfähigkeit etc. Diese Aufgaben führen unmittelbar zu einer Unterstützung der Kernprozesse. Unterstützungsfunktionen

Dann gibt es eine Reihe von Aufgaben, die sich mit Führungsfunktionen beschäftigen, etwa Unternehmens-, Personalführung, Arbeitsplanung und Controlling. Dies sind Prozesse, die nur einen indirekten Beitrag zu den Prozessen durch die „dispositive", also ordnende, zusammenführende, zielsetzende Funktion liefern. Führungsfunktionen

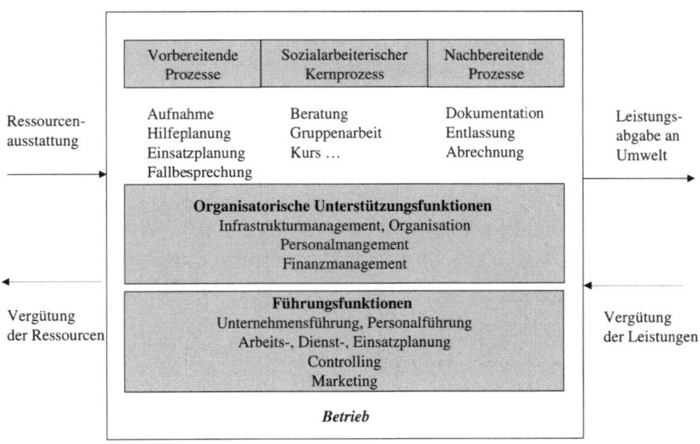

Abbildung 40: Betriebsmodell des sozialen Dienstleisters

Wie sich diese Grundfunktionen in einer Aufbauorganisation wieder finden, soll an folgendem Beispiel eines ambulanten Behindertendienstes aufgezeigt werden:

Der Behindertendienst verfügt über ein Dienstleistungsangebot in der ambulanten Behindertenhilfe („Assistenz") und im Behindertenfahrdienst. Weiterhin findet sich eine Abteilung Verwaltung. Hier sind die unterstützenden Funktionen (weiß unterlegte Felder) angesiedelt. Unterstützende Funktion haben auch die zwei Sekretariatskräfte und der Mechaniker in der Abteilung Fahrdienst. Sie erbringen Leistungen, die für den operativen Bereich unterstützend wirken. Nachdem beispielsweise das Fahrzeug einen Tag im Einsatz war, sieht der Mechaniker das Fahrzeug durch. Die Abteilung Rechnungswesen übernimmt die Abrechnung der Fahrten.

Die Führungsfunktionen finden sich auf der Leitungsebene. So tragen z.B. Geschäftsführung oder Abteilungsleitungen durch den Abgleich von Beschaffungswünschen der Abteilungen und vorhandenen Finanzmitteln indirekt zur Wertschöpfung bei. Hier geschieht „Management" (Wöhrle 2003, 46 f.).

Die übrigen Felder sind die „operativen" Bereiche, d.h. die Organisationsteile, die an dem tatsächlichen Wertschöpfungsprozess unmittelbar beteiligt sind. Dieser operative Bereich wird nie völlig trennscharf von anderen zu trennen sein. So könnte man z.B. die Teamleitung auch zum Managementbereich zählen. Im Fall dieser Organisation sind jedoch die Teamleitungen direkte Ansprechpartner der Behinderten im Hinblick auf Eingliederungsplanung und die monatliche Abstimmung der Leistungen.

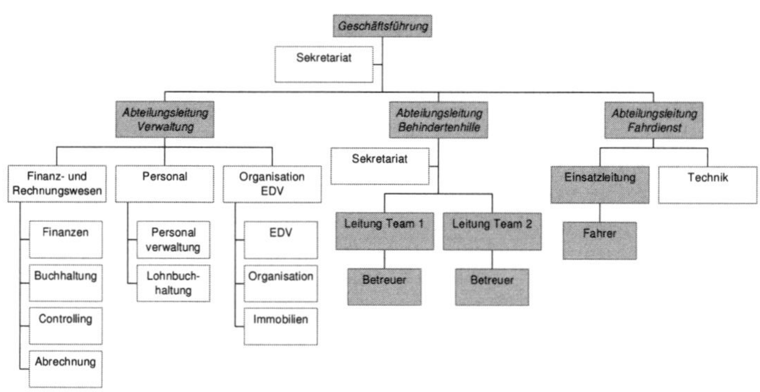

Abbildung 41: Organigramm eines ambulanten Behindertendienstes

Hinweis zum Diagramm: Die Verwaltungsabteilung erscheint „aufgeblähter", weil hier die einzelnen Verwaltungsfunktionen einzeln angetragen wurden.

8.4.2 Form der Arbeitsteilung

Organisation bedeutet die Zerlegung von Aufgaben und die Integration, Zusammenführung der Teilaufgaben zur Gesamtaufgabe (siehe

Abschnitte 2.5 und 3) Dies führt zu der zentralen Frage nach der Form der Arbeitsteilung, die Gegenstand dieses Kapitels ist.

8.4.2.1 Funktionale Arbeitsteilung

Spezialisierung nach Arbeitsschritten

Die erste und daher wohl bekannteste Form der Arbeitsteilung ist die Spezialisierung nach Verrichtungen oder Funktionen. Dabei wird die Arbeitsaufgabe entlang ihres Ablaufes in einzelne Ablaufschritte („Verrichtungen", „Funktionen") gegliedert, etwa in folgender Form (Ausschnitt aus dem Organisationsplan eines Krankenhauses):

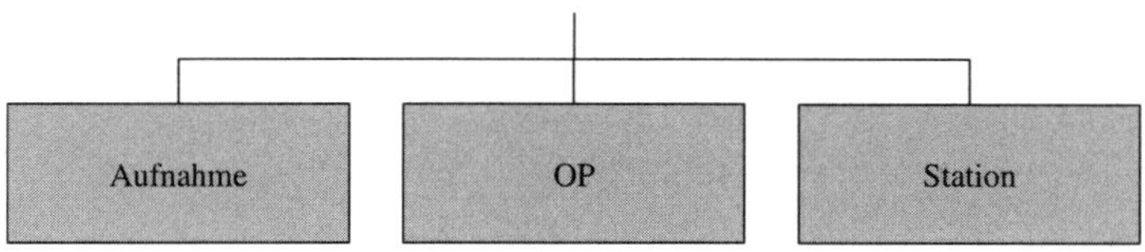

Abbildung 42: Funktionale Gliederung (Beispiel)

Eine Abteilung ist für die Aufnahme des Patienten zuständig, eine zweite Abteilung für die Operation (OP) und die dritte Abteilung nimmt den Patienten dann zur weiteren Versorgung auf Station auf. Der Patient durchläuft während des Dienstleistungsprozesses alle drei Abteilungen; jede der Abteilungen übernimmt einen Teil der Dienstleistung.

Maximale Spezialisierungsmöglichkeit

Der Vorteil einer solchen Organisationsform ist die maximale Spezialisierungsmöglichkeit auf einzelne Aufgabenschritte. Hierdurch werden insbesondere Lern- und Übungseffekte erzielt, eine Spezialisierung des Personals ermöglicht sowie ein häufiger Wechsel der Arbeitsabläufe und damit notwendige Arbeitsvorbereitungen vermieden. Das OP-Personal kann sich auf chirurgische Aufgaben konzentrieren, ist hierfür ausgebildet und muss nicht z.B. die OP unterbrechen, um neue Patienten aufzunehmen oder den Nachmittagstee auf der Station zu servieren.

Komplexität und Abstimmung der Prozesse

Typisches Problem einer funktionalen Organisation ist dagegen die hohe Komplexität bei der Abstimmung der Prozesse. Entweder werden in meist aufwendigen Verfahren generelle Ablaufstandards geschaffen. Für unser Beispiel sei auf die aufwendigen Bemühungen um „Patientenpfade" oder „klinische Pfade" im Krankenhaus verwiesen. Gibt es keine generellen Ablaufstandards, so treten die Abstimmungsprobleme im Einzelfall auf. Es entsteht Koordinations- und Kommunikationsbedarf, zwischen den Abteilungen gehen unter Umständen Informationen verloren („Schnittstellenprobleme"). Letztlich ist eines der zentralen Probleme die schwierige Zurechenbarkeit der Ergebnisse auf einzelne

Abteilungen. Wieder am Beispiel des Krankenhauses: Wer ist z.B. verantwortlich für eine kurze Liegezeit des Patienten im Krankenhaus? Liegt es an einer guten Lenkung des Patienten (Aufnahme) oder eher an der schnellen Operation mit wenig Komplikationen (OP) oder an der hervorragenden Pflege auf der Station?

Aus Kundensicht ergibt sich das Problem, dass er mehrere Anlaufstellen in der Organisation hat und „weitergereicht" wird.

8.4.2.2 Objektorientierte Organisation

Gliederung nach Angeboten

Die zweite, grundsätzliche Alternative ist die objektorientierte Organisation. Hier stellen einzelne Dienstleistungen oder Produkte das Kriterium für die organisatorische Gliederung dar, zum Beispiel wie folgt:

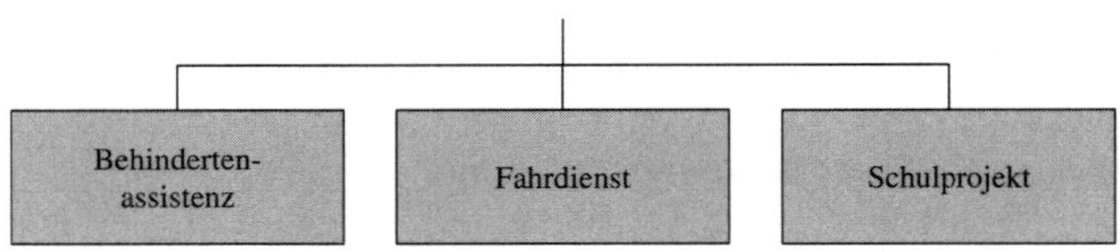

Abbildung 43: Objektorientierte Gliederung (Beispiel)

Die einzelnen Abteilungen bieten abgeschlossene Dienstleistungen bzw. Dienstleistungsgruppen an. Es kann sein, dass ein Behinderter mehrere dieser Dienstleistungen in Anspruch nimmt, jedoch nicht eingebunden in eine chronologische Abfolge.

Die objektorientierte Organisation kann sich auf einzelne Dienstleistungen bzw. Produkte beziehen oder auf größere Gruppen. In diesem Fall nennt man die Organisation üblicherweise „Geschäftsfeldorganisation" oder „divisionale Organisation". Die Gliederung nach Dienstleistungsgruppen ist der Regelfall im Sozialbereich.

Konzentration auf einzelne Dienstleistungen

Der Vorteil der objektorientierten Organisation ist die Konzentration auf einzelne Leistungsangebote und deren spezielle Handlungsbedingungen. Hierdurch wird eine andere Form der Spezialisierung ermöglicht. Der zweite große Vorteil ist die bessere Steuerbarkeit der Organisationseinheiten und bessere Motivation der Mitarbeiter durch mehr Verantwortung und Autonomie (Steinmann/Schreyögg 2000,481). Im Sozialbereich ist diese Organisationsform auch deshalb gewählt, weil für einzelne Leistungsarten eigene Leistungsentgelte vereinbart werden und unter Umständen auch unterschiedliche Kostenträger zuständig sind.

Gefahr des Eigenlebens und Egoismus von Abteilungen

Die Nachteile dieser Organisationsform sind neben fehlenden Spezialisierungsvorteilen aus funktionaler Gliederung insbesondere die Gefahr der Divergenz der Organisationseinheiten, des Verlustes von Synergien und der Überhöhung der Abteilungsziele (Abteilungsegoismen).

Beispiel

Der Arbeitsbereich „ambulante Dienste" des Behindertenwerkes Übungsstadt baut sein Angebot aus und bietet ein Überleitungsmanagement von stationärem in ambulantes Wohnen an. Dadurch sinken die Belegungszahlen des Arbeitsbereiches „Wohnen" (stationäre Einrichtung). Letztlich konkurriert die Abteilung „ambulante Dienste" mit der Abteilung „Wohnen", man spricht hier auch von „internem Kannibalismus".

8.4.2.3 Regionale und Kundenorientierte Organisation

Die dritte Organisationsform ist die Gliederung nach regionalen Kriterien oder nach Kunden bzw. Kundengruppen. Dies ist beispielsweise der Fall, wenn der Allgemeine Sozialdienst (ASD) sich in Stadtteilteams untergliedert.

Konsequente Zuordnung von Kunden zu Abteilungen

Seit längerem kennt man eine Gliederung der Sozialleistungsverwaltung z.B. nach Buchstabengruppen oder Zifferngruppen. Bei sozialen Diensten gibt es schon immer eigene Stellen für besondere Zielgruppen. Neu ist die Überlegung die gesamte Zielgruppe stringent einzelnen Abteilungen zuzuordnen.

Leistungen „aus einer Hand"

Im Extremfall bedeutet dies, dass ein Kunde stets einer Organisationseinheit zugeordnet ist und dort alle Leistungen „aus einer Hand" erhält.

Kenntnis der Region oder des Kunden

Vorteil einer solchen Organisationsform ist die Spezialisierung auf einzelne Kunden-, Kundengruppen oder Regionen, die die einzelne Organisationseinheit (oder der Mitarbeiter) genau kennt und sich hierauf spezialisieren kann. Dem steht jedoch sofort der große Nachteil gegenüber, dass Vorteile der Arbeitsteilung aus dem Arbeitsprozess verloren gehen.

Beispiel

Der in Stadtteilteams gegliederte ASD baut in jedem Stadtteil ein Jugendzentrum auf. Denkt man die regionale Organisation konsequent zu Ende (dies ist nun wohl eher theoretisch), so wird jedes Stadtteilteam eigene Entscheidungskriterien entwickeln, Aufbau und Organisation alleine regeln. Einfacher wäre es, wenn es hier einheitliche Standards oder Erfahrungswerte von anderen Stadtteilen gäbe.

Bedeutung zentraler Dienste

Insofern kommt bei dieser Organisationsform der Organisation zentraler Dienste und Unterstützungseinrichtungen eine hohe Bedeutung zu. Dies wird relativ schnell zu einer doppelten Organisationsstruktur („Matrixorganisation“) führen, wie sie bereits im Kapitel 5.8.3 zur Regionalisierung öffentlicher Träger dargestellt wurde. Weiterhin bietet die Informationstechnik eine große Unterstützung, in dem sie z.B. Akten und Informationen an jedem Arbeitsplatz verfügbar machen kann. Man muss also z.B. keine Verwaltung mehr „rund um den Aktenschrank“ bauen.

8.4.2.4 Gliederung nach Betriebsstätten

Gliederung nach Einrichtungen

Eine andere Gliederungssystematik ist die Gliederung nach Einrichtungen oder (im betriebswirtschaftlichen Sprachgebrauch) nach Betriebsstätten.

Ein Beispiel:

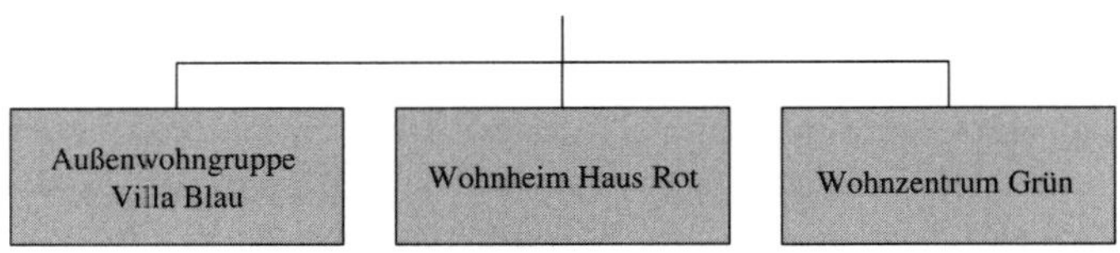

Abbildung 44: Gliederung nach Betriebsstätten

Dieser Behindertenverband „denkt“ in einzelnen Einrichtungen, nicht etwa in Leistungs- oder Kundengruppen (objekt- bzw. kundenorientiert).

Der Vorteil einer solchen Organisationsform ist natürlich die Spezialisierung auf die Bedingungen einzelner Einrichtungen. Allerdings stößt man auch hier schnell auf das Problem der zentralen Dienste und Unterstützung. Zum Beispiel: Es ist sinnvoll, gemeinsame Leistungsentgeltverhandlungen zu führen oder eine gemeinsame hauswirtschaftliche Versorgung zu organisieren.

8.4.2.5 Kombination der Gliederungsprinzipien

In größeren Organisationen wird man stets eine Kombination von mehreren Gliederungsprinzipien finden. Dies ist auch richtig, denn der Dienstleistungsprozess muss auch in verschiedenen Formen untergliedert werden, und wenn es die Organisation nicht tut, so muss dies der einzelne Mitarbeiter gedanklich leisten.

Beispiel

Der Pflegedienst gliedert sich in Pflegeteams, die jeweils eine „Tour" bedienen. Obwohl in der Gliederungssystematik nicht vorgesehen, wird die Pflegedienstleitung einer Tour möglichst nur eine Region zuweisen.

Wichtig bei der Kombination der Gliederungsprinzipien ist jedoch die Einheitlichkeit des Gliederungsprinzips auf jeweils einer organisatorischer Ebene, also etwa objektorientiert auf erster Gliederungsebene, regional auf zweiter Gliederungsebene usw.

Einheitlichkeit

Durchbrochen wird diese Konsequenz in der Regel nur durch die Verwaltung, die die unterstützenden Funktionen im Sinne des oben dargestellten Funktionsmodells wahrnimmt, wie das folgende Beispiel zeigt:

Sonderfall Verwaltung

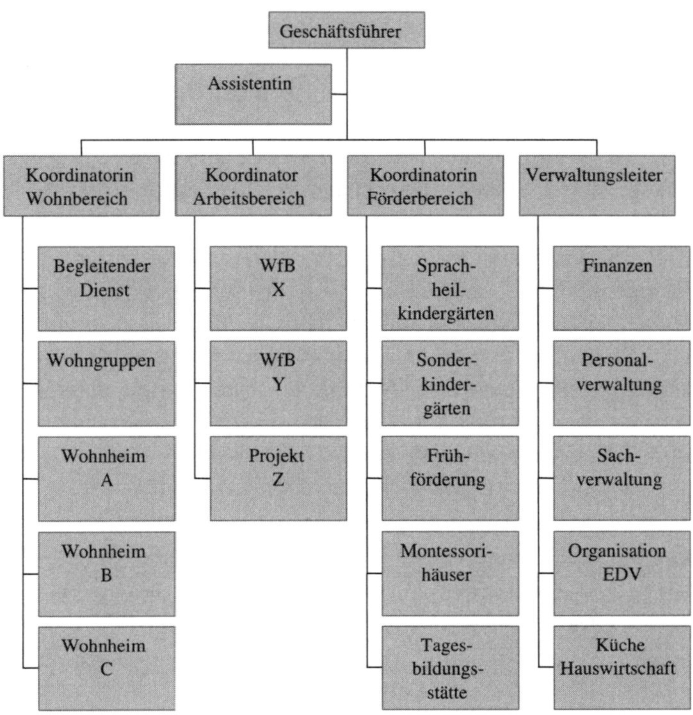

Abbildung 45: Beispiel eines Organigramms eines größeren Anbieters der Behindertenhilfe

Auf erster Ebene gliedert sich die Organisation objektorientiert nach verschiedenen Angeboten (Wohnen, Arbeiten, Fördern). Daneben steht die Verwaltung mit den unterstützenden Funktionen. Die zweite Gliederungsebene ist in den einzelnen Abteilungen unterschiedlich. Im Wohnbereich wird nach Einrichtungen gegliedert; der begleitende Dienst wird als eigene Betriebsstätte gesehen. Analog erfolgt die Gliederung im Arbeitsbereich. Im Förderbereich wird weiter objektorientiert nach Angebotsformen (Sprachheilkindergärten, Förderkindergärten etc.) unterschieden. Erst auf der dritten Ebene (hier nicht dargestellt) folgt dann vermutlich die Gliederung nach Betriebsstätten.

8.4.3 Veränderung von Organisationsstrukturen

Organisation von Arbeitsaufgabe und Umwelt determiniert?

In der Geschichte der Organisationswissenschaften gab es eine Phase, in der die Organisationsstruktur als zwingendes Resultat der Arbeitsaufgabe und der Umwelt gesehen wurde: Eine bestimmte Arbeitsaufgabe oder bestimmte Marktbedingungen erfordern eben eine bestimmte Organisationsform (Steinmann/Schreyögg 2000,435 ff.).

Spielräume der Organisationsgestaltung

Neben der Erweiterung der möglichen Determinanten, z.B. auch der Einbeziehung von Menschen (immer wieder findet man in sozialen Einrichtungen eine auf einzelne Personen abgestimmte Organisation), ist man sich heute auch der Interdependenz der Organisation mit der Umwelt (die eigene Organisationsstruktur beeinflusst auch die Umwelt) und der Möglichkeit von historischer Zufälligkeit oder Willkür bewusst, wie sie auch die Entstehung der Organisationen zeigte (Kapitel 1).

Die Veränderung der Organisationsstruktur ist daher kein technischer Nachvollzug von Vorgaben der Umwelt etc., sondern es sind Prozesse, die zwar aus dem System heraus entstehen, aber auch am System scheitern können. Der Umgang mit Veränderungsprozessen in Organisationen, die Überwindung von Widerständen und die Stabilisierung von Organisationsstrukturen sind Gegenstand der Organisationsentwicklung. Organisationsentwicklung und Organisationsentwicklungsprozesse sollen an dieser Stelle nicht weiter vertieft werden.

Allerdings sei an dieser Stelle auf zwei besondere Phänomene in der Sozialwirtschaft hingewiesen:

Externe Beratung

Zum einen haben viele Sozialunternehmen erkannt, dass sie die Organisationsentwicklung nicht aus eigener Kraft schaffen – wie übrigens die meisten Organisationen –, sondern hierfür externe Unterstützung benötigen. Die externen Berater oder Organisationsentwickler dienen dazu, Interventionen in Organisationen zu gestalten und Inputs für Veränderungsziele zu liefern. Sie sind häufig gleichfalls dazu da, Verantwortung für schmerzhafte Veränderungen auszulagern („Sündenbock-Funktion“) sowie den begonnenen Veränderungsprozessen durch Honorare, Zeitpläne, Berichte etc. eine gewisse Ernsthaftigkeit und Konsequenz zu geben („Aufpasser-Funktion").

Veränderungsbereitschaft und -resistenz

Zum zweiten stellt man im Sozialbereich immer wieder fest, dass die untere und mittlere Ebene durchaus Organisationsstrukturen hinterfragen und Organisationsentwicklungsprozesse begrüßen (zumindest solange die konkreten Konsequenzen noch nicht auf dem Tisch liegen). Erfolg versprechend sind solche Prozesse jedoch erst, wenn sich ebenfalls die obere Ebene für Veränderungen ausspricht.

Arbeitsaufgaben

39. Diskutieren Sie, ob nur auf der Ebene des Dienstleisters tatsächlich „Soziale Arbeit" erfolgt!
40. Einem Kirchenkreis ist direkt eine eigene Jugendhilfeeinrichtung (ambulante Hilfen, Jugendwerkstatt) angegliedert. Der Finanzdirektor ist immer wieder beunruhigt, da die Jugendhilfeeinrichtung regelmäßig größere Schwankungen auf der Einnahmeseite und Kontoüberziehungen aufweist und es Diskussionen über die Auszahlung von Schichtzulagen und Überstunden gab. Welche Steuerungsprobleme zwischen Träger und Einrichtung vermuten Sie?
41. Skizzieren Sie die wichtigsten Aufgabengruppen eines Betriebs!
42. Ordnen Sie den Aufgabengruppen eines Betriebes zu:

	Wertschöpfend	Unterstützend	Führung
Supervisor			
Personalabteilung			
Einsatzleitung			
Zivildienstleistender			
Gruppendienstmitarbeiter			
Hauswirtschaft			
EDV-Abteilung			
Mitarbeitervertretung			

43. Benennen Sie verschiedene organisatorische Gliederungsformen!
44. Welche Gliederungsform herrscht in Ihrer Einrichtung vor?

9 Organisation als Managementaufgabe

9.1 Einführung

Bernd schenkte sich noch mal Kaffee nach und setzte sich in den Innenhof, von wo aus man sein Büro sehen konnte. Er wollte noch mal alles durchdenken.

Seit fünf Jahren war er nun Geschäftsführer des Behindertendienstes. Seither hatte er viel erreicht: Ursprünglich war der Behindertendienst eine Selbsthilfebewegung gewesen. Ursprünglich gab es keine klare Organisation, jeder machte ein bisschen alles – was eben anfiel. Man war dabei, sich laufend zu besprechen, wobei niemand wusste, ob das nun gerade eine Vereinsvorstandssitzung oder eine Teambesprechung war.

Bernd war in dieser Situation als Kompromisskandidat zweier Fraktionen als Geschäftsführer berufen worden. Langsam veränderte er die Organisation: Er gliederte die Organisation in Abteilungen und setzte sogar Abteilungsleiter und -innen ein; ein vieldiskutierter Schritt der Hierarchisierung! Natürlich konnte er noch lange kein Controllingsystem einführen oder eine Führung durch Zielvereinbarungen (Management by Objectives). Bei einer solchen „BWL-isierung" des Dienstes blockierte der Vereinsvorstand, in dem ja auch einige seiner Mitarbeiter vertreten waren.

Doch die enge Verknüpfung mit dem Verein hatte auch Vorteile: Die Mitarbeiter hatten eine hohe Identifikation und waren stets motiviert – wenngleich nicht immer dazu, sich auf ihr Arbeitsgebiet zu begrenzen.

Doch nun stand eine Weichenstellung bevor: Die letzten Kommunalwahlen hatten einen Wechsel an der Stadtspitze gebracht und einige der engen Verbindungen des Vereins zur Stadt brachen zusammen. Man musste nun mit einer Umstellung der Finanzierung und einer Kürzung der freiwilligen Leistungen rechnen. Stringentere wirtschaftliche Führung und insbesondere eine klare Leistungsorientierung mussten eingeführt werden. Doch dazu musste man den Abteilungszuschnitt ändern, um Finanzen zurechnen, Controllingsysteme einführen und am besten eine Ausgliederung des operativen Bereichs in eine GmbH vornehmen zu können.

Bernd hatte sich beraten lassen – teilweise aus privaten Mitteln finanziert, teilweise als Fortbildung getarnt. Er hatte eine klare Vorstellung. Doch wie sollte er dies vermitteln? Die Konflikte mit den „alten" Vereinsmitgliedern waren angesichts solcher „privatwirtschaftlicher" Konzepte vorprogrammiert. Und wie würde man die Abteilungen, die inzwischen ein Eigenleben entwickelt hatten, wieder zusammenführen? Viele der alten Mitglieder waren in der Verwaltung gelandet, von wo aus sie den Dienst „kontrollieren“ konnten.

Nach der Kaffeepause beschloss Bernd, dass ihm diese Veränderungsprozesse zu viel Energie kosten würden. Er würde es schon noch ein paar Jahre schaffen, und nach der nächsten Kommunalwahl würde es sicher besser werden …

Dieses Beispiel soll zeigen, dass das Management einerseits den Auftrag zur Organisationsgestaltung hat, andererseits aber stets unter gewissen organisatorischen Bedingungen arbeitet.

Im bisherigen Verlauf hatten wir Organisationen und Organisationsprinzipien beschrieben, ohne den expliziten Bezug zum Arbeitsplatz des Managers oder der Managerin herzustellen. Wir wollen in diesem abschließenden Abschnitt nun den Blick auf die Organisationsaufgaben des Managements, und auf die Frage werfen, welche Rahmenbedingungen für das Management eine Organisation setzt.

Lernziele

In diesem Abschnitt geht es um

- die Einbettung der Funktion „Organisation“ in den Kanon der Managementaufgaben und
- die Rahmenbedingungen, die „Organisation“ für das Management setzt; sowie
- einschlägige Anhaltspunkte, welche anderen Managementfragen mit der Organisationsfrage verbunden sind.

Literatur

Wöhrle, Armin: Grundlagen des Managements in der Sozialwirtschaft, Baden-Baden, 2003.

9.2 Der Managementkreislauf

Management kann grundsätzlich verstanden werden als der Komplex von Steuerungsaufgaben, der bei der Leistungserstellung und -sicherung in arbeitsteiligen Systemen erbracht werden muss (Steinmann/Schreyögg 2000, 7).

9.2.1 Managementaufgaben

Fünf Managementfunktionen

Der Kanon der Managementaufgaben wird dann eingeteilt in die Funktionen

(1) Planung

(2) Organisation

(3) Personaleinsatz / Ressourcenausstattung

(4) Führung

(5) Kontrolle

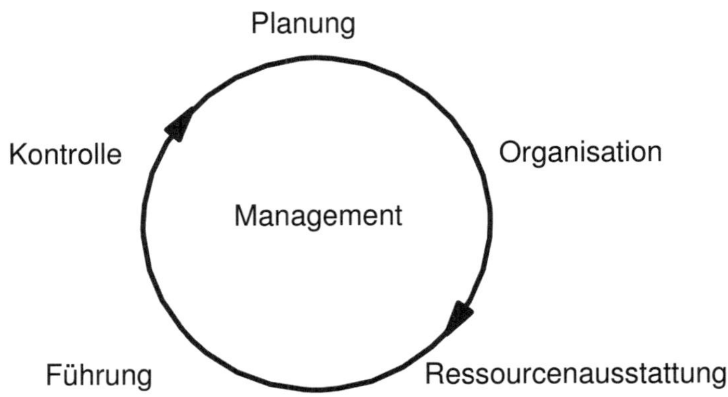

Abbildung 46: Der Managementkreislauf
(Darstellung nach Steinmann/Schreyögg 2000, 9)

Zusammenhang der Managementfunktionen

Diese Funktionen stehen in einer logischen Abfolge, die sich beispielhaft wie folgt darstellen lässt:

Beispiel

Im Herbst beginnen die Planungen für die nächste Saison des „Erfahrungsfeldes der Sinne", eines kleinen Parks, in dem Kinder verschiedene Natur- und Sinneserfahrungen ausprobieren können (mit einem Floß über den Fluss, mit einer Strickleiter klettern, blind über Rindenmulch gehen etc.). In der Planungsphase werden neue Themen und neue Bereiche des Erfahrungsfeldes geplant, wobei hier bereits der Abgleich mit den erforderlichen Ressourcen erfolgt (die Planung ist konsistent).

Anschließend werden einzelne Aufgabenbereiche im Projektteam festgelegt: Die einzelnen Bereiche des Erfahrungsfeldes, Werbung und Öffentlichkeitsarbeit, Finanzierung, Verhandlungen mit der Stadt hinsichtlich der Erweiterung der zur Verfügung stehenden Freifläche.

Den einzelnen Arbeitsbereichen werden dann Mitarbeiter und Finanzmittel zugeteilt („Budgets").

Nun beginnt die Projektarbeit: Es werden neue Geräte erstellt, die Flächen vorbereitet, der Park eröffnet etc. Hier sind laufende Entscheidungen zu treffen.

Bereits während der Saison, aber insbesondere nach ihrem Abschluss, beobachten die Mitarbeiter die Nutzung einzelner Bereiche des Erfahrungsfeldes. Man überlegt, warum einzelne Bereiche nicht angenommen wurden und sucht nach Verbesserungsmöglichkeiten.

Die Organisationsaufgabe reiht sich damit in den Kanon der Managementaufgaben ein. Organisation ist Ausfluss der Planung, hier werden die einzelnen Elemente des Systems – Mitarbeiter, Infrastruktur etc. – miteinander in eine sinnvolle Beziehung gebracht. Aufgabe des Managements ist es also, die Ziele der Organisation aufzugreifen und die Organisation entsprechend zu ordnen.

Was war zuerst da: Organisation oder Ziele?

Allerdings bleibt die Frage: Wer setzt die Ziele bzw. darf sie setzen? Wer organisierte die „Ausgangsorganisation"? Kann das Management die Organisation in Frage stellen? Wir stoßen hier letztlich auf die (alte) Frage der Organisationswissenschaften, was zuerst da war: Die Struktur (Organisation) oder die Strategie (Ziele). Ist die Organisation (rationales) Resultat durchgeplanter Zielverwirklichung? Oder setzen sich die Organisationen immer wieder bestimmte Ziele und bestätigen sich selbst?

9.2.2 Ebenen des Managements

Eine hilfreiche Unterscheidung ist hier eine Unterscheidung der Ebenen des Managements in die normative, strategische und operative Ebene (Ulrich/Fluri 1995,18ff.)

Normatives Management

Das normative Management beschäftigt sich mit den Zielsetzungen der Organisation, mit den Werten und Interessenskonflikten der Organisation. Hier wird unter Umständen die Organisation insgesamt in Frage gestellt oder deren Ziele umdefiniert. Diese Managementebene trifft auf ein Managementverständnis, das im Sozialbereich immer wieder zu finden ist, auf die Idee des „Management des Sozialen". Demnach ist die Existenz sozialer Organisationen das Resultat bestimmter sozialer Zielsetzungen (Wendt 2002,121); die Organisation ist dem Ziel gewissermaßen untergeordnet.

Strategisches Management

Die strategische Handlungsebene beschäftigt sich mit den grundlegenden Handlungsbereichen der Organisation. Die grundsätzlichen Werte und Ziele der Organisation sind geklärt (z.B. „wir wollen eine staatliche Arbeitsvermittlung"). Jetzt geht es um qualitative Zielsetzungen und Planungen (z.B.: „Die Arbeitsagenturen sollen am Arbeitsmarkt hoch präsent sein", oder: „Die Arbeitsagenturen sollen eine Auffangorganisation neben privaten Vermittlern werden"). Hier wird die Organisation als solche nicht in Frage gestellt, jedoch kann sie noch grundlegend umorganisiert werden.

Operatives Management

Auf der operativen Ebene werden die Entscheidungen umgesetzt; die Organisationsstruktur ist (weitestgehend) gegeben. Managementhandeln hat sich an die organisatorischen Rahmenbedingungen anzupassen. Dieses Managementverständnis lehnt sich weitgehend an die Funktion „Führung" im Sinne des oben dargestellten Managementkreislaufs an.

9.3 Ziele der Organisationsgestaltung

Wenn nun das Management auf einer der Handlungsebenen die Chance zur Organisationsgestaltung hat, welches könnten Gestaltungsziele für die Organisation sein?

Balanced Scorecard

Inhaltlich sollen hierzu die Managementaufgaben in vier Bereiche geteilt werden, in Anlehnung an die Struktur der Balanced Scorecard (Gebhard 2004, Schellberg 2000):

- die finanzwirtschaftliche Perspektive (Erträge, Wirtschaftlichkeit, Finanzierung);
- die Angebots- und Leistungsperspektive (Angebots- und Leistungen der Organisation, Marktbeziehungen, Kundenbeziehungen);
- die Perspektive des Lernens und der Entwicklung (Innovationen, Mitarbeiterpotenziale etc.); sowie
- die Prozessperspektive (Arbeitsprozesse, Arbeitsteilung, Zusammenarbeit).

Hieran angelehnt sollte die Gestaltung der Organisation folgende „Qualitätsmerkmale" haben:

Finanzperspektive

Aus finanzwirtschaftlicher Sicht sollte die Organisation eine wirtschaftliche Leistungserstellung ermöglichen (ökonomisch sinnvolle Form der Arbeitsteilung) und keinen übermäßigen Verwaltungs- und Koordinationsaufwand benötigen. Weiterhin sollte die Organisation eine Leistungs- und Aufwandsmessung ermöglichen (Abgrenzung, Zurechenbarkeit von Leistungen und Aufwand). Letztlich sind bei Organisationen immer die Finanzbeziehungen zum Träger oder anderen Organisationseinheiten, die Fragen der Verteilung finanzieller Risiken, der Quersubventionierung etc. mitzudenken.

Angebots- und Leistungsperspektive

Aus der Sicht des Angebots und der Leistungen sollte die Organisationsgestaltung eine kundenfreundliche und qualitativ gute Leistung ermöglichen. Hierzu gehört zum einen die Vermeidung langer Wege des Kunden sowie eine schnelle, flexible Reaktionsmöglichkeit. Zum zweiten ist aus Sicht der Dienstleistungsqualität die Kenntnis des Kunden und seiner Bedürfnisse ein wichtiger Faktor. Hieraus folgt die Frage: Wie ermöglicht die Organisation die Kenntnis des Kunden? Qualität wird unter anderem dadurch sichergestellt werden, dass die Organisation Kontakte und Rückkoppelungsschleifen zum Kunden vorsieht, interne Verantwortlichkeiten eindeutig und Leistungsbeziehungen geklärt sind.

Lernen und Entwicklung

Aus Sicht des Lernens und der Entwicklung geht es um die Frage, wie flexibel und entwicklungsorientiert Organisationen gestaltet werden können. Die Organisation muss – ganz im Sinne des Human Ressourcen Modells – dem Menschen entsprechen und der Ressource „Mensch“ Selbstentfaltungsmöglichkeiten geben. Erst hierdurch können sich Mitarbeiter effektiv einbringen und weiterentwickeln. Dies führt zu einer Zukunftsfähigkeit der Organisation. Auch kann aus normativen Gesichtspunkten die „humane“, „soziale“ Organisation ein Ziel an sich sein. Dabei sollte die Rückkoppelung zwischen Organisationsstrukturen und Führungsverhalten stets berücksichtigt werden. Bestimmte Organisationsformen begünstigen bestimmte Führungsformen, wodurch wiederum die Mitarbeiterperspektive berührt wird.

Prozesse

Aus Sicht der Prozesse geht es um die Frage, wie funktionsfähig die Organisation ist, also ob sie die notwendigen Prozesse „beherrscht“. Dies hat zwei Wendungen: Einerseits geht es darum, eine Organisation so zu gliedern, dass die zentralen Prozesse einer Organisation auch wirklich im Zentrum der Organisation stehen (und nicht etwa vernachlässigt oder ausgegliedert werden), anderseits geht es aber auch um die Sicherheit der Prozesse, also mit welcher Stetigkeit, Verlässlichkeit und Qualität die Prozesse ablaufen. Dies entspricht der Frage nach der Anlagerung von Erfahrungswissen und „Know-How“ in einer Organisation.

Die vier Perspektiven sollen an dieser Stelle nur ein beispielhaftes Raster darstellen. Natürlich können weitere Kriterien und Perspektiven hineinspielen, die dem eigenen Leitbild oder der eigenen Vision entspringen. Auch muss man immer wieder die Interdependenz zwischen den einzelnen Perspektiven bedenken.

9.4 Organisation als Rahmenbedingung des Managements

Die Organisation stellt gleichzeitig eine wichtige Rahmenbedingung des Managementhandelns dar. Die Organisationsprinzipien und ihre Einbettung beeinflussen die Managementaufgaben, die Form des Managements, die Verantwortungsbereiche usw.

9.4.1 Oberste Managementebene

So wird z.B. das Managementhandeln entscheidend beeinflusst von der Zuweisung der Verantwortung und Kompetenzen auf die jeweilige Managementebene.

Umfassende Handlungsvollmacht

Die umfassendste Managementaufgabe hat – natürlich immer unter sonst gleichen Bedingungen – das Management mit einer umfassenden Handlungsvollmacht, die nur bei Verkauf des Unternehmens oder anderen essenziellen Entscheidungen endet. Dies ist die so genannte „Prokura" oder der Aufgabenumfang, den etwa der Vorstand einer Aktiengesellschaft hat.

Eindeutigkeit der Ziele

Innerhalb einer solchen Gesamtverantwortung kann das Management die Organisation sehr frei gestalten. Entscheidend wird – in der Regel – am Ende die Befriedigung der Ziele der Eigentümer bzw. Träger sein. Diese Zielvorgaben sind im Rahmen privatwirtschaftlicher Unternehmen meist sehr klar – sie sind an der Rendite orientiert. In den nichterwerbswirtschaftlichen Sozialunternehmen ist die Zielvorgabe häufig nicht nur auf ein Ziel fixiert, sondern mehrdimensional ausgedrückt (kostendeckend, aber dennoch mit höchster Qualität und allen sozialen Randgruppen dienend, nebenbei natürlich auch sozial gegenüber dem Mitarbeiter...). Hierdurch geht die Zielschärfe verloren und es sind engere Abstimmungsprozesse zwischen Management und Träger erforderlich.

Form der Trägervertretung

Diese Abhängigkeit wird dann oft durch die Art der Trägervertretung relativiert: Wird die Trägervertretung hauptamtlich etwa durch übergeordnete Verbände besetzt, hat das Management in der Regel eine stärkere Kontrolle zu befürchten als bei rein ehrenamtlichen Gremien. Manche Manager und Managerinnen sprechen im letzten Fall auch von der Möglichkeit einer „strategischen Vorstandsführung".

Bei einem geringeren Umfang der Managementverantwortung ist das Handlungsspektrum des Managements entsprechend geringer. Hierbei wird im Allgemeinen eine Begrenzung auf Seiten der Ressourcenausstattung vorgenommen („Bei Anschaffung mit einem Wert über ... behält sich der Vorstand die Zustimmung vor.").

9.4.2 Untere Managementebene

Nachvollzug der Arbeitsteilung

Auf unteren Managementebenen vollzieht das Management das Gliederungsprinzip der Organisation nach: Man ist für bestimmte Prozessabschnitte (funktionale Gliederung), einzelne Aufgabengebiete (Objektorientierung) oder für bestimmte Kundengruppen (Kundenorientierung) verantwortlich.

Funktionale Organisationsgliederung

Eine funktionale Organisation wird in der Regel kein hohes Maß an Selbststeuerung der einzelnen Organisationseinheiten zulassen; vielmehr sind häufige Abstimmungsprozesse mit den vor- und nachgelagerten Prozessabschnitten erforderlich. Zentrale Managementaufgaben sind dementsprechend die präzise Sicherstellung des eigenen Prozessabschnitts sowie die Abstimmung an Schnittstellen mit anderen.

Selbststeuerung

Bei anderen Organisationsprinzipien ist ein höheres Maß an Selbststeuerung möglich – im Extremfall bis zu einem losen, sich selbst steuernden Verbund. Hier stellt sich dann eher die Gefahr des Auseinanderdriftens der Organisation ein. Die Managementaufgabe ist daher, auch den Blick für das Ganze zu behalten und in die Abteilung zu tragen. Im Übrigen werden häufig – wie beim obersten Management – Renditeziele („Kostendeckung"), Ertragsziele („mindestens ... Teilnehmerbeiträge") oder Kostenbudgets („höchstens ... Kosten") als Vorgabe für das Management gesetzt.

Unklare Kompetenzen

Unerfreuliche Erscheinungen sind dann immer wieder unklare oder sehr verstreut verteilte Kompetenzen. Dies ist etwa der Fall, wenn die Verantwortung für das Personal, für die Qualität, für die Leistungen, für die Gebäude, für die Außenanlagen usw. bei jeweils unterschiedlichen Abteilungen liegt. Besonders spannend ist es, wenn einzelne Mitarbeitergruppen, die vor Ort zusammenarbeiten sollen, anderen Organisationseinheiten angehören.

Hier wird eine der zentralen Managementaufgaben das Schaffen von Klarheit der Verantwortung und Kompetenzen sein. Sofern dies nicht möglich ist, sollte der Manager eine gewisse Situationsintelligenz entwickeln, um in der Situation klar handeln zu können und so zumindest im Einzelfall Eindeutigkeit zu schaffen.

Das Problem unklarer Kompetenzen ist eine der zentralen Fragen, die im Rahmen des Qualitätsmanagements mit Stellenbeschreibungen, Verantwortlichkeiten, Prozessstandards usw. angegangen werden. Dies zeigt auch, dass das Thema Organisation des Sozialen noch immer eines der wichtigen Themen des Sozialmanagements ist.

Arbeitsaufgaben

45. Benennen Sie die Schritte des Managementkreislaufs!
46. Ordnen Sie die Organisationsaufgabe in den Managementkreislauf ein! Diskutieren Sie, ob es hier nur „eine richtige" Lösung gibt!
47. Ist Organisation aus Ihrer persönlichen Erfahrung mehr Gestaltungsaufgabe oder eher Rahmenbedingung des Managements?
48. Was sind die wichtigsten Gestaltungsbereiche der Organisationsgestaltung und welchen Kriterien sollte die Organisationsgestaltung genügen?
49. Diskutieren Sie: Sind Organisationen im Sozialbereich Ausfluss politischer Entscheidungen oder Resultat von Managemententscheidungen?

10 Ausblick: Von der sozialen Organisation zur Organisation des Sozialen

Gegenstand dieses Buches waren soziale Organisationen, also die Handlungseinheiten, die sich als die Akteure des Sozialstaats bzw. des Sozialbereichs finden lassen.

Obwohl die sozialen Organisationen bereits eines der „alten“ Themen des Sozialmanagements sind, tritt auch hier eine erfreuliche Entwicklungsdynamik auf. Die zahlreichen, durchaus grundlegenden Umstrukturierungen zeigen, dass die Beschäftigung mit sozialen Organisationen eine neue Qualitätsstufe erreicht hat. Insgesamt hat die Entwicklungsdynamik sozialer Organisationen durchaus Fahrt aufgenommen und baut den Abstand zur Dynamik in anderen Wirtschaftszweigen ab.

Allerdings dürften zahlreiche Anpassungsschocks, die auf Grund der gesellschaftlichen und wirtschaftlichen Entwicklung zu erwarten sind, die sozialen Organisationen noch gar nicht erreicht haben. Zu nennen sind etwa:

- die Alterung der Gesellschaft und der dadurch entstehende Bedarf an Angeboten für Senioren, die aber nicht mehr zu den „armen“ Senioren zählen werden;
- der demographische Wandel und die damit verschobene Relation von Jüngeren zu Älteren, woraus eine Neubewertung und Neuorientierung der Jugendhilfe resultieren könnten;
- die zunehmende Migration – und dabei nicht nur Armutsmigration! – innerhalb Europas, die zum Bedarf an neuen sozialen Diensten führen wird;
- die wirtschaftliche Freizügigkeit in Europa, die die Möglichkeit beinhaltet, auch grenzüberschreitende Dienste anzubieten oder in Anspruch zu nehmen;
- das Herausbilden eines stärker auf Konsum ausgerichteten Lebensstils, der langfristig zu einer stärker an kommerziellen Kriterien gemessenen Inanspruchnahme sozialer Dienste führen könnte (z.B. Soziale Dienstleistungsmarken);
- die hohe Kapitalbildung und die hohe Zahl der zu erwarteten Erbschaften, die auch zur Bildung von Sozialkapital (z.B. Stiftungen) führen könnten;
- die Veränderung der Angebotsstrukturen durch neue soziale Bewegungen, bürgerschaftliches Engagement oder neue quasi-familiäre Netzwerke;

- die staatliche Verschuldung, die ohne gesamtwirtschaftliche Entspannung die Handlungsspielräume einer staatlichen Sozialpolitik in noch viel stärkerem Ausmaß strangulieren kann;
- eine dadurch mögliche Neubewertung mancher sozialer Leistungen;
- politische Veränderungen, durch die zusätzliche private Kaufkraft für soziale Dienstleistungen freigesetzt oder gebunden werden können.

Diese Kräftefelder können im Sozialbereich einen Prozess der schöpferischen Zerstörung einleiten, der nicht nur die bestehenden Organisationen einer Reorganisation unterwirft, sondern die Frage nach einer grundsätzlichen Neuorganisation des Sozialen stellt.

Diese Neuorganisation wird kein abstrakter, philosophischer Diskurs sein, sondern sehr konkret die historisch gewachsenen Strukturen erfassen und – politisch umstritten und von vielen Widerständen begleitet – verändern. Nur eine Momentaufnahme von konkreten Organisationen im Wandel wollte dieses Buch zeichnen.

Zur Lösung der Arbeitsaufgaben

Frage 1:

Organisationen haben (relativ) dauerhafte Ziele, Regelungen, eventuell auch Vermögen. Insofern sind sie nicht mehr von dem Willen einer Einzelperson abhängig, sondern meist von mehreren Personen und von dem schriftlich fixierten Organisationsauftrag. Zuverlässigkeit entsteht durch die Festlegung von Regelungen oder Handlungsprogrammen, auf die sich ein Außenstehender verlassen kann. Das Handeln der Organisation ist vorhersehbarer und die zugrunde liegenden Regeln (zumindest theoretisch) auch erkennbar (z.B. anhand von Satzungen). Dies ist natürlich eine wichtige Voraussetzung für den Sozialstaat: Hilfe darf nicht nur zufällig sein, sondern sie muss erwartbar sein.

Frage 2:

Allgemeine Faktoren, die neben die konkrete historische Situation treten, sind insbesondere

- die Wahrnehmung der bisherigen Hilfesysteme als unzureichend oder überlastet, so dass zusätzliche oder neue Hilfen bereitgestellt werden sollen
- die leitende Auffassung vom staatlichen Handeln (insbesondere: Staat ist für Soziales verantwortlich oder nicht)
- die Art und Weise, wie gesellschaftliche Gruppen die Aufgabe der Gesellschaft, des Staates und der Hilfsbedürftigen definieren (so z.B.: Ist Armut „gottgegeben“ oder gesellschaftlich veränderbar?)
- die Durchsetzungsfähigkeit dieser Gruppen im politischen Streit.

Frage 3:

Eine solche Situation war Ausgangspunkt der staatlichen Sozialpolitik Anfang des 19. Jahrhunderts. Durch die Auflösung der Leibeigenschaft und der Bindung an die Scholle sowie den Wegfall der Handwerkszünfte waren viele Gruppen zunächst zwar frei, aber ohne soziale Sicherung. Es entstand ein „sozialpolitisches Vakuum“, das den Druck zu staatlichem Handeln, aber auch die Aktivitäten gesellschaftlicher Gruppen forcierte. – Gerne könnten Sie nun auch diskutieren, welche Parallelen zu ziehen sind zur Situation nach dem Zusammenbruch der ehemaligen DDR.

Frage 4:

Für die Arbeiterschaft entstanden im 19. Jahrhundert die Sozialversicherungen aufgrund staatlicher Intervention. Die Versorgung Bedürftiger, die nicht in die Sozialpolitik integriert waren, der „Armen", war auch im 19. Jahrhundert Aufgabe der Kommunen und der verschiedenen gesellschaftlichen Gruppen (teilweise den Vorläufern der Wohlfahrtsverbände).

Frage 5:

In der Weimarer Republik wurde insbesondere der Trägermix festgeschrieben und die Rollen der Wohlfahrtsverbände und des Staates voneinander abgegrenzt. Die Stellung der Wohlfahrtsverbände und die Beziehungen zum Staat wurden rechtlich verankert.

Frage 6:

Die Arbeiterwohlfahrt und die Zentralwohlfahrtsstelle der Juden wurden aufgelöst. Der Paritätische Wohlfahrtsverband wurde gleichgeschaltet. Das Deutsche Rote Kreuz war aufgrund seines völkerrechtlichen Status abgesichert und die Caritas aufgrund des Konkordats. Die Innere Mission (Diakonie) schloss sich der Evangelischen Kirche an, um stärker unter den Schutz der Kirche zu kommen. Insgesamt wurden die Aktivitäten der Wohlfahrtsverbände zurückgedrängt; sie durften sich weitgehend nur noch um die für die Volksgemeinschaft „uninteressanten" Gruppen kümmern.

Frage 7:

In Wohlfahrtsstaaten vom Typ „sozialdemokratisch" findet man eine hohe staatliche Aktivität. Freie Wohlfahrtsverbände haben daher eine nur untergeordnete Rolle. In „liberalen" Wohlfahrtsstaaten dagegen sind die Wohlfahrtsverbände in den privaten Bereich gedrängt; sie müssen sich weitgehend durch eigene (Spenden-)Mittel finanzieren. Im Gegensatz dazu ist die Stellung der freien Träger in Deutschland rechtlich abgesichert, und es existiert eine (relativ) sichere Finanzierungsgrundlage.

Frage 8:

Organisationen sind sinnvoll, um eine gesellschaftliche Arbeitsteilung zu ermöglichen (eine Organisation spezialisiert sich auf Hilfe, andere können diese Aufgabe vernachlässigen und finanzieren dafür das Hilfesystem). Sie dienen weiterhin dazu, eine koordinierte, arbeitsteilige

Hilfe zu ermöglichen. Organisationen dienen dazu, Hilfe zuverlässig zu gewähren und auch Stabilität zu ermöglichen, also die Sicherheit, dass auch morgen noch ein Hilfesystem existiert (Zeitüberbrückungsfunktion). Letztlich bieten Organisationen die Möglichkeit, rechtlich abgesichert und demokratisch kontrolliert zu arbeiten. Dies geschieht durch Handlungsprogramme und die (unpersönlichen) Kontrollmechanismen.

Frage 9:

Alle Helfer haben ein gemeinsames Ziel (erstes Merkmal, die Eindämmung der Flutschäden). Allerdings muss man vielleicht genau hinschauen: Der eine oder andere vermeintliche Helfer will nur „gaffen“. Die Organisation ist allerdings nicht auf Dauer angelegt, nach dem Ende der Flutkatastrophe werden sich die Helfer wieder zerstreuen. Ob sie sich bei einer erneuten Katastrophe einfinden, ist sehr unsicher. Man kann innerhalb der Helfer auch keine Strukturzusammenhänge ausmachen. Es gibt z.B. keine von vorneherein gegebene Aufgabenteilung, Spezialisierung oder Trennung der Zuständigkeiten in „Häuptlinge“ und „Indianer“.
Es ist mangels Dauerhaftigkeit und Strukturzusammenhängen keine Organisation.

Frage 10:

Allgemein kann man den Prozess des „Organisierens“ als das Schaffen genereller Regelungen verstehen. Statt sich in der Organisation über Einzelfälle zu verständigen werden generelle Verfahrensweisen und Entscheidungswege festgelegt, die unabhängig vom Einzelfall gelten.

Frage 11:

Organisatorische Differenzierung heißt die Zerlegung der Gesamtaufgabe in Einzelaufgaben und organisatorische Integration das Zusammenführen dieser Aufgaben zu sinnvollen Einheiten sowie die Zuweisung dieser Aufgaben zu einzelnen Organisationsmitgliedern. Bei dieser Sichtweise kommt der Mensch erst sehr spät ins Spiel, nämlich wenn die zusammengefassten Aufgaben zugewiesen werden. Insofern ist dies eine Organisation, bei der sich der Mensch an die Organisationsaufgabe anpassen muss. Dieses harte Urteil kann man auf den zweiten Blick etwas revidieren: Diese abstrakte Perspektive geht von zwei impliziten Annahmen aus, bei denen der Mensch eben doch „das Maß der Dinge“ ist:

- Wie stark kann und sollte man eine Aufgabe zerlegen? Bei dieser Frage muss man implizit mitdenken, wie groß ein solches „Aufgabenpäckchen" sein kann.
- Wie viele und welche Aufgaben kann man zusammenfassen? Was ist eine sinnvolle Einheit? Auch hier wird man implizit bereits die tatsächlichen oder potenziellen Organisationsmitglieder mitdenken.

Frage 12:

Zuständigkeiten (wer muss was tun?), Kompetenzen (wer bekommt welche Entscheidungsbefugnisse und Handlungsmöglichkeiten?), Hierarchie (wer darf wen kontrollieren, wem eine Anordnung geben?), Verantwortung (wer ist verantwortlich für die Aufgabe?), Informationswege (Wer muss wen informieren?), Prozesse (wie soll gearbeitet werden?). Nicht formal geregelt, aber oft schon in den organisatorischen Regelungen angelegt sind die informale Organisation (Abweichungen von den offiziellen Festlegungen) und die Organisationskultur (Wie „verhält" sich die Organisation?).

Frage 13:

Nur wer die Entscheidungsbefugnisse und Handlungsmöglichkeiten hat, sollte dafür auch zur Verantwortung gezogen werden können. Insofern sollten im Regelfall Kompetenzen und Verantwortung bei derselben Person liegen. Allerdings finden sich immer wieder Fälle, in denen dies nicht der Fall ist. Das klassische Beispiel vielleicht auch aus dem eigenen Erfahrungshintergrund: Man ist dafür verantwortlich, dass z.B. am Ende des Monats die Abrechnung schnell fertig wird. Dies scheitert jedoch regelmäßig an der nicht funktionierenden EDV oder an der fehlenden Zuarbeit einer anderen Abteilung.

Frage 14:

Man kann personen- oder prozessorientiert herangehen. Personenorientiert: Man könnte anhand der Stellenbeschreibungen herausfinden, wer welche Aufgabe bei der Betreuung von Interessenten hat und dann herausfinden, wie diese Aufgabe wahrgenommen wird. Prozessorientiert: Mit einer Prozessanalyse verfolgt man den Prozess vom Bekunden „ernsthaften Interesses" (bei der ersten Besichtigung der Einrichtung) bis zum Vertragsabschluss und stellt dort Lücken oder Schnittstellenprobleme fest. So könnte man z.B. feststellen, ob Interessentenunterlagen liegen bleiben, keine Rückrufe erfolgen oder Informationen über freie Plätze die Interessenten nicht erreichen.

Frage 15:

Im Hinblick auf die Entscheidungskompetenzen empfiehlt sich ein Geschäftsverteilungsplan, in dem die Befugnisse jeder Ebene beschrieben sind. Manchmal hilft hier auch ein Organigramm, in dem eine klare Zuordnung der jeweiligen Einrichtungen zu den Abteilungen erfolgt. Hierdurch wird klar gestellt, wer angesprochen werden muss und es werden die zufälligen Beziehungen in die Zentrale eingedämmt. Sicherlich wird man aber auch über eine Prozessbeschreibung nachdenken, in denen Entscheidungsverfahren geregelt werden (wann wird die Zentrale eingeschaltet, wann sollten Einrichtungsleiter nachfragen).

Frage 16:

Ein solches Organigramm entspricht nicht der gängigen Darstellungsweise: Es sind keine klaren Weisungsbefugnisse erkennbar (Hierarchien). Die Gleichordnung des Trägers mit den einzelnen Arbeitsbereichen überrascht. Durch die Gleichordnung stellt sich die Frage, was die Linien zwischen den einzelnen Organisationseinheiten aussagen soll. Vermutlich sind Informationen gemeint, möglicherweise (zwischen Träger und anderen) auch Weisungen. Die Grundaussage des Organigramms, eine Klärung von Zuständigkeiten, Abteilungszuordnungen und hierarchischen Beziehungen fehlt hier. Vermutlich wird ein solches Organigramm eher gewählt, um bewusst eine Hierarchiefreiheit zu suggerieren.

Frage 17:

Freie Träger sind in der Trägerschaft (Eigentümerschaft) von Privatpersonen oder Personenvereinigungen. Öffentliche Träger sind in der Trägerschaft („gehören") der öffentlichen Hand.

Frage 18:

Diese Diskussion ist durchaus sinnvoll: Die Gesetze sprechen von den „freien Trägern": Wer ist damit angesprochen? Daran könnten Sie denken: Sowohl frei-gemeinnützige als auch gewerbliche Träger sind in Trägerschaft von Privatpersonen. Sie haben hier rechtliche als auch betriebswirtschaftliche Gemeinsamkeit (private Finanzierung). Insofern ist die Unterscheidung wenig sinnvoll. Andererseits sind Frei-Gemeinnützige oft in der Rechtsform eines Vereins organisiert und haben einen anderen Tätigkeitsanspruch (Gemeinnützigkeit, gesellschaftliche, politische Aufgaben). Gewerbliche sind demgegenüber auf die Gewinnerzielung ausgerichtet. Ob sich die Zielsetzung oder Rechtsform der Frei-Gemeinnützigen in der konkreten Arbeit auswirkt oder die Dienstleistung qualitativ besser ist als die Gewerblicher, sollte gesondert untersucht werden.

Frage 19:

Politische Funktion, Sicherstellungsauftrag, Kostenträgerschaft, Philanthropische Funktion, Gesamtverantwortung, Hoheitliche Funktion, Dienstleistung

Frage 20:

Sie könnten folgende Überlegungen anstellen: Mit der (pauschalen) Übergabe eines Sozialraums gegen Entgelt könnte sich der öffentliche Träger des Sicherstellungsauftrags entledigen. Für ausreichende Angebote ist dann der freie Träger im Rahmen des Budgets verantwortlich. Man müsste wahrscheinlich genau in der Vereinbarung über den Sozialraum überprüfen, inwieweit der öffentliche Träger seinem Sicherstellungsauftrag durch die Vorgabe bestimmter Einrichtungen und Dienste an den freien Träger nachkommt. Man müsste vermutlich auch die Zusammenarbeit im Einzelfall genauer analysieren, um zu sehen, ob nicht auch die Fallverantwortung im Einzelfall faktisch auf den freien Träger übergeht.

Frage 21:

Freie Träger sind den öffentlichen Trägern nicht unterstellt. Der öffentliche Träger kann seine Vorgaben nur durch gesetzliche Rahmenbedingungen oder durch Leistungsvereinbarungen über die Vergütungen der Leistungen einbringen. Damit kommt dem öffentlichen Träger faktisch eine „Weisungsbefugnis" zu. Er kann jedoch nicht in die internen Prozesse des freien Trägers eingreifen. Der freie Träger ist letztlich auch immer frei, nicht tätig zu werden oder auf eine Leistungsvereinbarung (und damit die Vergütung) zu verzichten.

Frage 22:

Grundsätzlich ist diese Aufgabe natürlich falsch: Jeder Bürger eines Landes muss sich an die Gesetze halten, auch wenn sie freie Träger sind. Andererseits kann ein freier Träger auf die Mitwirkung in bestimmten Arbeitsfeldern oder Aufgabengebieten verzichten. Damit verlieren die jeweiligen Sozialgesetze für ihn an Relevanz. Beispiel: Das Ausscheiden der katholischen Beratungsstellen aus der Tätigkeit (und damit der Förderung) von Teilen des Schwangerschaftskonfliktgesetzes.

Frage 23:

Neben der geschilderten Arbeit in der Gesetzesvorbereitung (auf der Internetpräsenz wenig ersichtlich) und der Arbeit der Beiräte und Kommissionen (da sollten sie wohl etwas finden) fallen insbesondere die Modellprojekte und Untersuchungen auf. Die Ministerien erproben und initiieren so neue Formen. Sie werden gewissermaßen" unterhalb der Schwelle einer gesetzlichen Änderung" gestaltend tätig.

Frage 24:

Die Selbstverwaltung ist eigenständig tätig im Rahmen der Gesetze und Verordnungen. Ihr Handlungsspielraum ist daher begrenzt. Wie stark, ist im Einzelfall zu untersuchen. Weiterhin ist die Selbstverwaltung häufig dadurch begrenzt, dass eine finanzielle Abhängigkeit vom Ministerium besteht, wenn die eigenen Beitragseinnahmen nicht reichen und zusätzlich ein Bundeszuschuss gewährt wird.

Frage 25:

Bei der Sozialhilfe sind dies in manchen Bundesländern die Landessozialämter oder eigene „Zwischenebenen" zwischen Land und Kommune (Landschaftsverbände, Bezirke etc.). Bei der Jugendhilfe ist dies das Landesjugendamt.

Frage 26:

Bei Selbstverwaltungsaufgaben ist die jeweilige Selbstverwaltungskörperschaft für die Grundlinien der Politik zuständig. Dies ist der Stadtrat bzw. Kreistag. Bei Nicht-Selbstverwaltungsaufgaben (z.B. Meldewesen, Durchführung von Wahlen, Umweltschutz) arbeitet die Kommune im Auftrag übergeordneter Behörden.

Frage 27:

Das Jugendamt ist „zweigliedrig", d.h. neben der Verwaltung („dem Jugendamt" im Sprachgebrauch) gibt es den Jugendhilfeausschuss. Dessen Einrichtung ist gesetzlich vorgeschrieben. Der Jugendhilfeausschuss wird zu 3/5 von Mitgliedern des jeweiligen Stadtrats bzw. Kreistags besetzt, zu 2/5 von Vertretern der Jugendhilfe vor Ort. Der Jugendhilfeausschuss hat eigenständige Entscheidungsbefugnisse; er steht in manchen Fällen an Stelle des Stadtrats bzw. Kreistags. Er ist jedenfalls kein Ausschuss, der Stadtrat bzw. Kreistag „zuarbeitet“, wie etwa der Bauausschuss oder Hauptausschuss.

Frage 28:

Der ASD wurde eingeführt um einer zu starken Aufgabenspezialisierung („Versäulung“) vorzubeugen und Dienstleistungen „aus einer Hand“ anbieten und in diesem Sinne ganzheitlich arbeiten zu können. Da zahlreiche soziale Probleme und Folgeprobleme mit Arbeitslosigkeit verbunden sind, wäre eine solche Integration sicherlich sinnvoll. So könnte es z.B. schon sein, dass jemand seine Familienprobleme in den Griff bekäme, wenn er einen Arbeitsplatz hätte. Oder: Er muss seine Familienprobleme bewältigen, um eine Arbeit zu finden. Andererseits ist Arbeitsvermittlung eine sehr spezielle Aufgabe, die präzise Arbeitsmarktkenntnisse und eigene Betriebsabläufe benötigt. Der ASD arbeitet aber gerade nicht funktional spezialisiert, sondern regional. Eine Integration wäre insofern organisatorisch sicherlich schwierig.

Frage 29:

Wenn es darauf schon eine eindeutige Antwort gäbe! Ein paar Überlegungen: Die Produktorientierung stellt auf eine Gliederung nach Produkten ab. Man würde also in der Organisation eine Gliederungsebene „Produktverantwortliche“ suchen. Die Regionalisierung z.B. in Stadtteilhäusern dagegen stellt auf eine regionale Gliederung ab. Stellt sich also die Frage, wie die beiden Organisationsprinzipien abgeglichen werden: Hat die Produktverantwortung Vorrang, so sind die Stadtteilhäuser nur ausführende Stellen, sie sind „verlängerter Arm“ der Zentrale und die Stadtteilorientierung wird nur in eng begrenzten Spielräumen erfolgen können. Hat die Stadtteilorientierung Vorrang, so besteht die Gefahr des Auseinanderdriftens der „Produkte“ zwischen den Stadtteilen, wodurch die Logik der Produktorientierung verloren ginge.

Frage 30:

Die Wohlfahrtsverbände arbeiten (auch) aus einer idealistischen Motivation, die meist bedeutender ist als die Gewinnmotivation. Diese idealistische Motivation spiegelt sich häufig in der Gründungsgeschichte – besonderen Ereignissen, herausragenden Persönlichkeiten – wider. Insofern sind die Gründungsgeschichten für das Selbstbild bedeutend; sie sind gewissermaßen „Organisationsmythen“.

Frage 31:

An zwei Punkte könnten Sie denken: Der Verein lebt von seinen Mitgliedern. Sie bilden in der Mitgliederversammlung das oberste Willensbildungsorgan. Hier wird demokratisch, nach Mehrheit, abgestimmt. Es gibt nicht die Möglichkeit über eine Kapitalmehrheit (Eigentumsmehrheit) die Mitgliederversammlung zu dominieren und zu überstimmen – etwa wie in der Hauptversammlung einer Aktiengesellschaft. Generell kann man keine „Anteile" am Verein erwerben, sondern man wird Mitglied und unterwirft sich damit der Satzung.

Andererseits sind die Vereinsmitglieder meist Ehrenamtliche, was manchmal auch zu einer geringeren Professionalität bei unternehmerischen Entscheidungen führt. Es ist zu vermuten, dass ein professionell agierendes übernehmendes Unternehmen daher auf schneller zu überzeugende Verhandlungspartner stößt.

Frage 32:

In der Regel werden dort keine praktischen Arbeiten am Klienten oder Kunden durchgeführt. Vielmehr nehmen sie Verbandsaufgaben, d.h. Unterstützung und Vertretung der angeschlossenen Vereine und Einrichtungen, wahr. Diese sind in der Regel Fachberatungen für die Einrichtungen; Informationen und Weiterbildung für die Beschäftigten; Herausgabe von Fachzeitschriften (wohl eher auf höherer Ebene); Anregungen zur Arbeit mit bestimmten Methoden oder Zielgruppen, ggf. mit finanzieller Unterstützung; Öffentlichkeitsarbeit und politische Vertretung.

Frage 33:

Daran könnten Sie denken: Zunächst einmal hat ein Wohlfahrtsverband sicherlich eine stärkere politische Lobby als einzelne Einrichtungen oder Unternehmen. Insofern könnte ein Wohlfahrtsverband, der bereit ist, seine Macht auszuspielen, wohl auch politisch eine bessere Finanzierung durchsetzen.

Andererseits bringen sich Wohlfahrtsverbände durch ihr doppeltes Mandat auch in eine schwierige Rolle: Sie sind Dienstleister, aber eben auch Anwalt, Vertreter der Klienten. Wie können sie diese Rolle glaubwürdig wahrnehmen, wenn sie dies nur dann tun, wenn die Finanzierung ausreichend ist?

Die kirchlichen Wohlfahrtsverbände haben über die Zuweisung von Kirchensteuermittel, andere Wohlfahrtsverbände ggf. über andere Einnahmequellen, noch eine zusätzliche „Reserve" an Eigenmitteln.

Wir wollen nicht die betriebswirtschaftlichen Möglichkeiten einer verbesserten Zusammenarbeit in einem Verband durchleuchten – dies würde wohl noch weitere Seiten füllen.

Problematisch ist, dass die meisten Wohlfahrtsverbände einen Tarifvertrag bzw. Arbeitsvertragsrichtlinien für ihre Mitgliedseinrichtungen vorsehen und damit die Spielräume einer einzelnen Mitgliedseinrichtung im Hinblick auf die Vergütung der Mitarbeiter gering sind.

Frage 34:

Durch die enge Einbindung in die staatlichen Aufgaben und die damit verbundene Finanzierung war die Stellung der Wohlfahrtsverbände klar; ihre Arbeit stabil und gesichert. Erst durch die Veränderung und die Anforderungen an eine Neupositionierung kommt die Zieldiskussion neu auf.

Die private Konkurrenz stellt die Wohlfahrtsverbände zusätzlich vor eine Entscheidung: Sollen Sie die Angebote vorhalten, die die private Konkurrenz ebenfalls erbringt – womöglich billiger? Worin besteht die Abgrenzung, das Besondere der eigenen Arbeit? Oder sollen sich die Wohlfahrtsverbände auf „die andere Seite des doppelten Mandats" schlagen und nur noch Vertretung der Klienten sein? Dies könnte z.B. heißen, dass man sich aus allen Feldern zurückzieht, in denen eine ausreichende private Versorgung vorhanden ist und sich auf unversorgte Gruppen konzentriert. Alle diese Überlegungen erfordern eine intensive Zieldiskussion.

Frage 35:

Sie besagt, dass der Hilfebedürftige nicht die Hilfe des Staates oder eines – womöglich gar anwaltschaftlich tätigen – Wohlfahrtsverbandes benötigt, sondern sich selber hilft. Dies geschieht durch die gegenseitige Unterstützung von Menschen mit ähnlichen Problemlagen. Die Rolle Hauptamtlicher hat eher eine Moderatoren- und Initiatorenrolle oder eine Servicefunktion.

Frage 36:

Die Wohlfahrtsverbände sind im Allgemeinen aus der Motivation zur Hilfe für andere entstanden. Sie ist gekennzeichnet von „Samaritern". Die Selbsthilfebewegung ist entstanden aus der Erkenntnis einzelner Betroffener, dass die vorhandenen Angebote für sie nicht ausreichen. Sie haben dann eben eine Selbsthilfebewegung gegründet. Vergleichbar könnte allerdings schon der Weg in die Organisation und Professionalisierung sein. Um organisatorische Stabilität zu erzeugen – etwa verlässliche Leistungen, Präsenz – werden Selbsthilfebewegungen sich über kurz oder lang auch auf den Weg der übrigen Organisationen machen müssen. Spezifisch dürfte jedoch der Charakter der „Eigenhilfe" bleiben; so wird man z.B. die Mitgliedschaft der Betroffenen in der Organisation in besonderer Weise pflegen.

Frage 37:

Daran könnten Sie denken: Man kann feststellen, dass für manche Bereiche ehrenamtlicher Arbeit weniger Ehrenamtliche zur Verfügung stehen. Dies gilt insbesondere für Bereiche, bei denen eine langfristige Bindung und die Übernahme von Aufgaben mit wenig Selbstentfaltung im Vordergrund stehen. Dagegen wachsen durchaus Bereiche, bei denen eine eher projektgebundene Mitarbeit und „Spaß- oder Entfaltungsfaktoren" mitspielen. Insofern könnte man von einem Wandel sprechen. Für die Organisationen, die von kontinuierlichen ehrenamtlichen Mitarbeitern oder Vorständen geprägt sind, ist dies natürlich eher eine Krise. Inwieweit tatsächlich die Bürger „egoistischer" geworden sind, soll hier mangels konkreter Daten nicht weiter diskutiert werden.

Frage 38:

Daran könnte man denken:

- Bewältigung eines großen, wechselnden Mitarbeiterstamms;
- Kontrolle (statt Betonung der Freiwilligkeit) der Ehrenamtlichen mit Konsequenzen;
- Höhere Anforderungen an Qualitätsmanagement und -prüfung, um die (möglicherweise) fehlende Eigenmotivation der Ehrenamtlichen auszugleichen;
- Möglicherweise Wechsel der Rolle der Hauptamtlichen von „Ausführenden" zu „Anleitern von Ehrenamtlichen";
- Häufiger Wechsel der Mitarbeiter, große Mitarbeiterstämme und (für den Sozialbereich) wenig qualifizierte Mitarbeiter führen meist zu einer stark funktionalen Gliederung mit kleinen Aufgabenzuschnitten.

Frage 39:

Es kommt wohl auf die Definition sozialer Arbeit an: Wenn man als „Soziale Arbeit" nur die unmittelbare Arbeit mit dem Klienten sieht, dann macht nur der Dienstleister wirklich soziale Arbeit. Aufgabe des

Trägers ist dagegen meist die Erhaltung der Infrastruktur, die politische Aufgabe, Öffentlichkeitsarbeit etc. Dies sind eher indirekte, abgeleitete Aufgaben der „Sozialen Arbeit". Sieht man diese als Gegenstand der Sozialen Arbeit, so macht natürlich auch der Träger „Soziale Arbeit"; die Trennung zwischen „Dienstleister" und „Träger" könnte man insofern als problematisch sehen.

Frage 40:

Die Jugendhilfeeinrichtung ist direkt angegliedert; ist also entweder interne Abteilung oder konzernähnlich eingegliedert – allerdings nicht in einen Jugendhilfeträger, sondern einen Kirchenkreis. Folge: Der Kirchenkreis „versteht" die Arbeit der Jugendhilfeeinrichtung nicht. Er hat keine jugendhilfespezifischen Zielvorgaben für die Einrichtung und kann wenig kontrollieren. Es besteht die Gefahr eines „Steuerungsvakuums", d.h. der Leiter der Jugendhilfeeinrichtung kann relativ frei handeln. Beim Träger kommen nur für ihn beunruhigende, aber im Geschäftsleben normale Informationen wie schwankende Einnahmen, Kontoschwankungen, Personalfragen an. Die Informationen sind zu ausschnitthaft; die Gefahr der Fehlsteuerung hoch.

Frage 41:

Ein Betrieb ist eingebettet in die Umwelt durch „Input" von Ressourcen und dem „Output" von Leistungen. Im Betrieb gibt es daher eine zentrale Funktion, die „Wertschöpfungsfunktion", die aus den Ressourcen die Leistungen generiert. Diese wird häufig auch mit „Kernprozessen" bezeichnet. Diese Funktionen benötigen verschiedenartige Unterstützung, etwa die Abrechnung, Buchhaltung etc. Dies ist die Gruppe der Unterstützungsfunktionen. Letztlich gibt es die Ebene der Entscheidungen, die für die „Ordnung im System" verantwortlich sind. Dies sind die Führungsfunktionen.

Frage 42:

	Wertschöpfend	Unterstützend	Führung
Supervisor		x	
Personalabteilung		x	
Einsatzleitung			x
Zivildienstleistender	x		
Gruppendienstmitarbeiter	x		

Hauswirtschaft	x		
EDV-Abteilung		x	
Mitarbeitervertretung			x

Anmerkungen: Supervision – wie alle anderen Unterstützungsfunktionen – machen sich natürlich mittelbar in der Wertschöpfung bemerkbar. Es ist aber keine unmittelbare Leistungserstellung, sondern in diesem Fall Arbeit am Mitarbeiter.

Auch wenn der Zivildienstleistende vielleicht nicht immer sinnvoll eingesetzt werden kann, ist er letztlich doch meist wertschöpfend am Klienten (von der Intention her) tätig.

Die Hauswirtschaft erbringt die „Hotelleistung", ist also letztlich wertschöpfend. Auch wenn das Vergütungsmodell keine eigene Leistung hierfür vorsieht, der Bewohner eines Heimes wird es als eigene Wertschöpfung wahrnehmen. Anders formuliert: Der Bewohner merkt direkt, wenn die Hauswirtschaft kein Essen mehr produziert. Wenn aber die Buchhaltung nicht mehr bucht, merkt er es nur indirekt an der vermutlich dann chaotischen Führung der Einrichtung...

Die Mitarbeitervertretung ist hauptsächlich entscheidend tätig durch ihre Mitbestimmungs- und Anhörungsrechte.

Frage 43:

Funktionale Gliederung (Gliederung nach Prozessschritten); Objektorientierung (Gliederung nach Arbeitsaufgaben, Leistungen); Gliederung nach Kunden oder Regionen; Gliederung nach Betriebsstätten.

Frage 44:

Das müssen Sie alleine lösen. Grundsätzlich: Betrachten Sie die oberste Gliederungsebene, rechnen Sie auch mit „vermischten" Gliederungsformen.

Frage 45:

Planung/Zielsetzung, Organisation (Schaffen von Strukturen), Ressourcenausstattung, Führung, Kontrolle. Kontrolle mündet wieder in die Planung für die Folgeperioden.

Frage 46:

Organisation ist zwischen Planung/Zielsetzung und Ressourcenausstattung als zweiter Schritt des Managementkreislaufs angesiedelt. Dieser Managementkreislauf ist jedoch nicht als eindimensionaler Prozess zu sehen, sondern man befindet sich in unterschiedlichen Ebenen und Aufgaben in unterschiedlichen Phasen des Managementzyklus.

Frage 47:

Hier gibt es natürlich keine Musterantwort.

Hinweise für das Verständnis als Rahmenbedingung:

- Erfahrungen, dass Vorstände, Vorgesetzte, andere Organisationseinheiten bestimmte Veränderungen nicht mitmachen (z.B. die Einführung von EDV);
- Tarifverträge, Vorgaben des Verbandes etc., die bestimmte Lösungen verhindern;
- für Veränderungsprozesse müssen bestimmte organisatorische Wege eingehalten werden, auch wenn man im Idealfall einen anderen Weg wählen würde.

Hinweise für das Verständnis als Handlungsaufgabe:

- Neuformulierung des Organisationszuschnitts durch das Management;
- Organisationen werden neu ausgerichtet und in Frage gestellt.

Frage 48:

Diese Aufgabe soll eine große Klammer zwischen Abschnitt 3 und Abschnitt 9 bilden. Gestaltungsbereiche sind natürlich die Inhalte organisatorischer Regeln (Abschnitt 3: Zuständigkeiten, Informationspflichten etc.). Die Kriterien, denen diese Gestaltungsaufgabe genügen muss, sind die Kriterien, die in diesem Abschnitt genannt wurden (Wirtschaftlichkeit, Kunde, Prozesse, Lernen und Entwicklung).

Frage 49:

Um die Diskussion erst einmal zu ordnen, werden Sie wohl „politische Entscheidungen" als Entscheidungen politischer Entscheidungsgremien definieren und „Managemententscheidungen" als Entscheidungen der Leitungsebene der jeweiligen Organisation definieren. Letztlich führt uns diese Diskussion auch zu der Kernfrage, ob Organisationen im Sozialbereich eher eine politische Rationalität verfolgen oder eine wirtschaftliche Organisationsrationalität.

Öffentliche Träger folgen eher politischen Entscheidungskriterien, z.B. die Wahl bestimmter Standorte und die Form der Erbringung bestimmter Leistungen. Auch die Selbstverwaltungskörperschaften folgen hier

einer eher politischen Rationalität ihrer Selbstverwaltungsgremien. Dies ist vermutlich ein Grund zur Ausgliederung in öffentliche Unternehmen und bis hin zu einer Verlagerung auf private Träger, da diese politisch unabhängiger agieren können.
Für private Träger ist die Politik wohl eher Rahmenbedingung (z.B. Finanzierung). Allerdings müssen sie sich aufgrund der hohen Abhängigkeit in gewisser Weise auch einer politischen Rationalität folgen (z.B. keine Neueröffnung von Einrichtungen ohne Abstimmung mit der Politik). Allerdings ist dies eine Managemententscheidung, sich auf bestimmte Marktpartner besonders einzustellen. Einzelne Organisationen zeigen ja auch, dass sie sich gezielt hieraus lösen (etwa Neueröffnung, dort wo Bedarf ist – die Politik muss dann wohl folgen).

Literaturverzeichnis

Bäcker, Gerhard; Bispinck, Reinhard; Hofemann, Klaus; Naegele, Gerhard; Neubauer, Jennifer: Sozialpolitik und soziale Lage in Deutschland, 2 Bde., 4. Aufl., Opladen, 2008.

Badelt, Christoph; Hollerweger, Eva: Ehrenamtliche Arbeit im Nonprofit-Sektor, in: Ders. (Hrsg.): Handbuch der Nonprofit Organisation. Strukturen und Management, 4. Aufl., Stuttgart, 2007, 503-531.

Badelt, Christoph; Meyer, Michael; Simsa, Ruth (Hrsg.): Handbuch der Nonprofit Organisation. Strukturen und Management, 4. Aufl., Stuttgart, 2007.

Bassarak, Herbert (Hrsg.): ASD – Allgemeiner Sozialer Dienst. Gegenwart und Zukunft in Ost und West, Düsseldorf, 1992 (Graue Reihe, Hans-Böckler-Stiftung, N.F. 51).

Bericht der Kommission „Moderne Dienstleistungen am Arbeitsmarkt“, Bundesministerium für Wirtschaft und Arbeit, Berlin, 2002.

Bieker, Rudolf: Neue Kommunalverwaltung. Eine Einführung für Sozial- und Sozialverwaltungsberufe, Weinheim, 2004.

Bieker, Rudolf: Kommunale Sozialverwaltung. Grundriss für das Studium der angewandten Sozialwissenschaften, München – Wien, 2006.

Blanke, Bernhard; Bandemer, Stephan von; Nullmeier, Frank; Wewer, Göttrik (Hrsg.): Handbuch zur Verwaltungsreform, 3., völlig überarb. und erw. Aufl., Wiesbaden, 2005.

Boeckh, Jürgen; Huster, Ernst-Ulrich; Benz, Benjamin: Sozialpolitik in Deutschland. Eine systematische Einführung, 2., aktual. Aufl., Wiesbaden, 2006.

Boeßenecker, Karl-Heinz: Spitzenverbände der Freien Wohlfahrtspflege in der BRD. Eine Einführung in Organisationsstrukturen und Handlungsfelder der deutschen Wohlfahrtsverbände, Neuausgabe, Weinheim, 2005.

Bogumil, Jörg; Jann, Werner: Verwaltung und Verwaltungswissenschaft in Deutschland. Einführung in die Verwaltungswissenschaft, Wiesbaden, 2005 (= Grundwissen Politik, 36).

Braasch, Dietrich; Feichtinger, Peter: Mitwirkung des Betriebsrats bei Kündigungen, in: Weiss, Manfred; Gagel, Alexander (Hrsg.): Handbuch des Arbeits- und Sozialrechts. Systematische Darstellung, Baden-Baden, 48. Lfg, 6/01, § 19 J.

Buchna, Johannes: Gemeinnützigkeit im Steuerrecht. Die steuerlichen Begünstigungen für Vereine, Stiftungen und andere Körperschaften – steuerliche Spendenbehandlung, 9. Aufl., Achim, 2008.

Bundesarbeitsgemeinschaft der Freien Wohlfahrtspflege e.V. (Hrsg.): Gesamtstatistik der Einrichtungen und Dienste der Freien Wohlfahrtspflege, Stand 1.1.2004, Berlin, 2006.

Bundesarbeitsgemeinschaft der Freien Wohlfahrtspflege e.V. (Hrsg.): Einrichtungen und Dienste der Freien Wohlfahrtspflege. Gesamtstatistik, Stand 1.1.2004, Berlin, 2006.

Bürgerschaftliches Engagement: Auf dem Weg in eine zukunftsfähige Bürgergesellschaft. Bericht der Enquete-Kommission (= BT-Drucksache 14/8900 vom 3.6. 2002), Opladen, 2002.

Dettling, Warnfried: Politik und Lebenswelt. Vom Wohlfahrtsstaat zur Wohlfahrtsgesellschaft, Gütersloh, 1995.

Dörr, Gernot; Franke, Konrad: Sozialverwaltungsrecht. Ein Grundriss, 2. Aufl., Berlin, 2006.

Elsen, Susanne; Lange, Dietrich; Wallimann, Isidor: Soziale Arbeit und Ökonomie, München, 2000.

Enste, Dominik: Die Wohlfahrtsverbände in Deutschland – Eine ordnungspolitische Analyse und Reformagenda, Köln, 2004 (= IW-Analysen, 9).

Esser, Hartmut: Soziologie. Spezielle Grundlagen. Bd. 5: Institutionen, Frankfurt/New York, 2000.

EU-Kommission, Grünbuch zu den Dienstleistungen von allgemeinem Interesse, KOM (2003) 270.

EU-Kommission, Leistungen der Daseinsvorsorge in Europa, Mitteilung der EU-Kommission, KOM (2000) 580.

Evers, Adalbert; Lange, Chris: Freie Wohlfahrtspflege und Europäische Integration. Auf der Suche nach Identität und Anerkennung, in: Linzbach, Christoph; Lübking, Uwe; Scholz, Stephanie; Schulte, Bernd (Hrsg.), Die Zukunft der Sozialen Dienste vor der Europäischen Herausforderung, Baden-Baden, 2005, 155-182.

Falterbaum, Johannes: Caritas und Diakonie. Struktur- und Rechtsfragen, Neuwied, Kriftel, Berlin, 2000.

Flierl, Hans: Freie und öffentliche Wohlfahrtspflege. Aufbau – Finanzierung – Geschichte – Verbände, 2. Aufl., München, 1992.

Frank, Gerhard; Reis, Claus; Wolf, Manfred: Wenn man die Ideologie weglässt, machen wir alle das Gleiche, Stuttgart, Berlin, Köln, 1994.

Eichhorn, Peter (Hrsg.): Freie Wohlfahrtspflege in Europa aus betriebswirtschaftlicher Sicht, Baden-Baden, 1996 (= Schriften zur öffentlichen Verwaltung und öffentlichen Wirtschaft; 120).

Frevel, Bernhard; Dietz, Berthold: Sozialpolitik kompakt, 2., aktual. Aufl., Wiesbaden, 2008.

Frese, Erich: Art. Organisation, in: Gabler Wirtschaftslexikon, 15. Aufl., Wiesbaden, 2000, 2330 ff.

Frese, Erich: Grundlagen der Organisation, 8. Aufl., Wiesbaden, 2000.

Fürstenberg, Friedrich: Die Zukunft der Sozialreligion und ihrer Organisationsform, in: Gabriel, Karl (Hrsg.): Herausforderungen kirchlicher Wohlfahrtsverbände. Perspektiven im Spannungsfeld von Wertbindung, Ökonomie und Politik, Berlin, 2001, 49-60.

Gebhard, Wilfried: Im Einsatz erprobt, Beitrag zum Handbuch Sozialmanagement, A 4.101 – 22, Berlin, 2004.

Gernert, Wolfgang: Kommunale Sozialverwaltung und Sozialpolitik, 2. Aufl., Stuttgart, München, 1998.

Giarini, Orio, Liedtke, Patrick M.: Wie wir arbeiten werden. Der neue Bericht an den Club of Rome, 2. Aufl., Hamburg, 1998.

Gutenberg, Erich: Grundlagen der Betriebswirtschaftslehre, Bd. 1: Die Produktion, 24. Aufl., Berlin, 1983.

Heinze, Rolf G.; Schmid, Josef; Strünck, Christoph: Vom Wohlfahrtsstaat zum Wettbewerbsstaat. Arbeitsmarkt- und Sozialpolitik in den 90er Jahren, Opladen, 1999.

Heinze, Rolf G.; Olk, Thomas; Evers, Adalbert (Hrsg.): Handbuch Soziale Dienste, Wiesbaden, 2009.

Hesse, Joachim Jens; Ellwein, Thomas: Das Regierungssystem der Bundesrepublik Deutschland, 9. Aufl., 2 Bde., Berlin, 2004.

Kaufmann, Franz-Xaver: Der deutsche Sozialstaat im internationalen Vergleich, in: Bundesministerium für Arbeit und Sozialordnung (Hrsg.): Grundlagen der Sozialpolitik, Baden-Baden, 2001, 799-989.

Kaufmann, Franz-Xaver: Sozialpolitisches Denken. Die deutsche Tradition, Frankfurt/Main, 2003.

Kevenhörster, Paul: Politikwissenschaft, Bd. 1: Entscheidungen und Strukturen der Politik, (1. Aufl.: Opladen, 1997), 3. Aufl., Wiesbaden, 2008.

Kieser, Alfred; Walgenbach, Peter: Organisation, 4. Aufl., Stuttgart, 2003.

Klie, Thomas; Maier, Konrad; Meysen, Thomas: Verwaltungswissenschaft, Freiburg, 1999.

Klug, Wolfgang: Wohlfahrtsverbände zwischen Markt, Staat und Selbsthilfe, Freiburg, 1997.

Knorr, Friedhelm: Organisation in der Sozialwirtschaft. Grundlagen und Anwendung, Frankfurt/Main, 2001 (= Hand- und Arbeitsbücher, 3).

Kommunale Gemeinschaftsstelle: Das neue Steuerungsmodell: Begründungen, Konturen, Umsetzung. Bericht Nr. 5/1993, Köln, 1993.

Kosiol, Erich: Organisation der Unternehmung, Wiesbaden, 1976.

Kropp, Sabine: Interessenpolitik, in: Gabriel, Oscar W.; Holtmann, Everhard (Hrsg.): Handbuch Politisches System der Bundesrepublik Deutschland, 2. Aufl., München – Wien, 1999.

Kulbach, Roderich; Wohlfahrt, Norbert: Öffentliche Verwaltung und Soziale Arbeit, Freiburg, 1994.

Lampert, Heinz; Althammer, Jörg: Lehrbuch Sozialpolitik, 8. Aufl., Berlin – Heidelberg – New York, 2007.

Lessenich, Stephan: Soziologische Erklärungsansätze zu Entstehung und Funktion des Sozialstaats, in: Allmendinger, Jutta; Ludwig-Mayerhofer, Wolfgang (Hrsg.): Soziologie des Sozialstaats. Gesellschaftliche Grundlagen, historische Zusammenhänge und aktuelle Entwicklungstendenzen, Weinheim – München, 2000, 39-78.

Linzbach, Christoph; Lübking, Uwe; Scholz, Stephanie; Schulte, Bernd (Hrsg.): Die Zukunft der Sozialen Dienste vor der Europäischen Herausforderung, Baden-Baden, 2005.

Luhmann, Niklas: Formen des Helfens im Wandel gesellschaftlicher Bedingungen in: Otto, Hans-Uwe; Schneider, Siegfried: Gesellschaftliche Perspektiven der Sozialarbeit 1, Neuwied 1973, 21-45.

Luhmann, Niklas: Soziale Systeme: Grundriß einer allgemeinen Theorie, Frankfurt/Main, 2008.

Luhmann, Niklas: Einführung in die Systemtheorie, 5. Aufl., Heidelberg, 2009.

Malteser Hilfsdienste e.V. (Hrsg.): Malteser 2000, Die Strukturreform des Malteser-Hilfsdienstes, MHD-Generalsekretariat, Köln, 1998.

Menges, Evelyn: Gemeinnützige Einrichtungen, München, 2004.

Merchel, Joachim: Organisationsgestaltung in der Sozialen Arbeit. Grundlagen und Konzepte zur Reflexion, Gestaltung und Veränderung von Organisationen, Weinheim – München, 2005.

Merchel, Joachim: Trägerstrukturen in der sozialen Arbeit. Eine Einführung, 2. Aufl., Weinheim – München, 2008.

Meyer, Dirk: Wettbewerbliche Neuorientierung der Freien Wohlfahrtspflege, Berlin, 1999.

Modellprojekt Doppischer Kommunalhaushalt in NRW (Hrsg.): Neues Kommunales Finanzmanagement, 2. Aufl., Freiburg, 2003.

Molitor, Bruno: Soziale Sicherung, München, 1987.

Moos, Gabriele; Klug, Wolfgang: Basiswissen Wohlfahrtsverbände, München – Basel, 2009.

Mühlenkamp, Holger: Öffentliche Unternehmen, München – Wien, 1994.

Müller-Werthmann, Gerhard: Die Geschäfte des Roten Kreuzes. Konzern der Menschlichkeit, Rastatt, 1986.

Münder, Johannes; Bötticher, Arne von: Wettbewerbsverzerrungen im Kinder- und Jugendhilferecht im Lichte des europäischen Wettbewerbsrechts, Berlin, 2003 (= Schriftenreihe des VPK Bundesverbandes, 1).

Naßmacher, Hiltrud; Naßmacher, Karl-Heinz: Kommunalpolitik in Deutschland, 2., völlig überarb. u. aktual. Aufl., Wiesbaden, 2007.

Öhlschläger, Rainer; Brüll, Rainer; Hans-Martin (Hrsg.): Unternehmen Barmherzigkeit, Baden-Baden, 1996.

o.V.: „Verwaltungsrat fordert mehr Macht“, in Frankfurter Allgemeine Zeitung, 14.01.2004, Nr. 11/Seite 13.

Palandt: Bürgerliches Gesetzbuch, München, 68. Aufl., 2009.

Presseinformation der Bundesagentur für Arbeit Nr. 47 vom 14.04.2004 „Vergabe von berufsvorbereitenden Bildungsmaßnahmen hat begonnen“.

Puch, Hans-Joachim: Organisation im Sozialbereich, Freiburg, 1997.

Ritter, Gerhard A.: Der Sozialstaat. Entstehung und Entwicklung im internationalen Vergleich, München, 1989.

Rudzio, Wolfgang: Das politische System der Bundesrepublik Deutschland, 5. Aufl., Opladen, 2000.

Runggaldier, Ulrich; Ors, Monika: Arbeits- und sozialrechtliche Rahmenbedingungen beim Einsatz von MitarbeiterInnen in NPOs, in: Badelt, Christoph; Meyer, Michael; Simsa, Ruth (Hrsg.): Handbuch der Nonprofit Organisation. Strukturen und Management, 4. Aufl., Stuttgart 2007, 299-321.

Sagebiel, Juliane; Vanhoefer, Edda: Es könnte auch anders sein. Systemische Variationen der Teamberatung, Heidelberg, 2006.

Schatz, Klaus: Zwischen Säkularisation und Zweitem Vatikanum. Der Weg des deutschen Katholizismus im 19. und 20. Jahrhundert, Frankfurt/Main, 1986.

Schauhoff, Stephan; Benicke, Christoph (Hrsg.): Handbuch der Gemeinnützigkeit, Verein, Stiftung, GmbH. Recht, Steuern, Personal, 2. Aufl., München, 2005.

Schedler, Kuno; Proeller, Isabella: New Public Management, 4. Aufl., Bern, 2009.

Schellberg, Klaus: Ein europäischer Markt für die Sozialwirtschaft? Rechtliche und unternehmensstrategische Aspekte, in: Blickpunkt Jugendhilfe, Ausgabe 27 (2002).

Schellberg, Klaus: Betriebswirtschaftslehre für Sozialunternehmen, 3. Aufl., Augsburg, 2008.

Schellberg, Klaus: Balanced Scorecard konkret, in: Beck, Martin (Hrsg.), Handbuch Sozialmanagement. Soziale Unternehmen erfolgreich führen, Loseblattsammlung, 4. Aufl., A 4.41-13, Düsseldorf, 2009.

Schick, Stefan: Rechts- und Unternehmensformen, Baden-Baden, 2003.

Schmid, Josef: Wohlfahrtsverbände in modernen Wohlfahrtsstaaten. Soziale Dienste in historisch-vergleichender Perspektive, Opladen, 1996.

Schmid, Josef: Europäische Integration und die Zukunft der kirchlichen Wohlfahrtsverbände in Deutschland, in: Gabriel, Karl (Hrsg.): Herausforderungen kirchlicher Wohlfahrtsverbände. Perspektiven im Spannungsfeld von Wertbindung, Ökonomie und Politik, Berlin, 2001.

Schmid, Josef: Wohlfahrtsstaaten im Vergleich, 2. Aufl., Opladen, 2002.

Schmidt, Manfred G.: Sozialpolitik in Deutschland. Historische Entwicklung und internationaler Vergleich, 2. Aufl., Opladen, 1998.

Schreyögg, Georg: Organisation, 3. Aufl., Wiesbaden, 1999.

Schulte, Bernd: Europarechtliche Rahmenbedingungen für die Tätigkeit sozialer Dienste und Einrichtungen in kommunaler und freigemeinnütziger Trägerschaft, Observatorium für die Entwicklung der sozialen Dienste in Europa, Arbeitspapier Nr. 6, Frankfurt/M., 2001.

Schuppert, Gunnar Folke: Zur Anatomie und Analyse des Dritten Sektors, in: Die Verwaltung 28 (1995), 137-200.

Schütte, Wolfgang: Modernisierung von innen? Auf dem Wege zu einem anderen Sozialstaat. Verwaltungsreformen und ihre Folgen für öffentliche Dienstleistungen, in: Archiv für Wissenschaft und Praxis der sozialen Arbeit 32 (2001), Heft 2, 52-75.

Schwarz, Peter; Putschert, Robert; Giroud, Charles: Das Freiburger Management-Modell für Nonprofit-Organisationen (NPO), Bern u.a., 1995.

Sontheimer, Kurt; Bleek, Wilhelm: Grundzüge des politischen Systems Deutschlands, 11. Aufl., München – Zürich, 2004.

Steinmann, Horst; Schreyögg, Georg: Management. Grundlagen der Unternehmensführung. Konzepte – Funktionen - Fallstudien, 5. Aufl., Wiesbaden, 2000.

Trube, Achim: Organisation der örtlichen Sozialverwaltung und neue Steuerung. Grundlagen und Reformansätze. Ein Hand- und Arbeitsbuch, Frankfurt/Main, 2001 (= Hand- und Arbeitsbücher, 1).

Ulrich, Peter; Fluri, Edgar: Management, 7. Aufl., Bern, Stuttgart, 1995.

Wendt, Wolf Rainer, Sozialwirtschaftslehre, Baden-Baden, 2002.

Westle, Bettina; Gabriel, Oscar W. (Hrsg.): Sozialkapital. Eine Einführung. Baden-Baden, 2008.

Wiemeyer, Joachim: Ökonomische Herausforderungen für kirchliche Wohlfahrtsverbände, in: Gabriel, Karl (Hrsg.): Herausforderungen kirchlicher Wohlfahrtsverbände, Berlin, 2001.

Winter, Thomas von: Sozialpolitische Interessen. Konstituierung, politische Repräsentation und Beteiligung an Entscheidungsprozessen, Baden-Baden, 1997.

Winter, Thomas von: Vom Korporatismus zum Etatismus. Strukturwandlungen des armutspolitischen Netzwerks, in: Zeitschrift für Politikwissenschaft 11 (2001), Heft 4, 1573-1608.

Wöhrle, Armin: Grundlagen des Managements in der Sozialwirtschaft, Baden-Baden, 2003.

Zimmer, Annette: Gemeinnützige Organisationen im gesellschaftlichen Wandel, Ergebnisse der Dritte-Sektor-Forschung, Wiesbaden, 2004.

Zimmer, Annette: Vereine – Zivilgesellschaft konkret, 2. Aufl., Wiesbaden, 2007.

www.aktive-buergerschaft.de

www.anonyme-alkoholiker.de/content/03info

www.awo.org

www.bagfa.de
www.b-b-e.de
www.bpa.de
www.bruesseler-kreis.de
www.caritas.de
www.der-paritaetische.de
www.diakonie.de
www.drk.de
www.engagement-macht-stark.de
www.europa.eu
www.malteser.de
www.muenchen.de/rathaus/soz/sozialbuergerhaeuser/37950/index.html
www.nakos.de
www.socialplatform.org
www.vpk.de

Zu den Autoren

Klaus Schellberg, Prof. Dr., Studium der Betriebswirtschaftslehre, 1991-1994 tätig bei der Bundesanstalt für Arbeit, 1994-2004 Professor an der Katholischen Fachhochschule Norddeutschland in Osnabrück und Vechta, 1998-2001 Leiter eines Fortbildungs- und Forschungsinstituts, 2004-2008 Professor an der Fachhochschule München, seit 2008 Professor an der Evangelischen Fachhochschule Nürnberg. Seit 2001 Unternehmensberater bei xit GmbH forschung.planung.beratung in Nürnberg.

Johanna Bödege-Wolf, Prof. Dr., Studium der Sozialwissenschaften und Theologie. Diplom in Katholischer Theologie, Staatsexamen in Sozialwissenschaften und Theologie. 1994 Promotion an der Universität Münster. 1994-1995 Geschäftsführerin des Zentrums für Umweltforschung. 1995-1998 Referentin in der Erwachsenenbildung. 1999-2005 Professorin an der Katholischen Fachhochschule Norddeutschland. Seit 2005 Professorin an der Hochschule Vechta